# 棋路一甲子：楊泰雄回憶錄

楊泰雄——著

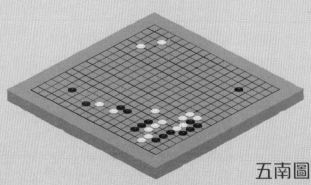

五南圖書出版公司 印行

何信仁（中華民國圍棋協會理事長）

楊泰雄老師的新作——《棋路一甲子》，堪稱是臺灣圍棋發展的一部全像圖。楊老師不但喜愛下棋，也親自參與了數個圍棋團體的創立，他對於圍棋的熱情，不管身處何處，總是不曾稍減。

書中的人物，是早期圍棋的十大名手、業餘高手、圍棋的愛好者、比賽的贊助者等，都在楊老師的妙筆中活了過來，讓讀者們重溫了圍棋界的美好回憶。

希望這一甲子的回憶，能讓未來更多的圍棋人知道，有那麼多的前輩，為了圍棋付出了許多青春、汗水，並更珍惜現在的環境，努力再創造下一個甲子的棋運。

# 自序

　　自從初中畢業，學會圍棋後，我這一生就與圍棋結下不解之緣。雖然我非職業棋士，也從未以棋營生，圍棋卻成為我生命中重要的一部分。我先是努力追求棋道，成為一名參加比賽，努力在棋壇闖出名號的棋士。然而因緣際會，我從棋士身分轉變成為一個圍棋推行者，數十年不渝。我創辦雜誌，設立圍棋協會，又長期在海峰棋院任事，如此走在棋路上，前後一甲子。這期間，發生於棋壇之大小情事，我若非親身參與，也多有牽扯。因此我認為將個人經歷，透過回憶，記錄下來，正可為超過半世紀的臺灣棋史作一見證。

　　臺灣圍棋自民國四〇年代開始發展，至今不過七十餘年，恰與我一生交疊。鑑於這層深厚的淵源，我在垂暮之年，興起寫作一部棋史的念頭。然而寫史工程浩大，才、學、識、德缺一不可，我力有未逮。同時我是局中人，所謂當局者迷，寫來或有不客觀之瑕，因此這工作尚待有心來者。退而求其次，我完成這本回憶錄，除了記錄個人一生的圍棋之旅，也希望為日後史家保留真實的參考資料。由於此一懸念，我在寫作過程中，不敢僅憑個人回憶隨意落筆，而是小心謹慎，重閱過去所有資料，包括圍棋雜誌、媒體報導、棋會會議記錄、棋院行事記錄等，就事件日期和內容詳加比對，也親訪當事人，務求實證。因此歷經兩年多，本書才得以完成。

　　關於部分臺灣棋史，坊間曾有專書披露，也有人加以引用，寫成學術研究論文。不過我發現其中有些資訊，來源是二手傳播或未經求證的片面媒體報導，因而有所謬誤。本書

以個人經驗提供第一手資料，希望予以匡正。

　　個人推行圍棋的生涯，歷經先破後立的過程。讀者或許對於我與棋界當權者抗爭的許多故事感到興趣，但我更希望讀者注意到，在我努力為棋界有所建設時，有許多人士也以相同的熱忱，默默地提供支持與贊助。表揚這些同志，讓他們的足跡留在棋史裡，才是書寫本回憶錄最主要的目的。

　　人生如棋。我走過一甲子的人生棋局終有落幕之時。掩卷之際，除了感嘆時光荏苒，一個問題一閃而過：此生如果未曾有過圍棋，不知是何光景？既然落子無悔，此問無解。是為序。

楊泰雄
民國 111 年 5 月

# 目錄

第一章　初識圍棋

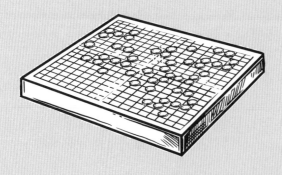

我一生的圍棋之旅要從一塊棋盤說起。小時候家中有塊有腳架的日式棋盤，靜靜地塵封在角落裡。棋盤來源不明，我猜是父親的日本朋友送給他的。雖然知道這是圍棋盤，但是沒有棋子，圍棋怎麼下在幼小心靈中成為一扇想要打開的神祕之門。我父親似乎是會下圍棋，可能因為生意忙，沒想過要教我。

　　小學時我學會下象棋，著迷了一陣子，到處找鄰居較量。或許是喜歡動腦的個性，我從象棋發現了下棋的樂趣，因而越發想要接觸圍棋。後來我知道很多圍棋棋友是從象棋轉過來，一旦發現圍棋的魅力就不再回頭。我也是如此，學會圍棋後就幾乎沒碰過象棋。

　　我應是在初中畢業，考上高中之前的一段時間開始學下圍棋。那時我住在臺北市古亭區（現中正區），鄰近牯嶺街。牯嶺街是當時有名的舊書街，兩旁人行道上有許多舊書攤。有一天我去逛街的時候，看到書攤上有舊的《圍棋》雜誌，立刻買了幾本回家研究，逐漸看出一些端倪，就到文具店買了一副簡陋棋子，在日式棋盤上擺起來。家裡是做油漆生意，有一位做油漆包工，名叫張子久的客人，時常到店裡買油漆，見我一人照譜擺棋，就教了我一些基本棋法。我學會了後對圍棋興趣更高，更勤快地跑牯嶺街買棋書。日後我回想學棋的過程，居然不是從基本死活開始，而是先學會布局。我模仿棋譜上的開局，所以不到二十級的棋力，擺出來的卻是九段的陣勢。由於初學的經驗，我養成了打譜的習慣，即使後來上段了，仍是樂此不疲。棋譜一直是我最可靠的老師。

　　我雖是無師自通，但缺乏對手，難以進步。張子久的棋力大約一、二級，當時已算是高手，跟我下沒樂趣。他有空

時會到鄰近總統府，位於新公園（現名二二八公園）旁的一家「弈園」棋社下棋。他說那裡高手如雲，要長棋一定要前去朝聖。我在考上高中後有個悠閒的暑假，就拜託張先生帶我去見識一番。同時我也期待新學校能找到同好，有圍棋社團可以參加。

53 年九月我考上位於南海路的建國中學。學校距離住家不遠，弈園在另一頭，雖有些距離，大致也是步行可及。這些便利讓我與圍棋越發親近。往後三年，我週日在學校下棋，週末或假日則大半盤桓在弈園。

## 紅樓棋事

建中面臨植物園，不染塵囂，是適合讀書的地方。主校舍是面對校門的一排四層紅磚建築，建造於日據時期，已被市政府列為古蹟。因為建築整體外觀呈現磚紅顏色，被命名為「紅樓」。除了是行政中心，主要教室也分布其中。我高中的日子就在紅樓的書聲與棋聲中度過。

開學後，認識了許多新朋友。令我喜出望外的是同班中可以找到七、八位圍棋同好。建中是各路英雄好漢聚集的地方，同學們都胸懷大志，用功讀書不在話下。記得有一天早自習時間，我進教室稍晚，就發現教室裡大家都在默默讀書，沒有人交談，靜肅的氣氛使我不自覺地放輕腳步，生怕發出一點聲音，干擾他人。在這樣的環境裡，大家除了切磋學問之外，想不到還可以琢磨棋藝。其實建中學生在讀書之餘，都會找尋適合自己的課外活動。在沒有網路和電玩的時代，下圍棋是不錯的選擇。換成今日時空，以往的盛況或難再現。

班上圍棋圈的規模不可謂小。下課或午休時間就可看

見同學們三三兩兩手談，還真有「棋風鼎盛」的光景。我們不用棋盤棋子，而是以有橫線的筆記紙畫成十九路棋盤，用鉛筆在上面畫圈叉。圈代表白旗，叉代表黑棋，遇有提子就拿橡皮擦擦掉「死子」。如此克難的方式，大家還是下得津津有味。後來我讀到杜甫的詩句「老妻畫紙為棋局」，才知道古人早興此道。因為大家棋力低，下完一盤棋的時間不會太長，或許大多同學視之為閒時鍛鍊腦力的一種運動，隨興落子，不會刻意長考。所以即使時間短暫，大家也下得很起勁。

幾位特別著迷的同學，甚至利用上課時間下棋，我正是此中高手。同學張海潮，座位在我後面，老師在台上比手畫腳，忙著講課時，我們也忙著下棋。首先落子者在紙棋盤上「畫」一手，傳給對手，對手回應後再傳回來。用這種「快遞」方式下棋，還要分心聽課，真不知當時是怎麼辦到的，只能說年輕時總會做一些瘋狂的事。另一位同學劉大維坐在不遠處，也參與遊戲。我和海潮，因為位置的優勢，棋譜傳遞容易，因此下得最多。課中下棋當然不能讓老師發現，海潮和我座位相連，傳譜只是舉手之勞，隱密性高。如果跟距離較遠同學對弈，傳譜就要利用老師轉身面向黑板的空檔。現代老師較少寫黑板，上課下棋的風險相對提高。很幸運的，我們下棋的行徑始終都沒有驚動老師。

透過手談我和海潮情誼甚篤，還特地帶他去弈園見識一番。不過多年後他回憶，不習慣那個地方的氣氛，因此沒有更深入迷上圍棋。

## 創立圍棋社

光是在班上與同學下棋不能滿足我對圍棋的熱情，我希

望能參加圍棋社團，找到更多的棋友。但是當時學校並沒有圍棋社，我當下決定要自己創立。經過向學校申請通過後，立刻招募會員。會員人數雖不多，總算有了好的開始，我理所當然地成為第一任社長。社員們各盡所能，湊齊了幾套棋具，就堂而皇之地手談起來，也讓紅樓傳出了敲棋聲。

　　由於社員大多是初學，迫切需要高手指導。正好學校有編列輔助社團延聘指導老師的經費，因為我課餘有到弈園走動，大家認為我棋界人面較熟，就由我負責去找老師。當時我在弈園只是一個初學者，高手不太會理我。倒是時常看見一位高大的白髮長者，卓然不群，棋友對他甚是恭敬，顯然是一位高手，打聽之下，正是名列「十大名手」之一的唐景賢。唐老來臺之初曾在嘉義地區的中學任教，或許是因為這段經歷拉近了我們的距離，讓我到弈園時有與他攀談的機會，彼此認識。因此我在為圍棋社尋找老師時，唐老自然是首選。學校給圍棋老師的指導費相當微薄，但是唐老不計較，一口答應。此後他一直擔任建中圍棋社的指導老師，即使在我畢業之後，紅樓仍可見他清癯頎長的身影。

　　據說唐老答應之前曾有疑慮，他擔心同學們下棋會影響學業。所以學期終了，他會到教務處查詢社團同學的課業成績。結果他發現同學的成績都在水準以上，就放下心來，繼續教導。唐老師利用學校訂做的一塊大棋盤講棋。當時大棋盤的棋子是用木材做的，棋子後有釘子，插進棋盤上的孔洞，棋子就固定了。這種設計讓講棋者擺棋相當辛苦，通常需要有人在旁協助，避免拖延時間。後來發明表面貼鐵皮的大棋盤，棋子用塑膠做，背後裝有磁鐵，擺棋或移棋就容易許多，動作速度也加快。現在利用電腦操控，將棋盤及棋局變化投影到講台螢幕上，更加方便，這是科技對於講棋的貢獻。

唐老師精研清代名局，講棋大多以古譜為主，偶而也會解說日本棋譜中布局的觀念。大致上他是分析古譜中的攻殺變化來訓練我們的基本功。有一次他擺了施襄夏授十三子譜，對手是家中女婢。但見黑棋人多勢眾，對於攻殺之道也有相當程度，卻被白棋殺得節節敗退，潰不成軍。佩服白棋神技之餘，我忍不住要問老師黑棋棋力比我如何，老師回答說差不多。當時我至少五級的棋力，自然覺得不服氣，認為再厲害的大師也不可能讓我十三子。後來想想，唐老師的話並沒有錯，黑棋雖有相當棋力，但只攻不守，處處與白棋鬥力，棋低一著，自然容易受制。現代弈者比較有利用布陣優勢，避重就輕的觀念，同樣的對局條件，白棋就不容易取勝。話說回來，只知求勝而不敢與白周旋，要進步也不容易。

成立圍棋社，擔任首任社長，當時的動機或許只是創造一個有利自己下棋的環境，卻是我這一生推行圍棋的肇始。

## 「名人」風潮

高一過後的暑假，棋界迎來了一件驚天動地的事件：林海峰問鼎「名人」，挑戰坂田。林海峰民國 41 年十一歲時赴日學弈，經過十年努力，脫穎而出，打入代表棋界頂峰的「名人賽」，並取得挑戰權。衛冕者坂田榮男綽號「剃刀」，以銳利的棋風橫掃日本棋壇，八項職業大賽獨占七冠，正是名符其實的棋王。林海峰的挑戰，棋壇普遍不看好。坂田也信心滿滿，甚至說出棋士要到三十歲才有機會獲得「名人」的話。不過，小蝦米鬥大鯨魚，有新聞價值，不只日本，臺灣媒體也注意到了。

七局挑戰賽林海峰輸了第一盤，但是重整旗鼓後，第二、三盤連勝，展現奪冠氣勢。這時新聞媒體開始瘋狂追逐相關新聞及對局情形。當時大報《中央日報》、《徵信新聞報》（現《中國時報》）等都大篇幅深度報導，派特派記者到日本現場採訪，消息甚至刊登頭版。這種報導方式吸引讀者像看連續劇般地追蹤比賽發展。一些細節，像坂田一根接一根地抽菸，苦思下一手，又抱怨林海峰開闔摺扇的聲音太大，影響思考，導致裁判要求林海峰換一把較小的扇子等，在棋友和非棋友間都成茶餘飯後話題。

　　「名人賽」雙方各用時十小時，通常要下兩天。如果讀秒時間久，經常第二天深夜才會結束。比賽時間長，吊足關心棋友們的胃口。據說主辦本賽的日本《讀賣新聞》過去刊登吳清源棋譜時，每天只登出幾手，總要耗費個把月才披露勝負。卻也因此吸引大批讀者長期閱報，該報銷路大增，一躍而成大報。「名人賽」時傳真機尚未問世，棋譜靠電報一手一手傳送，傳播速度慢，卻有形成話題、吸引更多人注意圍棋的效果。街頭巷尾順著新聞報導談論比賽者，很多是不會下圍棋的。

　　新聞媒體不停地追逐「名人賽」，從七月到九月。下完第六局，林海峰四比二勝出，以二十三歲之齡成為史上最年輕「名人」。他不但創造日本棋壇的新記錄，一夕之間也因為揚威異國，成為舉國皆知的民族英雄。次年返國時蔣介石總統特別召見，可見他的成就跨越了圍棋領域。這種氣氛與 57 年紅葉少棒隊擊敗日本關西少棒明星隊後舉國若狂相仿。紅葉隊的勝利引發了臺灣棒球運動的熱潮，林海峰奪取「名人」也帶動起一波學習圍棋風氣。當時很多人，尤其是年輕人，對圍棋產生了興趣，為棋壇注入許多新血，對爾後

臺灣圍棋的發展產生了深遠的影響。於 64 年獲得臺灣第一屆「名人賽」冠軍的林文伯就說，在他還是初中生時，林海峰的「名人」之路引導他走進了圍棋世界。

「名人賽」過後，傳出一個「平常心」的故事，讓棋友們津津樂道。挑戰賽第一局坂田輕鬆地贏了。林海峰感覺對手強大，對於接下來的比賽，似乎失去了信心。他靈機一動，第二局對局前兩天，專程前往吳清源老師家請教對策。吳清源不談圍棋策略，只送給他三個字：平常心，教他放鬆心情，勿患得患失。因為唯有維持平常心，將勝負置之度外，才能思慮清明，發揮潛力。老師一席話猶如當頭棒喝，林海峰雜亂的心緒頓時變得澄澈。就這樣以平常心贏得第二局，開啟了勝利之門。這個深富哲理的故事無疑有助於提升圍棋的形象：圍棋除了是遊戲，還具有陶冶心性的功能。因此做父母的不會擔心下棋學壞，反而會主動鼓勵子女接觸圍棋，導致日後臺灣青少年圍棋蓬勃發展。

林海峰熱潮吹到了學校圍棋圈。我個人幾乎整個暑假泡在弈園，聽名手解盤，跟著棋友們追逐比賽過程。透過報紙報導，班上同學們知道日本職業棋賽最大頭銜是「名人」與「本因坊」，暑假過後開始有人利用這些名銜來稱呼棋力較強的同學。我是楊「名人」，劉大維是劉「本因坊」，另一位王東華是王「海峰」。自我陶醉之餘，大家對圍棋更熱衷了。

圍棋社方面，增加許多新社員是一定的。我畢業後次年，《圍棋》雜誌記者報導，建中圍棋社有社員一百七十五人。據此估算，我擔任社長期間，社員人數不會少於百人，在學校裡算是大社團了。每年的十二月六日是校慶日，我創辦了「校慶杯」圍棋賽，每年舉辦，比賽棋譜曾經唐老師講

解，登在雜誌上。根據報導，58 年時參加比賽者兩百人，可見盛況。

## 高手搖籃

建中圍棋社可說是孕育高手的搖籃。在我創立圍棋社之前，學校已經有幾位具有級位甲組棋力的學長。高允茂和李偉龍是我記得起名字的兩位。李偉龍 54 年參加《中央日報》第一屆「青少年圍棋賽」，得到青年組冠軍，闖出了名號。半年後，林海峰返國接受「國手」封號，隨行的吳清源下指導棋，李偉龍受五子，得以親炙大師風采。

民國 41 年，吳清源輪流與日本一流高手下「升降十番賽」，大獲全勝後，「中國圍棋會」特邀訪臺，並贈予「大國手」榮銜。吳與年方十歲的林海峰下了一局六子指導棋，之後林海峰就前往日本，拜入吳清源門下。林海峰得到「名人」後，中國圍棋會也決定授予榮銜。本來決定比照吳清源，贈與「大國手」封號，但是老師在前，林海峰不敢僭越，最後決定接受「國手」名號。

建中有了圍棋社，社員互相切磋，加上老師指導，大家進步很快。同期好手有項灝、胡鯤生、徐經明、王繼堯等，畢業後都躋身段位高手之林。徐經明跟我保持聯絡，時常在棋社遇見。其他人的名字則時常出現在比賽得獎名單上。我在高二時大概已有五級棋力。

當時棋力最強的建中生是林文伯。林文伯是 55 年入學的，高二之前就已晉段。我在高二時跟一位弈園的棋友到「基隆棋社」拜訪，棋社主持人介紹一位初中生與我下棋，正是林文伯。我報五級，因林是三級，授我兩子，記得我還輸了，這是我與林文伯的初識。林文伯到建中後，並未參加

棋社，顯然是棋太高了，找不到適合的對手。「弈園」有很多高手，是他課餘常去的地方。我們同校一年（我高三，他高一），彼此熟識卻是在弈園。我們很少下棋，卻由於鄰近弈園的「中國之友社」常有橋牌比賽，雙雙培養了打橋牌興趣，時常結伴參加比賽。

我在弈園也結識了 57 級的建中生林國基。得力於弈園的磨練，林國基進步神速，57 年末林海峰回國，與青少年軍團下了七局指導棋。林國手勝了六局，唯一的負局是授四子對林國基（一級）（詳見〈大學棋道〉章）。58 年林國基獲選「中日韓三國學生圍棋賽」代表，與王德民、王立誠共同出戰。那次比賽我到場觀戰，韓國高中生徐奉洙棋力超強，對手望風披靡，讓我留下深刻印象。徐奉洙後來成為職業棋士，與曹薰鉉分庭抗禮，他的鋒芒在學生時代早已顯露。

林海峰問鼎「名人」引爆的熱潮延續甚久，主因是新聞媒體持續報導林海峰相關的消息。李偉龍與吳清源下棋，成為校園名人。林國基獨勝林海峰，在外行人眼中也成英雄人物。他後來上成功大學，有個不會下棋的女生見到他的名字，想起新聞報導，跟他說：「原來你就是那個贏過林海峰的！」這女生後來變成林太太，圍棋當了月老。

另外一位 57 級的蘇正德，在校時棋力不高，擔任圍棋社社長，熱心推行圍棋，經歷跟我很像。我們在他大學階段結識。後來他到日本留學，曾帶回趙治勳棋書贈我。陳富陌開闢「棋侶」網路圍棋之初，有位 So 教授棋力很強，我當然上網挑戰，後來才知是蘇正德到臺中大學任教，用此化名。民國 77 年「中華民國圍棋協會」創立後，蘇正德就加入幫忙，長期擔任常務監事。

建中不斷有高手問世，在棋界即使有正面接觸，往往要過一段時間才發現是校友。像擔任過中華民國圍棋協會理事長的何信仁是 64 級生，我知他是臺大校友，卻是過了一段時間才知高中也是同校。職業棋士彭景華還是高中生時，有一次穿著建中夾克制服與我比賽，我才知後浪正推前浪。「中華棋協」創會初期，出力甚多的業餘七段陳萬生是 60 級。

## 棋迷心竅

我在上課中下棋，雖然沒有現場被抓，化學課的盧老師已然發現我上課不專心，特地叫到面前告誡一番。我因為修課成績不差，加上年輕氣盛，不肯認錯，反倒認為老師是抬出正課來貶抑圍棋。我本有意大學讀化學，後來放棄，多少受到這事件的影響。高三時我轉入文科班，與留在理工班的棋友分道揚鑣。

高三是準備大學聯考的時段。當時大學為數不多，一場聯考下來，十人中大約只有一人可以上榜，競爭非常激烈。所以大家都放下所有休閒娛樂，留校讀書或上補習班，全力衝刺。不過此時也是我最迷圍棋的時候，根本放不下，只能在讀書之餘，設法擠出時間，滿足棋癮。每逢週末假日，還是忍不住往「弈園」跑。棋友見我如常報到，都不知我有聯考迫在眉睫。父母見我分心，自是擔憂。我倒是蠻有自信，認為考上大學沒有問題。因為學校定期有舉行模擬考，我的成績一向不錯。

不過分心下棋終究有負面影響。所有學科中我的數學較弱，想要得到好成績，就得花時間補強。但是不放棄圍棋就挪不出多餘時間。當下我採取了「棄子」策略：數學不補

強，以現有實力應考。我評估：文史強項可考高分，彌補數學失分。這是我為了圍棋而展現的「大局觀」。

　　聯考之日來臨了。考場安排在總統府旁的北一女中，我心中暗喜。因為從學校越過凱達格蘭大道，不到兩百公尺外，就是弈園所在，或許可以利用考試空檔，過去看看。考試第一天的午休時間，我覺得早場考得不錯，決定「獎賞」自己，到弈園下棋。我步行過去，找到一位熟悉的棋友，下到時間差不多了，才回到考場。我未說，大家都不知道我正在聯考中。或許下棋有放鬆的效果，我以平常心應考，第二天中午，又去了弈園。多年後，老同學們提起這段有點耍帥的事蹟，我說當時年輕率性，憑著一股衝勁，很少考慮負面的後果。另外也可能是「棋迷心竅」。古人曾以「木野狐」比喻圍棋，它確實有惑人心智的魅力。《聊齋志異》〈棋鬼〉篇敘述一個好棋成癖的書生，把家產耗盡，死後打入地獄。閻王派他差事，他卻在半路上貪圖下棋，誤了期限。最後被鬼吏捉回，打入餓鬼獄，永世不得超生。當時我未聞這個故事，否則會有一點警惕之心吧。

　　所幸「木野狐」沒有誤事。聯考成績不出意外，數學成績差，但藉著其他科目的拉抬，我考上第一志願：臺灣大學外文系，展開另一階段的圍棋旅程。

第二章　弈園

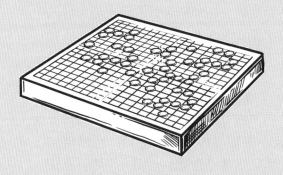

臺灣早期圍棋發展的中心在「弈園」。沒有弈園，臺灣圍棋不會有今日的發展。

　　民國 40 年，原先發軔於重慶的「中國圍棋協會」在臺復會，由時任參謀總長的周至柔擔任會長。臺灣圍棋人口本來不多，大陸變色後，許多圍棋高手陸續來臺，棋界才開始熱鬧起來。由於大陸棋友的推動，才有圍棋協會的復會。有了圍棋組織後，就需要一個辦公及棋友交流之處。當時臺北只有一兩家棋社，地方小，人流少，難以長久維持，不適合作為棋會的會所。民國 41 年圍棋協會邀請吳清源返臺，贈予「大國手」榮銜，就沒有一個「家」可以作為接待場所。

　　總統府前的凱達格蘭大道當時叫介壽路。在介壽路與懷寧街口處有一間茶店，面對總統府，背依大片公園，又靠近臺北車站，地點很好。剛好茶店準備歇業，棋會理事袁惕素召集四十多位棋友認股，籌足資金，將其頂下，「弈園棋社」就在民國 42 年元月開幕了。

　　弈園所在本屬公地，臺北市政府一直有意收回。但棋會領導人周至柔是政界要人，在 46 年更擔任臺灣省主席，聲威顯赫。有他力保，弈園屹立在總統府旁近三十年，成為中國圍棋會總壇也有二十年之久。

## 弈園風情

　　弈園棋社是棟平房建築，入口處懸著一幅張北海教授所題，嵌有弈園兩字的門聯：「弈局似長安，一不留神成浩劫。園林亦祇樹，且來歇腳喝杯茶。」上聯從杜甫詩句：「聞道長安似弈棋，百年世事不勝悲」化出。下聯「祇樹」指佛經中的「祇樹給孤獨園」，乃是印度舍衛城內釋迦牟尼佛講經之處。此聯將弈園比喻成修道場所。不過當時我學

淺，不解其中深意，只感覺全聯雅俗兼具，既可言傳，也可意會，因此留下深刻印象。多年後遇見舊友，談起這幅代表「弈園」風味的聯語，大都記不得全貌。

弈園進門後可見左右兩個弈棋廳。右廳較小，專屬象棋棋友。我在弈園期間，絕少踏入，感覺像是另一個世界。左大廳是圍棋廳，相當寬敞，可容五、六十人下棋。大廳有偏門，出去就是大公園（當時名新公園，現在改名為二二八公園）。進了棋社，有時放下棋子，到公園透透氣，舒緩心神，也是一樂。林海峰小時候，由爸爸帶到弈園。爸爸下棋，他就跑到公園玩耍。爸爸輸棋了，就跟對手說：「你不要走，我叫我孩子來報仇。」於是到公園裡把兒子找回來下棋。只見林海峰隨手落子，就把對手殺得大敗。這是弈園老棋友津津樂道的故事。在弈園下棋，蟬聲伴隨落子聲，樹蔭不時灑落棋盤上，一派幽然境界。弈園歇業後，我在臺北跑過多家棋社，都是在高樓大廈裡進出，此情此景已成絕響。

弈園開張後，立刻成為推行圍棋的重鎮。它既是圍棋協會總壇，重要的比賽都在這裡舉行，推廣的活動也在這裡規劃。中國圍棋協會復會後，曾與橋牌界合作，出了《棋橋》雜誌（41 年），有了「弈園」做辦公室，《圍棋》雜誌於民國 45 年獨立創刊，這是我學棋時代的精神食糧。

弈園平時就有很多高手下棋，遇到比賽，更是冠蓋雲集，四○及五○年代有所謂「十大名手」，在這裡都可以遇見。當時沒有獨立的比賽室，比賽多在大廳舉行，引來多人圍觀。有了觀摩名手的機會，還有好敵手相互切磋，提升棋力，對於有志上達的棋友而言，沒有比弈園更好的地方了。如果我只是在學校裡下棋，未曾到過弈園，我對圍棋的情感與棋上的造詣必然與今不同。後來在弈園下棋，成為職業棋

士的陳永安、陳秋龍、陳士等人相信會有同感。

　　一般人所了解的棋社就是下棋的地方。但以前的棋社，除了下棋，還是喝茶聊天的好地方。現代人要聊天有很多地方可去，也不一定喝茶，棋社這方面的功能因此逐漸失去。弈園可說是末代的舊式棋社。現代棋社有飲水機，加熱水要自助。弈園則是由跑堂提著熱水壺，應客人叫喚，隨時過來添水，多了一份人情的互動。弈園茶資六元，泡一杯茶後，隨你消閒終日。棋社也有廚房提供麵食，必點的是排骨麵，滷排骨軟嫩可口，令人回味。聯考日我在弈園的午餐當然就是排骨麵。排骨麵和鄰近不遠（懷寧＋衡陽街口）「公園號」的酸梅湯是跑弈園的許多學生棋友共同的回憶。

　　跑弈園者多為常客，彼此熟稔後，稱呼不用姓氏，而用綽號，像大將、冠軍、宗兄、小哥哥等。我到弈園認識許多棋友，只知其號不知其名。因為我是晚輩，以綽號招呼對方不禮貌，只能打聽其姓氏，以先生稱呼之。至於同輩棋友，以綽號相呼，此起彼落，彼此還互相打趣，聽在耳中，令人感覺格外溫馨。

## 十大名手

　　在四〇年代，臺灣幾乎沒有公開的比賽，棋社就成為高手的競技場。弈園開張後，因為地點環境皆優，成為高手雲集之地。我到弈園之初，即風聞棋壇有「十大名手」，而這些名手就在棋社裡下棋。懷著崇拜的心理，我當然想認識他們。

　　「十大名手」包括：吳滌生、張恆甫、黃水生、唐景賢、周傳諤、胡哲讓、陳翔文、凌潔泉、董之侃、郭哲卿等。其中黃水生與郭哲卿是本土棋士，其餘皆是光復後從大

陸陸續來臺者。我在弈園前前後後見過八位名手，董之侃與郭哲卿則未曾謀面（也可能是見面不識）。董之侃是林海峰的啟蒙老師，郭哲卿在五〇年代聽說已退出棋壇。

弈園裡時常見到的是張恆甫、周傳諤、唐景賢、陳翔文、凌潔泉五人。初見時我因棋低，跟他們沒有下棋的機會，頂多是伴隨其他棋友一旁觀棋。張恆甫對棋友相當親切，粉絲最多。他是上海人，棋社有一批同鄉，彼此鄉音交談，我因此學會幾句上海話。有一位邱梁，具有段位棋力，張恆甫喜歡逗他。邱的年紀看來大於張，張卻叫他「小邱梁」。兩人下棋，邱下不過張，嘴巴卻不認輸，喜歡說：「吾不過水便都都」（我隨便下下而已）。

周傳諤棋癮很大，一到棋社就下個不停。他喜歡殺棋，不喜收官，綽號「老虎」。他不挑對手，不拘對子或讓子，還會主動找年輕人下。我晉段後才開始與張恆甫、周傳諤交手，也與二老培養了深厚友誼，交情一直延續到後弈園時期。我們的互動下文另有敘述。

唐景賢是名手中最年長者，大家都稱他為「老將」。他看來仙風道骨，仰之彌高，乃是我到弈園後最早接觸的名手。「老將」喜歡研究中國清代古譜。棋社裡有一個小房間，乃是《圍棋》雜誌的編輯室，「老將」時常利用來擺棋研究。當時我只知有日本棋譜，對清代棋事完全無知，看見他手中的古譜，出於好奇，問了一些問題，開啟了我們的互動關係。言談中我了解他非常推崇古人的棋藝，認為范西屏、施襄夏等清代高手可以授他四子。「老將」為人謙虛，在雜誌上解說棋譜，總是冠上我見、淺解、我的拙見等語。因為景仰其風範，我為建中為棋社找老師時，很自然地找上他。以名手之尊到學校教棋，他也是第一人。

陳翔文與凌潔泉下棋對象以熟人居多，較少與後輩互動。據說陳翔文中年才學棋，卻能迅速躋身高手之林。印象中他是位落子謹慎，棋品絕佳之君子棋士。凌潔泉紅光滿面，看來身體很硬朗。不過他下棋只為消遣，幾乎不參加比賽，是名手中最低調的一位。

吳滌生是吳大國手之兄，他在臺灣圍棋發軔初期，以白水閣筆名在《新生報》主持圍棋專欄，推廣圍棋近三十年，貢獻厥偉。黃水生在日據時期代表臺灣赴日參加比賽，日人譽為「臺灣本因坊」。兩人平常不在弈園下棋，有比賽才出現。黃水生在家中設「水生棋塾」，指導後進，新生代棋手王懷琦、陳國興、王學傳等皆出自門下。我曾在升段賽中向黃水生請教一局。我與吳滌生的棋緣則要等到二十年後。

最後一位名手胡哲讓，之前在海外工作，我晉段後他回國參加比賽才認識。比賽碰到兩次，算是很有緣。胡哲讓下棋認真，遇到複雜局面一定長考，因此綽號「魔王」（魔與磨同音）。記得第一次對陣，雙方都不斷長考，只為打一個劫，搞得盤面凌亂不堪，無法清楚點空。結局是我半目險勝，當時感覺氣力都已耗盡。胡哲讓比吳大國手年長兩歲，纏功與耐力卻一點都不輸年輕人。

我曾經好奇十大名手的名號是如何得來的。當時棋界並沒有公開的比賽，又如何把這些高手湊在一起？民國 55 年《中華日報》與中國圍棋會共同舉辦「中華第一名位賽」，成為有史以來第一個新聞棋賽。在那之前，偶而會有報社邀請兩位高手下十局賽。弈園開張之前，高手多聚集在「新生」、「南亞」，等規模較小的棋社切磋，經過好事者渲染，就有所謂「五虎將」、「四金剛」等稱呼。後來棋友認定的高手增加，便湊齊十人，成為「十大名手」。所以「名

手」的來由是透過棋友「票選」，而非經過比賽認證。依我觀察，「十大名手」棋力並非等高，張恆甫、吳滌生、黃水生屬於第一線，唐景賢與周傳諤則介於第一與二線之間。第一屆「中華第一名位」由八人循環產生，其中五人由棋友海選，其他由中國圍棋會指定。被指定者正是張吳黃三人，可見他們棋力較強已有公論。

## 因棋會友

我從高中到大學時代，待在弈園時間相當多，也結交了許多朋友。在棋社，大家論交不講年齡差距，不論社會地位不同，單單只因圍棋而結緣。與我互動較多者，即使多年以後，我對他們的記憶依然鮮明。

### 「大爺」蘇成章

53 年夏我初到弈園。那時中學生到棋社下棋並不多見。學生有升學壓力，即使愛棋，也沒有很多時間上棋社；何況棋社還是消費場所，學生財力不一定能負擔。因此棋社成員以年長者居多，氣氛並不適合年輕人。如果不是有熟人帶領，我是不會發現這種地方的。一年後，林海峰熱潮來襲。由於林海峰是在弈園下棋而被發掘的，經過媒體宣傳，許多中學生穿著校服、背著書包，帶著朝聖的心情來到棋社。這時弈園就年輕起來了。

我跟弈園顯然有緣，才不過去了幾次，就很快適應其中文化。我尤喜與年長者互動，不論是下棋還是交談，並不感覺有世代隔閡。

新手初進棋社，總有主持人或熱心人士幫忙介紹棋友。圍棋會幹事蘇成章二段就是在這種情形下認識的。蘇成

章是圍棋會幹事，單身一人就住在弈園一個小房間裡。平日除了辦理棋會活動，也幫忙招呼棋社中大小事情。介紹我到弈園的張子久有一次拜託蘇成章跟我下一盤指導棋。局後他問蘇我的天分如何，能否收為徒弟。蘇搖搖頭，表明不想當我師父。後來林國基、徐經明等建中生到弈園，蘇倒是另眼相待，視為門徒。我後來在棋界闖出一點名氣，就拿這件事笑他當初沒有「慧眼」，否則「師以徒貴」，豈不快哉。當然這是朋友間的玩笑話。

蘇成章喜歡接近年輕人。學生到弈園下棋，他常會主動指導，有比賽也會找他們記譜。做記譜員有助提升棋力，又可賺零用錢，大家樂意為之，我也不例外。林國基與徐經明雖未正式拜師，因與蘇成章互動較多，棋友認為是師徒關係，雙方未否認，就此定調。

蘇成章有個綽號叫「大爺」，認識後，我們都以此稱呼他（蘇的綽號來源見〈征戰新聞棋〉章）。

林文伯與後來的職業棋士陳永安是弈園常客，都受到蘇成章的照顧。林文伯事業有成後，見「大爺」孤家寡人，晚景堪慮，就說服他存一筆錢在自己的帳戶裡，然後每月賦予比銀行更高的利息，多年不變。這是林文伯回報蘇的一點心意。蘇成章晚年回到大陸養老，因為要用錢，把本金提光了。但是林文伯照付利息，一直到蘇辭世。蘇成章是榮民，定居大陸後每年還需回臺處理退休俸事宜。他在臺食宿等經費都由林文伯負擔，陳永安太太徐仙娥也幫他跑腿，處理大小事宜。蘇「大爺」早年的善心得到後輩溫情的回報。

### 師弟楊飛豹

我到弈園未久，有個少年時常在我旁邊看棋，他叫楊飛

豹。飛豹原來在右廳下象棋，沒有對手時就到左廳看人下圍棋。他是個聰明人，看看也就學會了。他喜歡看我下棋，大概因為我是棋社中少數年輕弈者，比較沒有隔閡。不久我們就成為棋友。

楊飛豹生來命運坎坷。母親很早過世，全家五個兄弟姊妹全被不負責任的父親送到孤兒院。飛豹就在院中度過童年，也學會下象棋，很快院裡無人是敵手。十四歲那年他逃離孤兒院，流浪到「新公園」，看到有家棋社，有人下象棋，就走進來一探。這一步改變了他的命運。

飛豹只受過小學教育，沒謀生能力。年紀雖小，卻要獨自面對生存壓力。他到弈園後，以與人下象棋博彩維生。因為他有上段實力，賺取一點生活費不致太困難，因此開始了以棋社為家的生涯。但他被圍棋吸引後，象棋廳卻少去了。他是初學者，如果不下彩，很少人會跟他下。下彩的話，他又怕輸了影響生計。我在棋社，除非對手要求，通常不下彩，下讓子棋也一樣。因此飛豹要找比他高的對手，非我莫屬。

開始時我授飛豹四子，之後就逐漸縮小差距。大約兩年光景，我的棋在進步中，飛豹也緊跟而上。我幾乎是與他對棋的唯一高手，他卻能從我處不斷地吸收養分，越追越近，不得不佩服他的聰穎。有一天我對他說：「你我都沒師父，我比你年長，多少有教你一點棋，算是你師兄吧。」以後他就稱我為師兄。許多棋友不明就裡，常問：「你們的師父是誰？」民國 58 年春，我與飛豹同時晉段，他很高興地跟我說：「師兄，我終於追上你了。」

飛豹在低棋階段就以下彩維生，成為高棋後也不改其志。他下彩只能贏不能輸，跟比自己高的下沒把握，挑弱手

下讓子棋比較有機會。他的讓子棋顯然小有名氣，客戶還真不少。看他下棋，對手不是擺上八子就是九子，開局後白棋就要在千軍萬馬之中，使盡手段，甚至是騙著，殺出一條血路，我不禁要感嘆何苦來哉？不過對飛豹來講，這正是謀生之道，不得不為。

做生意要細水長流，才能穩住客源，飛豹深明此理。他跟低手下棋，絕不趕盡殺絕，如果是下三盤棋，至少要放掉一盤，絕對不會連贏三盤。他也知道不可竭澤而漁，只下小彩，不下大彩，只要能夠賺到一點生活費，也就滿足了。對待客戶，總是設法攀交情，不會盛氣凌人，當然也不吝傳授幾手棋。所以跟他下棋的人，明知道要輸給他，還是願意跟他下。

我自己是學生，財務上想幫他也沒有什麼能力。當時圍棋比賽逐漸多起來，參加比賽得到獎金，對他而言，也是收入。有幾次我們兩人同時進入決賽，這時我們就會把冠亞軍獎金加起來平均，不管是誰得到最後的勝利，得到的是相同獎金。實際比賽的結果，大概都是我得到冠軍。或許飛豹認為，金錢所得已滿足，面子就做給師兄，所以未曾全力以赴吧。

從楊飛豹身上，我看到的是一個弱勢者努力為自己爭取一個，哪怕只是小小的，生存的空間。

### 「勝負師」陳長清

大約是 55 年時我注意到弈園來了一位寡言，但下棋時非常專注的少年。他的名字叫何孟洲，是位初中學生。和楊飛豹一樣，他到弈園是為了下象棋。後來有一位棋友教他下圍棋，就此迷上。第一次對局，我讓他兩子勝了。但之後他

就失去蹤影。一年後，他再度出現，主動找我下棋，一開口就要讓我兩子。我大吃一驚，當時我已有二、三級棋力，能讓我兩子者應有上段實力，何孟洲一年不見，莫非有奇遇，否則怎可能進步如此神速？更令我吃驚的是兩子局我輸了，感覺對手完全以實力壓制，絲毫沒有僥倖成分。

原來何孟洲離開弈園的一年是跟一位叫張兆豐的老師學棋去了。張兆豐綽號「高雄張」，有初段棋力，在棋界下彩圈裡屬於殺手級人物。我以為是他的實戰棋風替何孟洲深厚的中盤功力打下良好根基。不過根據何回憶，張只教他一些套手，大部分時間都監督他打譜。何孟洲能在短短一年躍升高手，除了個人天分外，張老師斯巴達式的訓練也有影響。林國基回憶，當他還是初中生時到弈園，何孟洲正和人下彩，有多人圍觀。他在人群中聽到張兆豐對何說：「輸了沒有晚餐吃！」聽到此言，林國基感到背脊發冷。

何孟洲在 56 年初就已獲得圍棋會初段資格。57 年升二段。同年打入「中華第一名位賽」循環圈，已然是棋界最耀眼的新星。但是何孟洲這個名字很快在 58 年就從棋界消失。當年「中日韓三國業餘圍棋賽」選拔出的三名代表中卻出現陳長清這一個嶄新的名字。過了好一陣子，大家才明白何孟洲和陳長清是同一人；何孟洲是化名，陳長清才是本名。原來陳長清學校成績很好，學習圍棋後卻大幅下滑，父親反對他下棋，所以由老師取了化名，到棋壇闖蕩，不想被家人發現。當選三國賽代表後，必須以本名辦理出國手續，陳長清終於以真面目示人。

我與陳長清在「何孟洲」階段互動不多，在他嶄露頭角後，多有接觸，才比較熟稔。他對勝負非常執著，抱著勝則生負則亡的信念。不論是平時友誼賽，還是正式比賽，他必

然全力以赴，但求勝利。記得我在三段時某一場小比賽對上了陳長清，僥倖贏了。當晚有人看見陳長清在中興大橋上來回踱步，似乎想不開要尋短。其實他是在反覆思索輸掉的那盤棋，跟自己的內心對話，這種情境，旁人是難以理解的。棋界如果有「勝負師」的封號，非他莫屬。前文提到他的老師警告他輸棋沒飯吃的故事，以我對他的了解，他輸了棋，就算給他飯，他也不會吃。

　　陳長清執著的個性跟我有一點相似。圍棋非我本業，我對勝負沒有執念，但我對人情事理之是非黑白有所堅持。因此我和陳長清在日後面對來自棋壇高層不合理的措施會做出類似的反應。在這一方面，我一直對他有「相濡以沫」的感覺，或許這正是我們友誼的基礎。

### 「鬼手」李積庶

　　到弈園如果不認識李積庶，就不算是弈園人。李積庶同蘇成章一樣，是圍棋會幹事。蘇負責武場，他則負責文場。他的文章寫得不錯，《圍棋》雜誌上關於比賽的報導，大半是他寫的。他處事圓滑，善交際，棋事接洽或人際磨合大都由他出面。弈園未開張前，李積庶經營過「新生」與「黑白」兩家棋社，對早期棋運的推動貢獻良多。

　　其實李積庶最有魅力的一面是他的棋。他的棋力約二、三級，不是特別強，但下棋飛快，擅長套手，尤其高目套手非常嫻熟，高手也會上當。他屢屢在攻殺時打出鬼手，這種棋風最令下手害怕，「鬼手李」之名不脛而走。看他下棋，總是奮不顧身，一條大龍生了又死，死了又生，戲劇張力十足。棋友最喜歡看這種棋，所以只要在李積庶一開戰，立刻有一堆觀戰者聚集，人氣遠遠超過名手。他的棋癮很

大，一次總要下個二、三十盤才離開棋桌。

李積庶是中生代棋手張子建的啟蒙老師，張子建教王忠義（應昌期時代圍棋會總幹事），王忠義教林文伯，所以林文伯看到李積庶都叫祖師爺。

我晉段後跟李積庶互動頻繁。後來他離開圍棋會，我和張子建創辦《圍棋天地》雜誌時，他任總編輯，我們成為戰友。

## 文采

圍棋曾是文人愛好的遊戲，因此有「文人棋」的稱呼。舊時代的棋社往往是文人聚集之地，彼此除了下棋，也要談文論道，甚至以詩歌酬唱。弈園就有此等風情。或許有人認為這不過是前代文化餘緒，對於學文的我卻有一種莫名的吸引力。

弈園有許多大陸過來的棋友，國學根底深厚，能文善詩，自成一個圈子；為弈園撰聯的張北海就在其中。《圍棋》創刊初期時常發表詩文的「老兵」，與精通日文、撰寫《日本圍棋史話》的沙濟琯（筆名慧觀居士），也是弈園常客。55 年林海峰與吳清源歸國，有一位名吳玲娟者在《圍棋》雜誌發表了一闋〈金縷曲〉詞，表達敬仰之意，接著就有多人次韻唱和，互顯文華，我才知道他們都是弈園棋友。因為有這批文士，早期的《圍棋》，除了刊登棋訊與棋譜，也不乏文藝氣息。這群棋友中跟我有互動的有兩位：「劉大將」與萬子良。

有一位光頭、個子不高的年長者，棋力頗強，大家以「劉大將」稱呼他。我從《圍棋》得知他本名劉靜寰。他對年輕棋友很和善，會一旁觀棋或主動交談，表達關切之意。

60-61 年間他以「快厂」為筆名連續在《圍棋》以〈棋人小詠〉為題發表詩作，清奇雋永，博得許多讚美，我才知道「大將」是文人棋士中的佼佼者，對他多了一份敬意。

〈棋人小詠〉有不少詩作描述弈園的棋友，老少咸集，新舊不拘，我和楊飛豹也有幸入列。我從學棋初始就喜歡打譜，到弈園後不改其樂。沒有好對手時，就會找個角落，靜靜地打譜。我總是隨身攜帶棋書，《圍棋》或日本《棋道》、《圍棋新潮》等雜誌都設法蒐羅到手。有時一早就到棋社，因棋友稀疏，在偌大的棋廳裡打譜，別有一番趣味。「劉大將」注意到我的嗜好，詠之以詩：「無師自學也能通，埋首新潮一卷中，索驥按圖易事耳，求仙何必到瀛東。」[1]

說到打譜，陳永安到弈園後就把我比下去了。他比我勤快，打譜時間更長。此外，他擺棋飛快，極短時間內就把一局棋擺完，很少停下來思考或研究變化。我曾問如此會有所得嗎？他回答可以培養第一感。後來我想到他應是同一譜打了許多次，速度快不會減少吸收的分量，反而可以加強記憶。

中國傳統文人好棋但多不善棋，因而發展出一套觀棋哲學：觀高手對棋而不下棋。古人曾說，高手之棋有如神龍見首不見尾，自己行棋既無此境界，退而觀棋，或可一窺堂奧。清初大儒錢謙益就說：「余不能棋而好觀棋，又好觀國手之棋。」他的〈觀棋〉詩也說：「世間國手知誰是，鎮日看棋莫下棋。」在弈園就有一位與古人同趣，學問極佳，觀棋而不下棋者。

我晉段後，與名手如張恆甫、周傳諤等對局機會增多。對局時常有一位身材壯碩、面帶威嚴的長者，坐在一

旁默默看棋。這位長者就是萬子良。他顯然是為觀棋而到弈園，因為我未看過他與人下棋；但是有名手對局的場合，總可以見到他一旁觀戰。我與名手對局，他觀棋的目標當然是名手而不是我。或許他發現我的棋也有可觀之處，慢慢地也成為我的「粉絲」。不管有無名手，只要我下棋，他都有興趣一觀。他觀棋時只用眼、用心，不動口，也絕不動手（有些觀棋者喜歡指指點點，甚至出手移動棋子），觀棋品第一。我見他守默，反而主動攀談，就這樣結為忘年之交。萬子良在大學教詩詞，我因對中國文學有高度興趣，認識他後，我們交談的話題少了圍棋，多了文學。

當時《圍棋》雜誌有署名吳玲娟者，從 50 年起，長期投文，介紹古代棋人棋事及圍棋詩文，引經據典，健筆如椽，讓我長了不少知識。吳玲娟為女子名，我初以為作者是一位女史。認識萬子良後才知他是真正的作者，以夫人吳玲娟之名作筆名。快厂曾在〈棋人小詠〉裡提到萬子良「多聞強記」，可見他的學養早有公評。

我欽佩萬子良的學識，常向他請教，待之以師禮。他曾邀我到他宅第小坐，觀賞他的藏書，視我為弟子。70 年我創刊《圍棋天地》，當時他在《圍棋》還有稿約，仍然提供一稿聲援，文末特別聲明卻酬。72 年後，因為健康關係，萬老師就停筆了。

## 新秀

弈園創立之初，以大陸來臺棋友作為班底，他們大都已過中年，棋社內少見有年輕者。54 年林海峰風潮吹起，逐漸改變了原來面貌。學生輩棋友迅速增加。同時經由報紙報導，弈園名號得到宣揚，吸引像林文伯、林國基等初中學生

前來一試身手。

　　58 年時，許多高中及大專成立了圍棋社團，卻缺乏輔導老師。有鑑於此，中國圍棋會撥下一筆經費，聘請老師到校教棋，並贈送棋具。這些措施雖於兩年後停止，已然增加了大量青少年圍棋人口，培養出許多明日之星。弈園推波助瀾，推出學生茶資半價的優待。一下子棋社裡冒出許多穿著制服、揹書包的學生。陳永安、陳秋龍、陳惠民、陳士等日後的職業棋士都趁此風潮來到。「高中圍棋賽」、「高中大專對抗賽」、「大專杯」等陸續舉辦，棋壇顯現蓬勃朝氣。

　　這批學生潮以高中生為主力。陳燦遠報到最早，他是師大附中生，高二時校中已無對手。就讀建中的楊哲銘是初中同學，也好圍棋，兩人結伴逛街，發現弈園後就走不開了。陳燦遠跟我似乎有緣，我們迅速建立了好交情。他有玩世不恭的個性，跟同儕說話相當臭屁，跟我這個大他兩歲的「前輩」卻是相當客氣。我跟他下了幾盤指導棋後，他就決定認我為師，開始稱呼我為師父。我想陳燦遠只是認為以師徒相稱，比較親暱，有助拉近彼此距離，應該不會認真看待這個名分。

　　不料陳燦遠回到家裡向父親報告棋社拜師事後，父親立刻表示這是大事，不可只有口頭形式。陳爸爸是地方上有頭臉的人物，希望昭告親友，兒子有一個圍棋老師。所以他在家裡擺了幾桌酒席，正式把老師介紹給親友。據我所知，林海峰拜師吳清源，王立誠拜師加納嘉德九段，都只是到老師家向老師恭恭敬敬地一鞠躬就算完成拜師儀式。陳爸爸如此隆重其事，倒真令我不知所措。

　　陳燦遠到弈園後進步迅速，一般掛牌的初段棋士都不放在眼裡。59 年當選第三屆「中日韓高中學生圍棋賽」代表。

但他遲至 63 年才在比賽中晉段，主因是他下棋時玩性很重，喜好亂戰，影響了成績。60 年青年節舉行的第二屆「大專杯圍棋賽」，他代表淡江大學，我代表臺灣大學出戰，這是師徒唯一的一局比賽棋。

大學畢業後，陳燦遠忙於事業，淡出棋壇。數十年來我們一直保持聯絡，見了面他還是叫我師父。

陳永安和陳秋龍是陳燦遠同學。兩人在學校裡也用紙棋盤下棋。老師沈贊訓是圍棋高手，在臺南任教時，與張基求、廖廣智合稱「臺南三劍客」。兩個學生不知天高地厚，竟然挑戰老師，結果當然是滿盤盡墨，才知天外有天，人外有人。高一時兩人結伴到弈園修練，雖然沒有拜師學藝，短期內棋力已脫胎換骨。

二陳之後陳士也由哥哥陳揚帶領到弈園。當時他才十二歲，初中一年級，小小個子，清秀可愛，引人注目。不久陳燦遠告訴我他收了一個徒弟，正是陳士。不過陳士後來在《圍棋》雜誌訪談時並未承認這個關係。我對陳士的印象是天分高，落子沉著，小小年紀卻有大將之風。陳燦遠指導過陳士，但是陳士很快就青出於藍，連我這個「師祖」也感不敵。陳燦遠、陳永安、陳秋龍和陳士人稱「小四陳」。快厂先生有詩詠之：「初寫黃庭到好處，何勞漁父指迷津，弈壇代有才人出，眾口交推小四陳。」[2]

我跟小四陳除了燦遠外很少交手。當時我是大學生，跟他們或許有一點代溝。陳惠民、程清江、陳昌言等日後高手相繼來到。陳永安成為陳昌言的老師。他們自成一個圈子，互相切磋。記得楊哲銘和陳秋龍一局棋就鏖戰了八九小時，認真的對局態度遠勝於我。不過喜歡長考的楊哲銘卻是日後唯一脫離棋壇者。

就讀臺南一中的周咸亨北上參加《中央日報》「青少年圍棋賽」，也順便到弈園朝聖。他一進門就跟跑堂的說要找高手討教。跑堂問我意思，我不知他底細，就回答先過我師弟這一關再說，推派楊飛豹代打。周咸亨當時尚未大成，因此楊飛豹贏了那盤棋。我當時跟他沒有交手，但幾年後在比賽碰頭，他已經比我強了。

在五〇年代，大學生的圍棋風氣略遜於中學。56 年舉辦的「高中大專對抗賽」由高中組獲勝，可見一斑。我到弈園初期，最具風頭的大學生棋士是臺大的陳海洲。他有初段棋力，下棋時喜歡說些俏皮話，或許是為了緩和對局緊張氣氛，卻有時令對手不快，認為這是誘使分心的手段。有一次他跟張恆甫下棋，又嘮叨不停，張忍不住，正色訓斥一頓。55 年臺灣第一個新聞棋賽「中華第一名位賽」開賽，他因打入八人循環圈而聲名大噪。我進大學後，尊他為學長，他要赴美讀書，參加托福考試，我曾幫忙跑腿報名。旅美後，他在波音公司工作，與臺灣棋界斷了聯繫。另一位臺大生是吳信雄。他是長考型棋士，我避免跟他下，就怕他半天不落子。

## 橋牌

弈園右鄰有一棟二樓建築物，乃是「中國之友社」（FOCC, Friends of China Club）所在，也是當時橋牌高手匯集、舉辦比賽的場所。弈園棋友不乏橋牌愛好者，張恆甫與胡哲讓就是其中佼佼者。張恆甫常到中國之友社參加比賽，大概是成績不錯，曾吹牛說連第一國手黃光輝都怕他。不知是否受他影響，我有時會從弈園溜過去看人打橋牌，漸漸地也熱衷起來。56 年夏天考完聯考後，我開始參加橋牌

比賽。當時建中學弟林文伯已是棋界新銳，卻也迷上橋牌。我們不在圍棋上切磋，反而組成搭檔參加「正點賽」（類似圍棋的棋力鑑定賽）。林文伯下棋很穩健，打橋牌卻有點「衝」。或許是對自己主打技術有信心，他叫牌有時會叫高一點。我跟他搭檔，培養了默契，如果感覺他已在陣前衝鋒，我就堅守後衛，隱藏一點實力，叫牌時少叫一點，為己方留點彈藥。有一次比賽，林文伯主打一副牌，我夢家牌攤開後，對手認為我們的叫牌過程不合理，懷疑有作弊，還勞動裁判前來證實清白。

56-58 年間中華橋牌隊在國際賽屢創佳績（56 年遠東橋賽冠軍，58 年百慕達杯亞軍），也掀起一陣青少年打橋牌風潮。或許棋橋本是一家，都需要運用邏輯計算的能力。圍棋下得好的人，稍加訓練，橋牌也可以打得不錯，反之亦然。像沈君山是橋牌國手，圍棋也有高段實力。我曾經將圍棋界中會打橋牌的段位棋士組織成隊，挑戰橋牌國手隊，不過這是後話了。

56 年夏天我在 FOCC 認識了正在比賽的羅番仔。羅是小一屆的建中學弟，跟名手許潤元學橋牌，頗有高手架式。我也跟他搭檔參加比賽，希望跟他學幾招橋技。高中畢業後，他反而離開了橋牌，開始學習圍棋，這時我就變成他的老師了。番仔後來在臺中教棋，栽培出許多位業餘高手。

林文伯考上交通大學後，繼續打橋牌，當了校隊。我失去了固定的搭檔，不再參加比賽，偶而在棋社打 Rubber（盤式橋牌）。不過這也是三十年前的舊事了。

### 三段禮遇

弈園有很多高手，但是他們都沒有很高的段位。中國圍

棋會成立後，對於這些高手，要授予多少段位，困惑了一陣子。44 年升段賽開辦，屬於名手者從二段下起，一些新秀則給予初段資格。到了 55 年底，參加升段賽的棋士，最高到三段者只有張恆甫與吳濊生兩人。為了鼓勵大家升段，弈園定出優待辦法，凡是具三段資格者，免付茶資。這是人人稱羨的榮耀。但我在未晉段之前，就已享受此等待遇，這應是我弈園經歷中最值得吹噓的一件事。

弈園裡唯一的女性是坐櫃檯的林小姐，待人相當親切。她看到很多學生流連棋社，擔心他們荒廢學業，不免要關照一下。我到弈園不穿制服，她不明我的底細，有一次忍不住問我，有沒有在讀書？知道我是建中生後，就勸我要以課業為重，不要整天泡在棋社。56 年夏天聯考放榜後，她看見我又來晃蕩，一派悠閒模樣，又問：「你高中生不是要考大學嗎？為何沒有看見你在準備？」我答考過了。她露出懷疑的表情，因為聯考當天還看見我在弈園下棋。聽說我已考進了臺大，更覺不可置信。我也樂得逗她，故意說得含含糊糊。她要求看學生證，我拿不出，因為當時尚未到校註冊。她就跟我約定：「只要有學生證，此後到弈園下棋就免茶資。」就這樣，學校註冊過後，我以學生證代替段位證書，享受了三段棋士才有的免茶資優待。

林小姐的丈夫姓施，中國圍棋會幹事，也是原始弈園股東。我猜這是林小姐有權讓我享受免費優待的理由。

## 下彩

棋社多有下棋賭彩風氣，茶館式棋社尤然。有人無彩不下，認為有彩金，弈者才會認真對局，不致因不在乎勝負而胡亂落子。一般的看法是下彩助興，只要金額不大，無傷大

雅。學生沒有收入，到棋社不便下彩。只因對手多為同儕，下友誼賽不涉彩金。但是換了對手，就可能有是否要下彩的困擾。其實下彩有撮合棋友對局的功能。棋友如果交情好，見了面，吆喝一聲「殺你一盤」，不用約彩，大家就高高興興地坐下來對局。但如果只是點頭之交或分屬不同世代，一方想要邀局，卻不知如何啟齒。如果對方是高棋，想跟他下，就怕被拒絕；對方客氣指導一盤，又覺欠了人情。雙方如以下彩作為邀局媒介，就比較沒有情面或身分的問題。也就是說，下彩使對局成為某種程度的商業行為，藉此免去了一些禮數，即使是陌路人，也可以較自在地對局。這或許是棋社下彩文化形成的一個原因。以下彩方便手談的前提是彩金不可過高，要量力而為。下大彩就相當有把圍棋作為賭錢工具的味道了。

我對下彩相當隨緣，下彩與否全憑對手之意。對局時我不會像職業棋士那般認真，但也不會隨便，態度一貫，不受下彩影響。但是如果要下彩，一定是小彩。我算是「小彩怡情，大彩傷心」的信仰者。彩金大小的標準當然隨個人財力而變動，在學生時代，所謂小彩大概就是一餐飯的價值。我在弈園跟同輩人下棋不言彩，遇不同世代或沒有特別交情者，大多以小彩成局。在晉段前後的兩、三年，有幾位棋友實力接近，經常小彩對局，至今留有印象。

**林達尊**。基隆一家醫院的院長，為人謙和，是一位即之也溫的長者。他有初段棋力，或許在基隆找不到適當對手，週末就專程到弈園下棋。他下棋時不發一語，專注於棋枰。局面不管有利不利，都不動如山。我受他感染，也正襟危坐，謹慎落子，努力表現出好棋品。林院長正是我的棋品師範。

**王濂伯**。高中教師。標準棋迷，一有對手，就會與之鏖戰到棋社打烊。曾獲弈園主辦「省主席杯」甲組冠軍。52年林海峰回國下指導棋，王濂伯受三子勝，這當是他平生最值得回憶的一局棋。他與我對局，初時互有勝負，但我年輕，進步較快，逐漸他就招架不住。他個性急躁，局面不利時就亂了方寸，越下越亂。不過他不服輸，繼續找我下。有一天他連負多局後扳回一城，大概是覺得很得意，將這盤棋記了譜，�ੋ稱是升段賽對局，交給張恆甫解說，刊登在《圍棋》雜誌上。我覺得這行為不可取，把實情告訴張老師，他只能搖頭苦笑。

**何威**。與我同年晉段，所以有時稱呼他「同學」。他是廣東人，說一口廣東國語。為人隨和，頗有人緣，有人叫他「小葛葛（哥哥）」，我覺得親切，也跟著叫。他下棋有時會叼根菸斗，一派悠閒模樣。落子也是名士派，注重型態，看似下了漂亮一手，但沒經過細算，時常弄巧成拙，落入險境。他是樂觀派，死了大龍，還會安慰自己說「差無多，沒關係啦。」我覺得很逗趣，跟他下棋如果吃他一塊棋子，就會搶在前面，學他的話，給予安慰。我有時會主動邀局，逗他取樂的目的居多，小哥哥從不計較。

**王學傳**。四〇年代，繼林海峰之後，臺灣又發掘了王學傳與陳國興兩位圍棋資優生。當時日本有一位來臺訪問、會下棋的國會議員，願意資助其中一人赴日學弈。王陳下爭棋決定，王勝出，於46年赴日。但是王學傳學弈過程並不順利。他個性內向，木訥寡言，幼年在外，面臨許多壓力，鬱悶心結無從排解，久之就可能患了「精神官能症」（neurosis）。幾年後他放棄職業之途，回到臺灣。他常到弈園下棋。看到我每每露出靦腆的微笑，我就知他發出了

對局的邀請。他出國前已有初段棋力，對上難免苦戰，但因是很好的磨練對象，我總是欣然上陣。下了一段期間，我略有進步，他要贏我的難度也增加。不知是否因為對局壓力升高，引發了宿疾，有一次對局，他局面危殆時，突然口中發出怪聲，雙手不停搖動，把我嚇了一跳。我只能要求停止棋局，讓他心情緩和下來。王學傳後來應該有就醫，逐漸恢復了正常。但我對他已有戒心，不想再給他施壓，就避免對局了。

## 風華消散

弈園地理環境絕佳，但位處公園內，土地權屬市政府所有，市政府一直想把它收回去。幸有周至柔以其政界威望多年護持。但弈園原有的建物也礙於法律規定無法翻修或改建，只能任其老舊。到了六〇年代，鄰近的衡陽路和重慶南路已是高樓林立，車水馬龍，弈園卻像一座古蹟，凍結在時光裡。

61 年春重慶南路臺銀總行對面的地下室開了一家「圍棋中心」，與弈園只有百公尺之遙。由於場地寬敞，設備新穎，一些弈園棋友開始轉移陣地。名手如張恆甫也出走，連帶跟走了一批棋友。

圍棋中心的出現代表棋社型態隨時代而有改變。老派的弈園不禁菸，室內空氣因而不佳；出入的棋友多隨性，不講究棋品和下棋氣氛。棋社內雖不至於人聲鼎沸，也少有安靜時刻，經常有人在下棋時哼哼小曲或唱一段京戲。弈者坐姿也隨便，蹲在椅子上下棋者有之，觀棋時坐於桌上者有之。弈園在 60 年時裝了冷氣，總算有點現代化。相較之下，圍棋中心是封閉空間，不容菸味和吵雜聲，具有咖啡館氣氛。

棋友到此也會主動放低聲量，端正坐姿。這是現代棋友比較喜歡的環境。

中國圍棋會在應昌期主導下，於 61 年時在仁愛路四段一座大廈內購置了會所，結束所謂「寄人籬下」時期。圍棋會舉辦的比賽及相關活動跟著遷移過去，弈園頓失其「政治中心」的地位，往日棋友朝聖的盛況不再。

六〇年代圍棋推行有成，圍棋人口增加，臺北冒出了許多棋社。除了原有的臺北棋社和博愛棋社外，中國棋苑（主持人蔣祖蔭）、清峰棋社（曹澤霖）、遠東棋橋中心（張子建）、延平棋社（楊啟昌）等陸續開張。新開棋社有一特色：主持人都是段位以上的高手。他們都有一些擁護者，本來集中在弈園的棋友因此星散各棋社。

我被圍棋中心的新潮裝潢吸引，也轉移了陣地，只偶而回弈園看望老朋友。不過圍棋中心經營幾年後也遭逢困境，換了幾任主持人（連名手蔡登閣都曾入主），終究收攤了結。倒是弈園，雖是日趨凋零，固有招牌還能開發新客源，又屹立了了十年。

以陳永安為中心的一群青年棋士，在我離開後，留守弈園下棋。但是 68 年職業制度成立，陳永安等成為第一代職業棋士，也相繼離去。永安告訴我一則我不在時發生於弈園的故事。63-64 年間，有一個漂亮女生到弈園下棋。她就讀北一女，棋力初學，不懂規矩，跟誰下都要持白棋。此女是後來主演《歡顏》一片成名的影星胡慧中。可惜她之後不來了，否則弈園會有另一番光景吧。

70 年四月，臺北市政府收回弈園土地，熄燈號吹起，弈園二十八年的光輝走入歷史。

弈園收攤後，老棋友史成寶在鄰近的漢口街開了一家翰

林棋社，接收弈園舊客。

## 注解

1.《圍棋》，59 年 10 月號，頁 75。
2.《圍棋》，61 年 1 月號，頁 77。

第三章　大學棋道

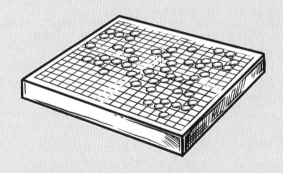

我於 56 年進臺灣大學外文系就讀。雖然要花很多時間讀書，才能應付課程進度，但我對圍棋的熱情絲毫未減。每次上完課我總是抱著書本匆匆離開，很少在學校逗留，同學們不知道我在忙什麼，其實我是到棋社下棋。當時所謂大學生必修的兩門課：跑舞會和追女孩子，都跟我無緣。我追的是圍棋。

## 臺大圍棋社

初進大學，因為好奇，我有一陣子瘋社團，一口氣參加了五、六個，但堅持到底的只有圍棋社。大二時當了圍棋社社長。臺大圍棋人才濟濟，學長輩有前文提到的陳海洲，更早有徐世雄、王祖鵬、楊茂盛等。特別提到他們，是因為他們畢了業，成就事業後，仍然留在棋界。我後來創立「中華民國圍棋協會」，他們都幫忙奉獻。楊茂盛還栽培楊嘉源、楊嘉榮兩位公子成為旅日的職業棋士。其他如吳英璋、項義，高我一兩屆，在校園裡還可遇見。吳英璋小時與王學傳、陳國興齊名，都是棋界寄予厚望的神童。但他後來棄棋從學，成為臨床心理學專家，還擔任過臺北市教育局局長。他雖然很少下棋了，對棋界仍然保持一份關心。我在中華棋協辦活動時，曾經邀請他演講圍棋教育。項義長我一屆，畢業後赴美讀書、教書，依然鍾情圍棋，後來當上美國圍棋會會長，與臺灣棋界保持友好關係。

圍棋社在學校裡算是冷門社團，社員不多，其中有一、兩位是女性。參加圍棋社者大多出於好奇，初學者居多。他們的興趣維持不久，很快就失去蹤跡。校園裡圍棋下得好的幾位反而沒有參加棋社。如今留在我記憶中的社員只有兩位。一位是中文系的何大安，人很斯文，對圍棋大概

是淺嘗則止，沒有在棋界活動。畢業後我們沒有聯絡，只知他進了中央研究院，成為聲韻學家。有一次在書店看見他的著作，立刻買下來，有如見到老友。另一位呂怡德，可是後來棋界的名手。他讀牙醫系，熱心活動，因此成為我的助手，時常幫我扛著講解用的大棋盤上上下下。不知是否因為沉迷圍棋，荒廢了學業，他輟學了。放棄醫學後他到棋壇闖蕩，成為高手。參加中國圍棋會辦的「業餘十傑賽」，高踞首傑。也因為常到「圍棋中心」下棋，成為主持人蔡登閣的女婿。他喜歡下彩，與對手計較手合，為了占點便宜，時常把我抬出來，說「楊某某讓我先」。其實那是以前的事，他能得到首傑，代表臺灣到日本參加世界業餘賽，棋力應已大進。我知道他拿我做宣傳，見面後就跟他追討「廣告費」。

我在圍棋社長任內最得意的「政績」就是邀請到林海峰來校講棋，並與學生座談。這可是「轟動武林，驚動萬教」之事。我當時與林海峰非親非故，連個段位都沒有，也非社會知名人物，居然請得動這種「大咖」，不但社員們對我肅然起敬，很多人更想知道我是如何辦到的。這就要從林海峰與我的一盤指導棋說起。

## 初識林海峰

57 年我大二時已有一級棋力，躋身新秀之林，也贏得機會與仰慕已久的林海峰下棋。

林海峰是所有旅日棋士中與臺灣棋界互動最頻繁，回饋也最多的一位。他於 41 年赴日，44 年晉段。45 年升二段時，首度回國，拜會棋界長輩，也與十大名手分先切磋。之後幾乎每升一段就回臺一次，由於他的棋力越來越強，與名手的手合，也由分先改讓先，再變成兩子下指導棋。得到

「名人」後，他仍一秉初衷，不時回國，也繼續下指導棋。

57年十一月，林海峰專程回國，與王來弟小姐訂婚。或許是心情好，在臺十餘日，下了十一盤指導棋（臺北七局，中南部四局）。在臺北場，上陣者都是新銳棋士，由林文伯領軍（三子），其餘是王德民（三子），楊泰雄、陳漢斌、王立誠、林國基（四子），王銘琬（五子）。七盤棋只有林國基得勝。

我在賽前做了沙盤演習，並且擬定一套戰法，希望能簡明獲勝。開局前十幾手，進行與我預想相差不多，我暗自得意。但是進入中盤後就力不從心。我在角上五線並一手，自以為是最大限度圍空。但白棋在角上點入，我硬殺不成，結果被它活了七目，我的大空也剩七目。一來一去，局面就不行了。有棋友笑說，低棋努力圍空，高棋搞破壞，績效卻是相同。

在得知要下指導棋時，我突發奇想：能不能藉這個機會邀請林國手到臺大校園走一趟，與粉絲們見面。下完棋後，我鼓起勇氣與他對話，並代表臺大圍棋社提出邀請。林國手與我雖是初識，卻很誠懇地表示可以考慮。我知道他的行程緊湊，預料是無法答應。但他發現十二月一日有空檔。原來那天是星期日，是他在臺最後一天，隔天就要飛去韓國訪問。圍棋會要讓他休息，所以沒有安排公開活動。林國手認為臺大之行有益圍棋推廣，就決定放棄休假，接受邀請。我與國手因為推行圍棋的共同理念交往了半世紀，他對圍棋的熱忱總是令我感動，這不過是第一次。

## 林海峰來臺大

臺灣大學圍棋社於十二月一日上午舉行「林海峰國手座

談會」。九點半，林海峰在長輩袁惕素（弈園社長）及圍棋會幹事李積庶陪同下抵達會場——臺大「學生活動中心」。雖然是星期天，會場卻擠滿了人。很多人不下棋，是特地前來瞻仰名人風采的。座談會前一天，我特地請了一位海報高手，製作多幅精美海報，擺在會場前。（當時未有電腦繪圖，海報製作全憑手工。）林國手下車後還駐足欣賞片刻。

　　座談會由我開場。林國手簡短致詞後，進入同學提問時間。林以幽默語調一一回答。有人問起林國手比賽時手搖摺扇的習慣，他說坂田和高川格下棋時都喜歡抽菸，幫助思考，他因不抽菸就拿扇子。手上有了扇子，一開一闔，有穩定心神的功效，就不會去抓棋子，貿然落子。有人問日本人稱他為「二枚腰」的意思。也有人問他布局或中盤何者較擅長，他則搖搖頭說：「我的棋還不行，兩者都沒把握。」我後來跟他熟了，知道這是他一貫謙虛的態度。他也主動提到一些比賽中發生的趣事。下棋時氣氛緊張，他曾把茶倒在菸灰缸裡，再拿起菸灰缸當茶喝。又說，日本棋院有一位老初段，下棋時總是考慮再考慮，不隨便下子。有一次對局正逢冬天，老棋士手上捧了一個手爐，邊看棋邊搓手，結果一次長考下來，手都燒黑了。總之，這是一場輕鬆的座談，讓參加者見到國手謙遜、風趣的一面。

　　座談會結束後，林海峰以大棋盤講解「名人戰」與大竹英雄之局。雖處冬季，當日氣溫頗高，加以人潮擁擠，國手於講解時頻頻拭汗，對棋局複雜處仍是不厭其煩地說明，聽者無不嘆服。

　　座談會由前文提到的何大安全程記錄。我事後將之發表於《圍棋》雜誌。

## 晉段、升段

　　領到一張段位證書是許多弈者的心願。過去我看見一些老棋友，儘管實力不夠，每年都要參加晉段賽，屢敗屢戰。問其原因，大多會說：「下了多年棋，不懂棋的朋友常問你幾段，若告以無段，會覺得沒面子，只好繼續努力。」這種說詞內含的辛酸現代棋友可能無法體會，因為現在要得到段位並非難事。一則臺灣全年有近百個比賽，取得優勝名次即可晉段，多參加比賽成功機率就大。在我的年代，沒有職業制度，圍棋會對於段位資格因此加以嚴格管控。想要晉段，只有參加中國圍棋會舉辦的晉段賽，一年一次，而且名額有限。再則，現在晉段所要求的棋力遠遜於從前，難度自然大大減低。

　　中國圍棋會成立多年後才開始舉辦晉段賽（56 年），升段賽反而是提早了兩年。那最初的段位從何而來？十大名手是早先大家公認的高手，但是圍棋會沒有授予段位，因為當時沒有訂立段位制度。後來為了推行圍棋，決定要辦升段賽，首先面臨的問題就是段位標準的設定。於是圍棋會成立審查委員會，以十大名手作為標竿，授予二段資格，其他棋手受二子能有輸贏者為初段。經過審核認可的棋士，老中青三代共三十多人，獲得參加升段賽資格。

　　段位標準先設定好，才有後來的晉段賽，以之發掘棋壇新血。比賽原定在臺北，57 年後增加中南部場次，每年晉段總名額大約八人（北區四人，中南區四人）。第一屆晉段者中有陳長清與林文伯，他們後來都稱霸棋壇。其實當時最引人注目的是只有十一歲的王德民。

　　我在 57 年末跟林海峰下指導棋，一級棋力獲得公證。

好不容易等到 58 年三月第三屆晉段賽，這是更上層樓的機會，我和師弟楊飛豹一起報名參加。當時只要自認有一級棋力者就可報名，但須經過主辦單位審核。臺北區報名者眾，有二十人通過審核，經初賽選出八名，與上屆保留四名決賽。這真有點像古代科舉考試，想要一舉成名天下知，還得經過鄉試、府試、殿試等層層關卡。

決賽者分兩組循環，每組前兩名晉段。我與飛豹同屬第二組，同門相爭，讓比賽過程意外辛苦。結果，二楊與前輩棋士朱銘源都是兩勝一敗，同分加賽，又同分，只好按照規定抽籤決定。朱迫不及待，第一個上前取籤，亮開來是唯一的落選籤。我和師弟齊聲驚呼，慶幸不用抽籤就過關了。

現在圍棋普及，段位標準放寬，擁有段位者多如過江之鯽。根據中華圍棋協會 109 年三月的資料，有初段資格者超過七千五百人。因此今人很難想像半世紀前初段位的取得是如何困難。當時有段位資格者少，管制又嚴，初段者置於今日至少有五段以上實力，其價值不可同日而語。晉段賽一年只有一次，失敗了要等來年。有很多人棋力夠了，卻因比賽時運氣差，受阻於關前，年復一年，變成了「老童生」。朱銘源就是一例。以進京趕考來形容晉段賽再貼切不過。介紹我到弈園下棋的張子久報名參加本屆比賽，也是無功而返。大棋士王立誠與王銘琬未出國前，儘管實力早就超前，參加晉段賽卻不順利（容後敘述）。

升上初段後的四月底，日本一個大學生組成的團體──「學生圍棋聯盟」來臺交流，正好給我試刀機會。圍棋會依照對方報來段位，徵召葉重基（三段）、林文伯（二段）、王德民（初段）與我應戰。日本業餘段位，因為日本棋院廣發證書，水準相當不齊。與我方相比，同段棋力一般

要差兩子以上。我的對手是位三段，我輕鬆就獲勝。林文伯與王德民的對手分別是五段與二段，棋力也不強。不過葉重基的對手三蒲浩五段卻是例外。日本頂尖的業餘棋士，如菊池康郎與村上文祥等，受二子能勝一流職業九段，當有臺灣最強蔡登閣的程度。三蒲浩是「業餘本因坊賽」東京區冠軍，比同來的五段強很多。他勝葉重基，取得日本隊唯一勝局。

晉段賽後，升段賽接著在五月舉行。我當然要參加，測試自己還能走多遠。當時參加升段賽還有一個誘因：升段獎金。現時晉段或升段要繳證書費，然後領到一張段位證書。早期晉升段是沒有證書，只是在棋會留下記錄，得到認可，毋須繳任何費用。升段成功者反而可從圍棋會領到一筆獎金。這是在沒有職業制度的環境下，鼓勵有段棋士磨練上達而設的辦法。

升段賽的制度是仿照日本棋院「大手合」制度。每年分春秋兩季舉行。初段升二段規定下八盤，依勝負給分。八局得分平均七十五分以上方可升段。比賽得分上下手不同。同段分先，黑棋或白棋的勝負不同分。黑棋輸十五分，白棋勝一百零五分，有天壤之別。所以碰到弱手，大家莫不希望猜到白棋，分數大進補。如果拿黑棋輸了，升段大大受阻外，還可能被同儕嘲笑。

我的升段過程頗為順利。上半季下了六盤，成績五勝一負。下半季十月開賽，我再勝兩盤。八局平均分數超過升段標準，還領到一千元獎金。一年之內連升兩段，足以自豪。

## 官邸棋會

大學時代我最規律的圍棋活動是參加周至柔官邸的棋

會。周從 41 年至 64 年間擔任中國圍棋會理事長。他喜歡栽培年輕人，送林海峰到日本學棋，成就「名人」霸業，就是為人稱道的政績。他在自宅辦了一個棋會，由棋會幹事蘇成章負責找年輕棋士來下棋。周公館是個有庭園的宅院，位於西門町旁的延平南路，鬧中取靜，適合下棋。棋會定於每星期一晚舉行。棋會何時開始我沒有印象，只記得大約在晉段前後，我在蘇成章帶領下第一次進入周公館，從此成為棋會常客。楊飛豹與蘇家軍的徐經明、林國基與林文伯等也經常受邀。另一位基本會員是年幼的王德民。偶而也見到名手級棋士。王立誠赴日學弈前也曾到周公館與王學傳下了一局。每逢棋會日，我通常會先到弈園與蘇成章會合，再一起步行到周公館。

周至柔公子周一西也會下棋。棋會由他當主人，負責接待。周一西夫人當選過「中國小姐」，偶而可見倩影。年輕棋士對局時，主人會在棋桌旁放置一百元，給贏棋者作獎勵。周至柔不下棋，只靜靜一旁觀棋。他對人很親切，沒有官架子，像是一位慈祥的長者。有時棋局拖延至夜深，他還會叫司機去永和買燒餅油條，給大家宵夜。

棋會人數不多，每次大約五、六人。不拘形式，隨到隨下，對手自挑。我最常下的對手是王德民。他在 57 年十一歲時，就已晉段，兩次當選「中日韓三國學生圍棋賽」代表。十二歲入圍第三屆「中華第一名位」複賽，令棋壇驚豔。他很文靜，下棋時寡言，得失不形於色。他的著手平實，卻厚重有力，很難想像是一位才過髫齡之年的弈者。王是棋會常勝軍，但我跟他下成績不錯。一百元在學生時代是一筆不小的零用金，我顯然很努力爭取。他的下棋氣勢令我敬畏，多少也激發了我的鬥志。由於有位好對手，我棋力得

以增長，這是參加棋會最大的收穫。

　　林海峰十一歲赴日學弈，王德民於同齡時棋力尤勝，卻未躋武前賢，不知何故。59 年「三國業餘圍棋賽代表選拔賽」我負於王德民。但 63 年後棋壇就不再見他蹤跡，或已捨棄弈道。每憶及周公館棋會，他是最令我懷念的棋手。

　　59 年八月，周公館棋會出現一位日本職業棋士：野口仁四段。野口個人到臺灣旅遊，順便與本地棋士交流。之前林海峰回國下指導棋時，圍棋會曾拜託他引介日本年輕職棋來臺旅遊下棋。野口有這訊息，抵臺時就持了林海峰的介紹信到弈園拜會，跟張恆甫下了一盤棋。又趁著棋會，前來謁見周理事長。拜會後當然是下棋。我義不容辭，出馬應戰。手合受先，中場雖有勝機，但稍縱即逝，敗下陣來，究因當是功力不足。

　　周至柔在 61 年與總幹事應昌期失和，自辭理事長職位（見〈棋壇新局〉章）。周公館棋會大概在那時畫下了句點。

## 二子指導棋

　　59 年七月，林海峰在「本因坊賽」四比零擊敗挑戰者坂田榮男後回國探親。依照慣例，圍棋會要安排他與國內棋手下指導棋。在過去，指導棋的對象大致是由圍棋會從當時比賽成績優秀者中挑選。在四〇年代，十大名手張恆甫與吳滌生下得較多。之後蔡登閣崛起，加入被指導行列。55 年，蔡奪得「中華第一名位」。56 年，新秀曹澤霖脫穎而出，成為挑戰者。蔡曹兩人組成棋壇新勢力。林海峰此番回國，因停留時間短，只安排兩局指導棋。若比照前例，指導棋對象自非蔡與曹莫屬。但是林海峰未歸國前，圍棋會宣布：指導棋人選不再由主辦方指定，改由選拔賽決定。

舉行比賽，公開選拔，無疑是比較公平與民主的方式。圍棋會作此改變，其來有自。57 年十一月，林海峰回國訂婚時。下了多盤指導棋。被指導者除了上文提過的七位新秀外，尚有棋會指定的蔡登閣、葉重基（臺北）、林長洪（臺中）、陳伯謙（高雄）四人。這個安排招致幾位新銳棋士不滿，曹澤霖、陳延澤、孟祥協、張子建等在《聯合報》刊登啟事，聲明退出圍棋會。圍棋會隨後發出聲明，註銷四人會員資格，並取消其參加第三屆「中華第一名位賽」比賽權利。後來棋界大老出面斡旋，曹澤霖等於 59 年五月登報表達歉意，中國圍棋會也恢復其會籍。因為這個事件，國手再度歸國時，圍棋會舉辦指導棋選拔賽，避免再有糾紛。

　　這個比賽規定具有二段以上資格者方得報名。我抱著向高手討教的心情報名。蔡登閣、張恆甫以及曹澤霖等回歸棋會的棋士，還有陳長清、林文伯等超級新銳都報名。結果十四名參賽者中我是唯一的二段，其他人不論段位還是棋力都比我高，當然沒有人會看好我。

　　比賽採雙淘汰制，勝敗部各取一名。比賽開始後，我爆出冷門，連勝四盤，以第一名入選，這真是做夢也不敢相信的結果。第三盤輸給我的曹澤霖在敗部連勝三盤，成為第二名入選者。我跟曹澤霖曾經小彩對局，認為與之尚有一先差距，沒想到比賽可以贏他。

　　入選後我面臨要受幾子跟林國手對局的問題。57 年我受四子，現在進步一點，我認為應受三子。曹澤霖棋力與蔡登閣伯仲。57 年蔡受二子勝國手，所以曹合理的手合是受二子。但是亞軍受二子，冠軍受三子，棋會幹事李積庶認為行不通，要我以二子應戰。這真是打鴨子上架，我只能硬著頭皮答應。

兩局指導棋安排在西寧南路、開封街口的「記者之家」舉行，這是早年圍棋會經常舉辦公開活動的場所。現場由張恆甫大棋盤解說，前來看棋及聽講者相當踴躍。七月四日是第一局，曹澤霖先上場。我得到機會仔細觀察林國手的二子棋戰略，如有心得，或許我對戰時有所幫助。這盤棋黑棋下得很穩當，一塊孤棋看好無恙，就脫先補空。這正是曹澤霖擅長的局面。白棋好像沒有使出強手，只是順著局勢走，保持大局平衡，結果黑三目告捷。我認為林國手意在鼓勵，下得客氣。我想輪到我上陣時，只要不下出無理棋，應該不會輸得很難看。

　　兩天後，我帶著緊張心情上場。受三子都沒把握，何況是二子，只能盡力而為了。這盤棋我下得相當積極，想藉攻擊白龍獲利。但不知適時縮手，就犯了戰略上的錯誤。林國手態度跟前局一樣，客客氣氣，出招大致點到為止：你攻我走，你圍空我淺消。我雖然下出一些壞棋，但未招致強烈反擊，居然未落下風。據林國手局後解說，黑棋在進入官子前仍保持些微優勢。但這時我的弱點暴露無遺，收官順序分不清楚，爭搶留有惡味的先手。終因官子損失過多，不得不認輸。局後有棋友安慰我說：「官子不下錯，就贏了，真是可惜。」我說：「我還沒有二子贏國手的實力，輸是正常的。」所謂可勝未勝或許只是假象，白棋還有厲害手段亦未可知。

　　不論如何，這是一生值得回憶的一局棋。

## 二王

　　民國 40 年《中央日報》舉辦了一個圍棋比賽，發掘了八歲的林海峰。林海峰奪得「名人」、「本因坊」後，《中

央日報》於 54 年起每年定期舉辦「青少年圍棋賽」，又陸續發掘多位天才兒：54 年張呂祥、55 年王立誠、56 年王銘琬。他們後來都到日本學弈。二王成就最高，獲得多項比賽榮銜。二王未出國前，在弈園鍛鍊，正是我就讀大學期間，目睹他們成長，也有幸與之建立交情。

王立誠，南投人，父教會下棋。八歲參加《中央日報》青少年賽，長輩看見他有圍棋天分，建議北上請高手指導。57 年下完青少年杯後，經報社副總編輯劉毅夫介紹，王立誠拜張恆甫為師。為方便學習，張商請臺中高手張子建與孟祥協就近指導。59 年陳長清到王立誠家住了兩個月，下了一百多局指導棋。王立誠進步神速，連三屆獲得青少年賽少年組冠軍。

58 年秋王立誠到臺北讀書，寄居張恆甫家。同年八月「中日韓三國學生圍棋賽」在臺北舉行，王立誠當選代表。日本隊領隊加納嘉德九段授三子指導一局。那盤棋我記得有在旁觀戰。白棋不慌不忙，行所當行，止所當止，果然九段風範，強如王立誠，也無法堅守城池到最後。對局中有一段小插曲，事後由觀戰的王立誠二哥王立傑披露 [1]，頗值玩味。原來棋局進入中盤時，加納吃立誠八子，提取時，一子不小心掉到地上，加納立即俯身，欲去尋找。有旁觀者說不用找，加納雖聽不懂中文，卻配合地未去撿子。這時王立誠反應很快，從棋盒中取出一顆黑子交給加納，加納含笑接受。加納理解的規則是日本比目法，死子要保留，少一顆就會少一目。旁觀者想到的是數子法，死子不需保留，所以說不用撿起。王立誠還子的動作就是配合加納熟悉的比目法，顯示他非常聰敏。

王雖敗，表現受到加納賞識，圍棋會就決定送他東渡深

造。當時日本棋院剛才設立了一項獎學金，贊助前來學弈的外國人士，王立誠是第一位受益者。60 年二月赴日後，拜加納為師。

王立誠到臺北，假日不用上學時，老師張恆甫就帶到弈園下棋。張老師只要看見段位棋士，就替徒弟邀局，要下彩也無妨。下完棋後，立刻覆盤，並予講解。王立誠戰績很好，幾乎是戰無不勝。有下彩時簡直成了張老師的搖錢樹。張老師很得意地在《圍棋》雜誌裡列出一份受害者名單，我也在其中。名單中包括前來訪問的琉球棋王下地玄忠，唯一未勝是對蔡登閣五段。王立誠思考靈敏，落子飛快，一不小心就會被出棋，跟他對局壓力很大。當時他號稱一級，其實棋力已在初段以上，一般段位者授先，手合已經不對。跟他下了一、兩局後，大家趕緊掛起免戰牌。只有曹澤霖誠四段不露怯意，提槍上陣。我樂得一旁觀戰，局後聽張老師解盤。曹四段戰績是三負一勝。

王立誠很強，出國前卻無法晉段。59 年四月，他參加中南區晉段賽，第一局就贏了新星周咸亨，決賽一局卻敗陣，打入敗部後又遭淘汰。反而是周咸亨力爭上游，搶到第二個晉段名額。王立誠赴日後，只花了七個月就晉升日本棋院初段，創了外國人晉段時間最短記錄。前後經歷對照，天壤有別，只能用孟子的話來解讀：「天將降大任於是人也，必先苦其心志，……，行拂亂其所為，所以動心忍性，增益其所不能。」無巧不巧的，後起的王銘琬也有類似的經驗。

王銘琬，臺南人，父親姓鄭，因過繼與母方親戚，王銘琬從母姓，改姓王。他比王立誠小三歲，但成名更早。四歲時由父親啟蒙學棋，因為人小，要爸爸抱著，才能搆到棋盤。56 年五歲時便參加《中央日報》青少年圍棋比賽，得

到少年組殿軍，也引來棋壇注目。之後他年年參賽，成績優異。60 年王立誠出國後，少年組冠軍就由王銘琬繼承，61 年連霸。63 年參加有段組，又得冠軍，當時還不滿十二歲。

王銘琬很早就由父親帶到弈園。個子小，活潑可愛，無人不喜歡他，也都喜歡跟他下棋。我跟王爸談得來，視銘琬為小弟，不過不記得是否常跟他下棋。倒是年輕棋士如陳永安、楊哲銘等與他感情很好。他們棋力接近，一見面就要對殺，贏了棋就倍感得意。有一次《圍棋》訪問王銘琬，王還能把跟陳永安、楊哲銘的對局譜同時默誦出來。61-63 年間可能是王銘琬進步最多之時，我正在南部服兵役，未能躬逢。等我回到臺北，他的棋力已不在我之下。

我到弈園，除了下棋，也會到隔壁的「中國之友社」打橋牌。王銘琬對橋牌也有興趣，不過他只是喜歡看我打牌。他個子小，拉個椅子坐在我旁邊看不到牌局，於是我讓他坐在我大腿上，可見我們的交情也不錯。多年後王銘琬在臺灣的一次公開談話中還有提到這件事。

王銘琬夫人劉黎兒是知名作家。她於 94 年出版了一本小說《棋神物語》，敘述以文、以哲姊弟到日本學弈，在勝負世界掙扎浮沉的故事。書中的情節與人物很多是現實世界的影射。有一段寫到姊弟小時候在臺北下棋，下棋的地方叫「弈莊」。以文五歲參加「全國青少年杯圍棋錦標賽」，在弈莊遇到許多揹著建國中學、師大附中書包來下棋的高中生等情節，明顯就是發生在弈園的故事。我聯考日下棋、考上大學後免茶錢、王銘琬坐我大腿上看橋牌等事，顯然是劉黎兒從王銘琬口中得知，一併寫進了小說。不過主角以文是女性，不適合坐在男生的大腿上，所以看牌的是弟弟以哲。

以王銘琬的聰敏，幾年磨練下來，棋力早就超過初

段，但 62 年五月參加北區晉段賽居然鎩羽，重蹈王立誠覆轍。還好南區賽隔天辦理，王銘琬把握第二次機會，終於晉段。二王同命，老天在他們出國深造前多給一點磨練機會。

中國圍棋會栽培王銘琬這個圍棋神童可說不遺餘力，對其關照程度超過王立誠。62 年圍棋會安排王銘琬專訓指導棋，由「全國冠軍賽」入圍者十名與王對局，每人十五局。不過 63 年王銘琬打入冠軍賽，不再具有被指導者身分。圍棋會乾脆找「冠軍賽」衛冕者蔡登閣與王下三十局對抗賽，手合是分先。王雖強，當時還未臻與蔡分先實力，如此安排純粹是為了磨練實戰力，「增益其所不能」，棋會用心良苦。對抗賽王銘琬連敗五局，但顯然已有所得，接下來十二局，六勝六負，已是平分秋色，令人驚嘆。蔡登閣因為其他賽事忙碌，對抗賽止於第十七局。

清大教授沈君山對小棋士一向很有興趣，只要是神童級的，他都要與之較量一番。王銘琬有名氣後，他當然也不放過，與他來個七局大賽。我曾經問過沈教授，為何專喜歡「殺」小朋友。他玩笑說：「小朋友進步很快，要趁他們羽毛未豐時勝之，才能留下光榮記錄，過一陣子就不是他們對手了。」不過這次他踢到鐵板，四負三勝，只好等待下一個神童出世了。

63 年我與王銘琬同時打入「全國冠軍賽」循環圈，有了同台競技的機會。與王對陣之局我輸了，加上升段賽也輸，我已經無法勝他。當年冠軍賽王銘琬戰勝曹澤霖、孟祥協等高手，保留於循環圈，次年還差點成為挑戰者（第二名）。隨後就到日本深造了。

我與二王有一次同台比賽的經驗，彌足珍貴。時間要回溯到 58 年張恆甫主持電視圍棋節目之時。臺灣電視公司是

臺灣第一家電視台，51 年開播後就設有圍棋節目，每星期一晚間九點起播出半小時，連續七年。58 年張恆甫邀請我和二王上節目比賽快棋。每盤棋必須在半小時內下完，交戰者落子如飛不在話下。我能下快棋，但與敏銳的二王相比，就吃虧一點。結果，王立誠二勝得冠軍，我一勝一敗第二，王銘琬第三。以當時三人實力來看，這是合理結果。對我而言，這是一場最富紀念性的比賽，可惜當時沒有設備將之側錄下來。台視圍棋節目在快棋賽後不久就叫停。

## 番棋、新聞棋

圍棋是競技遊戲，大家都知道推行圍棋要多辦比賽。問題是辦比賽要花錢。現時業餘比賽要收報名費，用報名費來支付開銷，比賽容易辦，所以比賽很多，終年不斷。以前比賽不收報名費，比賽經費需要有人贊助，因此一年沒有幾個比賽。早期比賽規模小，參賽人少，獎金少，甚至沒有獎金。圍棋會成立後，正式比賽多由弈園主辦，辦得最多的是名手間的十番棋。四〇年代可說是十番棋的全盛時代。張恆甫出場次數最多。他與吳淞生、唐景賢、周傳諤等都下過十番賽。張恆甫與吳淞生公認最強，兩人下了多次番棋，爭霸意味明顯。當時吳清源與日本高手下十番棋，獲得全勝。臺灣的十番棋等級雖不相同，也算見賢思齊。61 年蔡登閣和曹澤霖光芒掩過十大名手，也順勢來個十番賽，登上番棋時代最後一班列車。

日本職業圍棋早期的發展得力於報紙的支持。臺灣的報界在五〇年後對圍棋的發展也開始扮演關鍵角色。54 年《中國時報》主辦升段賽。55 年《中華日報》主辦「中華第一名位賽」，以內容而言，可謂臺灣第一個新聞棋比賽。61

年《大華晚報》主辦「全國冠軍賽」，《自立晚報》主辦「五強雙打爭霸賽」。這些比賽獎金高，賽期長，已有職業棋賽規模。另外《聯合報》辦「文化復興杯」，《民族晚報》辦「介壽杯」，規模較小，性質與現今的業餘比賽無異。《中央日報》在 40 年的一場比賽發掘了林海峰和蔡登閣。54 年起每年舉辦「青少年賽」，不斷為棋界發掘新苗，如王立誠、王銘琬、王德民等。當時唯一沒有掛名辦比賽的大報就只有《新生報》，但該報長期闢有圍棋專欄，貢獻不落人後。臺灣圍棋發展進入了「無棋不成報」的新聞棋時代。

在十番棋的年代，最強的棋手有人認為是張恆甫，也有人認為是吳滌生。兩人戰績相當，難分軒輊。在日本，吳清源最強，十番棋下得最多。在臺灣，番棋下得最多的兩人自然也是最強。髫齡即現身棋壇的蔡登閣沒有名師指點，默默自修，苦練十年，磨得一劍。到了五〇年代，已能與頂尖名手分庭抗禮。名手中的郭哲卿退出棋壇後，曾有好事者將蔡登閣遞補入十大名手名單。52 年《新生報》邀請張恆甫、吳滌生、蔡登閣三人舉行「三傑循環賽」，說明棋壇是三強鼎立的情勢。到了 55 年，蔡登閣棋力更上層樓，在「中華第一名位賽」打敗群雄，奪得冠軍。次年順利衛冕成功，蔡登閣成為棋壇新霸主。與此同時，一群年輕棋士開始嶄露頭角，曹澤霖、蔡信雄、陳延澤、葉重基、孟祥協等號稱「五新銳」，另有張子建與王懷琦也能與他們一爭長短。更年輕的陳長清與林文伯也已蓄勢待發。新銳中最早脫穎而出者是曹澤霖。他是第二屆「第一名位賽」的挑戰者，其他比賽成績也非常傑出。天下大勢隱然非蔡即曹。為了方便參加比賽，圍棋會陳雪屏副理事長特別幫他把南部的工作調到臺北。61 年曹澤霖獲得第二屆「擂台盟主賽」冠軍後，棋友

想看蔡曹兩人的直球對決，就由圍棋會安排了 61 年「蔡曹十局賽」。

六〇年代伊始，棋壇完成了世代交替。60 年第七屆「中日韓三國圍棋賽」代表選拔，過去的熱門人選張恆甫與吳滌生退位，選出了蔡登閣、曹澤霖、陳延澤三位新生代棋手，並且首次捧回了冠軍獎杯。

大學四年中，我先是幸運晉段，完成學棋目標，之後順利升到二段。但升三段則遇阻礙。59 年「林海峰國手指導棋選拔賽」得到冠軍，算是小有成就。參加其他比賽則乏善可陳。59 年第五屆「中山杯」得到季軍。同年參加「三國業餘圍棋賽」代表選拔賽，鎩羽而歸。幾乎每年都參加的《中央日報》的「青少年賽」，僅在 60 年得到有段組第四名。我如此熱衷下棋，但沒有忘記做學生的本分，學業成績維持不錯。我認識的一位校友，下棋下過頭，「二一」被退學。他跟系主任說不久會再見。之後他重新參加大學聯考，考上了原校原系。這麼瀟灑的事我可是做不來。

## 圍棋中心

大學最後一年的春天，我由弈園轉到了一街之隔，新開張的「圍棋中心」下棋。此地設備新穎，座位舒適，吸引了一批弈園棋友。其中最大咖是張恆甫。我聽說中心主持人與他熟識，特別邀請他坐鎮，以廣招徠。我在弈園時跟張恆甫建立不錯交情，以張老師稱呼他，轉到中心多少是跟著他跑。

張恆甫是名手中來臺較晚者，推行圍棋卻是最熱心。每月的《圍棋》雜誌幾乎都可以看到他解說的棋譜，他參加比賽的次數也最多。他曾主持電視圍棋節目，長達七年。圍

棋中心開業時他正負責《圍棋》的專欄「大家談」，還要花時間回覆讀者來函。所以他是當時最知名、粉絲最多的圍棋人。有一次我一踏入中心，張老師就招手要我到他座位處，隨即擺出一個死活題跟我研究。原來他在「大家談」以此題徵答，有一讀者答案與預設不同，我倆研究半天卻找不到破綻，只能承認這位讀者是另闢蹊徑。（按：詰棋題若有兩個答案，一般視為瑕疵。）

　　張老師個性溫和，為人親切，樂於指導年輕人。我晉段後想跟他請教，不知如何開口，他卻主動找我下。他的棋路輕靈，善於轉換。有一次對局，我吃到他一條龍，卻被他在中央圍成百目巨空。當時感覺是受到一場震撼教育。我跟張老師還有一項共同嗜好：橋牌，因此我們談天的話題很廣。他把我當小老弟，找我閒聊，有時還請我吃飯。電視比賽他邀請我與二王同台，留下歷史記錄，我心存感念。我大四時，他想為女兒找一位數學家教，剛好高中時在課堂上跟我下棋的張海潮是數學系高材生，我立刻推薦他。

　　我在圍棋中心有一位張姓棋友，塊頭很大，狀似日本的相撲選手。他的來頭不小，乃是知名武俠小說作家諸葛青雲。我在初中時迷過一陣子武俠小說，是諸葛的愛讀者，沒想到會在棋枰上認識。諸葛棋力不弱，棋會幹事李積庶曾慫恿他和圍棋作家沙濟琯下十番賽，棋譜還刊出來。諸葛曾在《圍棋》寫〈江湖棋俠傳〉，不過連載了幾期就中斷了，不知何故。我與諸葛手合是授二子，每局帶彩一百元，我贏多輸少。諸葛是名人，與我下棋時總有不少人圍觀。有一次他贏了棋，非常高興，請我和觀眾們到附近餐廳大吃一頓。事後我對觀棋者說：「諸葛輸棋，損失不過百元，贏了棋，花費卻要超過千元，倒是便宜了觀棋者。以後你們要拜託我輸

棋，反正我可以吃回來，你們也可作陪。」眾人莞爾。

　　我在中心跟另一位名人郭虞裳先生也結了棋緣。郭老已是八十高齡，有人告訴我，他曾留學日本、英國與德國，來臺後擔任過「中國民主社會黨」主席，令我肅然起敬。郭先生棋並不高明，我授五子還贏。有一次他感慨地說：「我下了一甲子圍棋，卻下不過你這後生小輩，是何道理？」我如此回答：「棋下得好不好，與個人的聰明才智或下棋的資歷沒有絕對的關係，端視下棋時是否用心。年輕人好勝心強，輸了棋會檢討改進，因此容易進步。您老公務繁忙，下棋純為消遣，輸或贏皆如過眼雲煙，不曾費心研究。所以一個錯著可能重複下了幾十年，因此棋力停滯不前。」我相信郭老不會反對我這番話。這也是我從圍棋體會到的人生哲理，一直不曾忘卻。

　　我在圍棋中心流連的日子並不長久。六月大學畢業，隨即要離開臺北，入伍服兵役了。

**注解**

1.《圍棋》，59 年 4 月號，頁 67。

第四章　南臺棋蹤

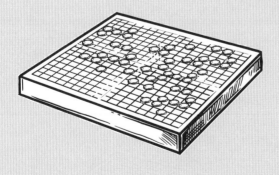

60 年六月我大學畢業，九月開始服義務兵役。先前已通過預官考試，所以服預官役，為期一年十個月。我以為要暫別圍棋了，不料之前下棋未曾離開臺北，卻因兵役機緣，將棋跡延伸到南臺灣。

## 軍中棋聲

　　我服役的兵種是空軍，第一階段到雲林虎尾新兵訓練中心報到。訓練期間，每天出操，疲累不堪，只希望三月期趕快結束。有一天所屬部隊營長接到指令：中心司令官要傳喚我。營長以為部隊裡有什麼皇親國戚，驚動司令官前來招呼，連忙召我去問話。我也不知道發生了什麼事。不久，一輛吉普車前來接我到隊部。中心司令官是位上校（忘其姓氏），在座還有一位我不認識的縣議員。原來司令官愛下圍棋，議員是他棋友。議員涉棋較深，對棋界動態較有關注，不知從哪裡得到消息知我當兵來此受訓，就告訴了司令官。或許司令官認為難得有高手到他麾下，就把我找來一見。司令官相當客氣，令我受寵若驚。見了面當然要下棋，司令官是授四、五子的棋力。下完棋後又派車送我回營。受訓期間，我和司令官大概下了兩、三次棋。營長和連長知道我成了司令官的棋友，多少對我另眼相待。雖然沒給我什麼特權待遇，倒是不曾對我疾言厲色。我想他們不希望我當小人，利用下棋時候，跟司令官說他們長短。

　　虎尾訓練結束，接下來是高雄岡山的分科教育。即將結訓時，屏東東港的空軍幼校前來挑選英語教師。我是正科外文系畢業，優先錄取。本來要下部隊做補給官，未料成為軍校教官。我的任務是教書，一般的軍事訓練都免，軍旅生活輕鬆許多。我將來可能從事教職，有此機會磨練，還有多餘

時間進修，沒有比這更好的服役方式了。週末放假不上課，我脫下軍服，可以離校自由走動。第一個念頭就是找地方下棋。東港離高雄近，幾乎每個週末我都跑高雄，只為下棋。

## 擂台賽

高雄有兩家棋社。其中一家「南部圍棋中心」，位於新盛一巷，後來遷到中正路。主持人張德義初段熱心舉辦圍棋比賽，將比賽新聞報導於《圍棋》雜誌，我因此對高雄棋界有初步了解。我想中心會有較多高手，就尋了去。

張德義個性開朗，善溝通。他熱心經營棋社，經常舉辦比賽，拉攏棋友，打開了知名度。有他帶動，高雄棋壇活絡起來。經他引見，我認識了在地的高手。

六〇年代前後，陳長清未落腳高雄前，南臺灣最強棋手應屬陳伯謙。57 年林海峰造訪高雄，陳伯謙受三子勝，一戰成名。他人如其名，謙沖為懷，棋品尤佳。我第一次見到他是在臺北弈園升段賽的場合。他對上臺南張基求，我在旁觀戰。張基求局勢已非，但見對手有一處未補，不肯投降。陳不察，下到單官緊氣後出棋了。一般人遇此情況，一定懊惱不已，但陳只是面露微笑。張又說：「你隨時補一手，我立刻投降。」這話不錯，但有火上加油之嫌。陳依然保持微笑，不露慍色。他的風度令我折服。高雄棋社裡流傳一個故事：某個冬天，子夜時分，陳伯謙還在棋社下棋，太太出現了。棋友以為是前來斥責為何夜不歸營。不料太太是怕先生受寒，專程前來添衣的。眾皆感動，認為有妻當若是。

58 年升段賽我與陳伯謙第一次對局，乃是我升二段途中唯一敗局。我到高雄後，61 年春節期間與他下一局友誼賽，建立君子之交。另外一位談得來的是沈士榮，好像是跟

我同梯晉段的。他原在基隆服務，早有棋名，卻是調到高雄後與我相識。他喜歡研究燈謎，常在節慶場合以圍棋用語為謎底，製作燈謎。

我前年和林海峰下指導棋，在南部大概還有一點名氣。我來高雄，敏銳的張德義嗅到比賽賣點，立刻搭起一個擂台，召開武林大會。大會名為「南區第一屆圍棋擂台賽」，由我和南部六位高手參賽。計高雄五人，臺南一人。我服役地在東港，算是代表屏東。比賽方式：選手依抽籤順序出場，勝者為擂台主，接受下一輪選手挑戰。擂台主連勝六人，即所謂「打通關」，比賽即告結束。這個比賽特點是若無人能打通關，比賽時間會拖很久，但選手交流機會也增加。

高雄選手中除陳伯謙外，鄧曜輝是要特別留意的對手。他是近年崛起的青年高手，戰績超越老將，有挑戰陳伯謙霸主地位之勢。臺南鄭永言是老將，輩分比臺南「三劍客」還高。他熱衷參加圍棋比賽，鬥志不輸年輕人，棋力也不弱。我曾看見他到臺北參加升段賽。高雄有比賽，他也不辭奔波。

這個比賽，主辦人宣揚的像是一場大比賽。其實冠軍獎勵只是獎杯和些許獎品，每次擂台勝者雖有獎金，不過百元，因此視之為高手之間的磨練交流賽比較適切。話說回來，高手們平日難得聚首，有此舞台，既可切磋，又可增進情誼，何樂而不為？以鄭永言先生來說，跑一趟高雄，除了交通，有時還須夜宿，所費不貲。但是為了找好對手，一解棋癮，這些都不用計較。

比賽於 61 年二月下旬開始，每星期三、六晚間六時半起對戰一局。星期三是上班日，但我在幼校下班後剛好有足

夠時間趕到高雄。賽前抽籤結果，我是最後一台，先看別人表演。第三台的鄭老將一上來就打下陳伯謙，再連勝兩台，與我碰頭。比賽日是星期六，學校卻臨時有事，把我絆住了。賽前我只好打電話請假，要求改在隔日上午比賽。鄭老將大方同意了，卻也不得不在高雄住了一晚。可能是未得好眠，第二天與我對局時，顯得力不從心，敗下陣來。我不經意地作了攔路虎，覺得很不好意思。換至今日，我一定會棄權這盤棋。

強摘的果實不甜。果然我下一台就輸給自稱最弱的張德義。接下來，鄧曜輝登場，勢如破竹地連下五城，我成為最後守關者。鄧是長考型棋士，比賽不用計時器，因此這盤守關之戰勢必下到深夜，我心理已有準備。這盤棋果然下到深夜三點。我堅實落子，穩住陣腳，以微差獲勝。重新登上台主後，我一「局」一腳印，連過五關，替擂台賽拉下帷幕。來到高雄，得此機會與眾高手輪番大戰，下得過癮，真乃不虛此行。

## 彩棋公證

職業圍棋比賽都設有公證人，以維護比賽的公正性。但是尋常棋友下彩，居然也需要公證人，我因緣際會扮演了這個角色。高雄地區有一位大學魏教授，與王姓棋友相約下大彩。因為彩金很大，超過了五位數，事情很快在棋圈傳開來。這位王棋友來頭不小，乃是知名武俠小說作家慕容美。他的著作我未曾拜讀，倒是見過他在張恆甫「大家談」專欄的投書。他與諸葛青雲都是張恆甫粉絲。由於彩金大，慕容美財力不足，就由多位支持他的棋友合資，對抗獨資的魏教授。但是股東一多，意見也多。可能有人顧慮魏與慕容合

謀，讓慕容放水，吞沒股金，因此建議設公證人，行監督之責，保障他們的權益。我是外地人，與對棋兩人不識，不致偏袒，兼以棋力高，有公信力，因此應邀成為公證人。

下棋時，彩一下大，連地點都要講究。股東們怕對局者作弊，對局時想要在旁監看。但對局者也怕有人就近打暗號教對手落子，希望清場。因此折衷的辦法出來了。在靠近港口的公園路上，有家「六國飯店」，其中設有夜總會。因為夜總會下午不營業，棋友們就租下來，在中央舞台擺上棋桌。魏與慕容在台上對弈，一旁是公證人座位。股東們則坐於台下，一方面可以遙觀棋局進行，一方面也不會干擾到對局者。除公證人外，旁觀者不允許上台。

彩局開始，我坐在台上，板起臉孔，一本正經地做起公證人。我腦中不禁浮起日本職業比賽場景，跟眼前所見一比，幾乎笑出來。兩位對局者雖然大彩當前，落子毫不慎重，但見棋子像冰雹一顆顆飛落到棋盤上，絲毫沒有職業賽的嚴肅氣氛。棋局飛快進行與兩位對局者棋力不高有關係。慕容棋較強，好像有一、二級棋力，看下手下得快，可能故意下得更快。兩人殺來殺去，互有斬獲，居然是官子決勝。低棋到了官子階段就原形畢露，隨手一落子就損失好幾目，換算成彩金，就好幾千元。不過你損我損，終究扯平。對局者不在乎，我卻有點看不下去，就離開座位，走到舞台邊透透氣。台下人怪我擅離職守，我答以棋局即將結束，工作完畢了。

這局棋結果如何我已記不得，大概是我根本不關心。語云十賭九詐，下棋賭彩雖不等於賭博，不過彩大了，就會有人想要玩花樣。有一次兩位棋友在旅館開了一間房間下大彩，也有人投資做股東。兩人規定眾股東不得入內，只能隔

著窗戶在房間外觀戰。如此規定是防止觀棋者點盤（暗中指點弈者）。但是道高一尺，魔高一丈。其中一位弈者在腳上暗裝電子設備，可與房外觀棋高手相通。若在緊要關頭出現兩個著點，不知何者為正確時，這位弈者就會以手指夾著棋子在兩點上方游移，做出舉棋不定模樣。他在房外的幫手就會打「電報」給他，讓他腳上產生觸電感覺。電一下是指示下在第一點，兩下是第二點。後來作弊方的股東分贓不均，起了內訌，這事才洩漏出來。

## 新星、血淚篇

服役期間我也曾到屏東棋社拜訪，棋社主持人為胡全成。他的小孩胡大展參加《中央日報》青少年賽，闖出名氣。61 年才小學六年級就有近段實力。我與當地好手也有切磋。棋社有人聽說陳秋龍入伍服役了。他是傘兵，基地就在屏東，不知有沒有抽空出來下棋。由於圍棋發展重心在臺北，南部高手尋找表演舞台要專程北上。如有北部高手主動前來交流，南部棋友是很歡迎的，棋社主持人尤然，因為這是辦活動，炒熱氣氛，招徠棋客的好時機。這是我在南部棋社走動得到的印象。

61 年中，我趁著假期回到臺北。離開弈園一陣子了，自然回去看看。唐景賢老師仍然在小房間裡研究古譜。一看到我，他就告知，在《圍棋》連載的〈血淚篇〉要出單行本，希望我寫一篇介紹文。「血淚篇」是清代棋聖黃龍士與徐星友的對局譜。據說徐星友當時棋藝已成，黃龍士故意壓抑他，授他三子。兩人竭精殫智，苦鬥十局，故以血淚作為篇名。唐老師以礦夫自居，孜孜不倦地在古譜裡挖礦尋寶，將「血淚篇」棋局詳細解析，讓世人得以一窺古聖堂奧。我

感佩他的精神，在雜誌上寫了文章介紹。這篇文章唐老師也收在單行本裡。我知道現代會讀〈血淚篇〉的人不多，但終究是中華文化的瑰寶，值得保存。我能盡一份心意，與有榮焉。

　　62年三月石田芳夫本因坊來臺訪問，有高雄旅遊行程，順便下指導棋。接受指導的是組隊參加「五強雙打賽」的陳伯謙、沈士榮、吳信雄三人。石田授三子，一對三，結果陳與沈勝，吳敗。成績不錯，高雄棋界有面子。不過這場盛會在我上班時間舉行，我無法前去觀賞。陳與沈棋風穩健，只要不出大錯，加以石田備多力分，贏棋不意外。至於吳，屬勇猛好戰型，本因坊當前也當低棋砍殺。事後我看到棋譜，吳果因殺過頭而致敗。

　　在我服役期間又有兩位資優棋童出現：臺北郭求真及高雄黃孟正。他們迅速竄起，圍棋會也很快安排他們赴日深造（62年）。反而成名更早的王銘琬還留在國內磨練。郭求真由父親帶到弈園下棋，拜楊飛豹為師，算起來我是他師伯。60年青少年賽少年組比賽，他列季軍，胡大展殿軍，向世人展露他們的天分。黃孟正拜陳伯謙為師，一年中由九級躍升至二級。60年參加高雄「市長杯」，報名三級，鏖戰眾家段位高手，得到第二名，打響了名號。

　　62年黃孟正得到日本棋院「海外優秀青少年棋士」獎學金。四月出國前，圍棋會安排了二十一局訓練指導棋，高雄棋界也安排了幾局棋替他送行。我與黃孟正有一盤棋，不過不是在高雄下，而是我假日回臺北時在臺北圍棋會仁愛路會所內下的。我是訓練棋第一棒，手合是讓半先，結果我輸了。這盤棋的棋譜有刊出來。大概是黃孟正覺得下得不錯，棋譜又送給日本的老師富田七段解說後重新刊出，因此我一

盤棋輸了「兩次」。

　　「南區圍棋擂台賽」只辦了一屆，看來真有點是為我量身設計的。62 年我參加第二屆「南區順位賽」。開始成績還不錯。隨著退伍日期接近，心猿意馬，棋就下不好了。結果陳伯謙第一名，我得到第三。七月，我離開了高雄。但我與高雄緣分未了，十年後老天又安排好我回來。

第五章　棋壇新局

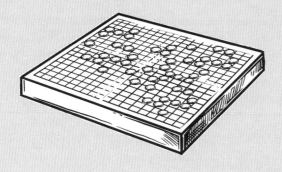

62 年七月，我從軍中退役。接下來的人生路，升學還是就業，我仍然猶疑不定。退伍前我報考臺大外文研究所，雖然沒有充分準備，倒是榜上有名，就決定先讀書，再思考下一步。此時的臺北棋壇也發生了巨大變化。

## 應昌期時代

中國圍棋會 41 年在臺復會時，周至柔任理事長，應昌期任總幹事。兩人一裡一外，配合良好，讓會務順利推動。林海峰就曾表示，能到日本學棋，最感激是周至柔，還有就是應昌期 [1]。這個職務組合延續了二十年，未曾更動。但是到了六〇年代，應昌期反客為主，成為棋壇領導人。

應昌期於 35 年來臺，任職臺灣銀行。52 年在副總經理任上退休。由於他是理財好手，離開公務員生涯後，創辦多家企業，成功地轉型成為企業家。他一向熱心圍棋，成為富豪後，亟思以個人力量，開闢新局。另一方面，周至柔年事已高，政經影響力日漸消退。或許應昌期認為與周理念不合，棋界需要更有朝氣的領導人，逐漸對周失去尊重之心，甚至不忌諱與之正面衝突。

61 年應昌期出資在仁愛路一棟大廈設置中國圍棋會新會所，圍棋會權力中心由弈園轉出。應昌期隨即把中國圍棋會由社團改成財團法人組織，棋會的運作開銷也由他負責支應。改成財團組織後，圍棋會領導人不由會員推選，而是由財團出資者擔任。圍棋會因此少了監督的力量，應昌期得以完全掌控。圍棋會雖然設有理事會，或許有建議和諮詢功能，但重大決策還是要由應昌期說了才算。

圍棋會新會所成立後，自然也成比賽重地。某一天有賽事，周至柔會長前來觀戰。到了二樓對局室，卻不見有人

對局。幹事李積庶告知，比賽在六樓應昌期辦公室內舉行。原來應昌期在大廈六樓另外購置了一處私人辦公室，比賽當天他想就近看棋，就吩咐李積庶把棋局搬到自宅。周會長認為比賽應在會所公開舉行，怎可因為個人喜好，便宜行事，就指示把棋局遷回來。這下子為難了李積庶，一邊是會長，一邊是給薪水的老闆，誰都不好得罪。他從二樓到六樓，多次往返協調，但周應二人都不肯讓步。應昌期甚至斥責李：「你是聽他的，還是聽我的？」最後的結果是應昌期堅持，周至柔悻悻然離去。這件事我未在現場，是李積庶告訴我的。我也曾向在場的陳國興求證過。

另外，根據 88 年出版的《應昌期傳》，應昌期與周至柔在 61 年一場理事會中對一樁人事案有不同意見，應昌期「認理不認人」，不肯退讓，甚至對著周至柔一連說了三次「你有什麼了不起」。第二天周至柔以會長身分發了一道命令，革除應昌期總幹事職務，自己也提出辭呈向理事會辭去會長一職[2]。周至柔此舉乃是不得不然。一方面應昌期以下犯上，面子上不得不處置；一方面他也認知到圍棋會是靠應昌期撐持的，開除他，他這個會長也幹不下去。

不過傳記所謂「棋界雙龍頭掛冠，棋壇震動」之事，並沒有發生。這場宮廷內鬥顯然是被刻意掩蓋，圍棋會的傳聲筒《圍棋》對此事隻字未提。外界所見的圍棋會是一片風平浪靜，會長依然是周至柔掛名，也公開出席棋界活動，直到 65 年才由于錫來接手。《中央日報》資深記者馬西屏應是將此祕辛公諸於世的第一人，但是他的文章我在二十年後才看到[3]。他對周應兩人失和的後續發展也沒有追蹤。依常理推測，應是理事會作和事佬，擋下了周至柔辭呈，也勸周收回革去應昌期職務的成命。當時理事會成員有王昭明、曹聖

芬、陳雪屏、于錫來等，都是政界大老，周應該會賣面子。我曾經認為，周會長可以收回革職令，但要堅持辭意才顯風骨。不過他辭，應昌期必也請退，棋界失去一大贊助者，理事會必然不允。如此思考，會長是委曲求全，以大局為重，這就是令人敬佩的風範了。

應昌期發跡於臺灣經濟起飛時期。他敢跟曾經集威權於一身的周至柔嗆聲，憑藉的是個人的財經實力。臺灣的社會發展已是經濟力凌駕政治力，因此圍棋要進一步發揚，必須得到企業界的奧援。應昌期是第一位發心大力贊助圍棋的企業家，他掌握了圍棋會的主導權後，的確為棋運開創出一番新局面。

首先，應昌期認為棋會需要有一個像樣的家。他向工商界募款，自己當然也有捐助，最後在仁愛路購置了會所。會所不是很寬敞，但優雅寧靜的環境，適合作為比賽場地，連帶提高了比賽水準。會所也開放給一般棋友下棋，因此吸引了不少年輕的企業人士及社會地位較高的棋友。我第一次到會所下棋，最有印象的是棋桌的設計。棋盒藏在桌內，要下棋時，在桌子兩邊輕按，棋盒就旋轉而出，頗具巧思。此棋桌為應昌期設計，取名「應式棋桌」，據說還申請了專利。

應昌期在此時期最重要的貢獻當是推動新聞棋賽。臺灣第一個新聞棋賽是 55 年由《中華日報》主辦的「中華第一名位賽」，但是才兩屆就停辦了。61 年 4 月《大華晚報》在百事可樂企業支持下重燃火苗，主辦「全國圍棋冠軍賽」，報紙並全程刊載棋譜及觀戰記。同年底，《自立晚報》主辦、味全公司贊助的「五強雙打爭霸賽」開賽。顧名思義，這是一項五隊爭冠的雙打比賽，每隊兩人，比賽時經過商量後落子。這是喜愛創新的應昌期發起，希望選手藉由

腦力激盪提升棋藝。

　　有了兩項新聞棋賽，加上 60 年開辦的「擂台盟主賽」，棋壇一下子熱鬧起來。一線高手有了競技舞台，棋力自然提升，年輕的棋手也有奮鬥追求的目標。62 年後「擂台盟主賽」功成身退，但臺灣棋壇的新聞棋時代已經開啟。不過此時對圍棋有興趣的都是規模較小的報業，他們掛名主辦比賽，主要是提供版面，刊登棋譜和報導比賽消息，比賽經費還需企業或應昌期個人贊助。大報考慮銷路問題，不會輕易讓出版面，遑論要它出資辦比賽。62 年底，長期支持圍棋、闢有圍棋專欄的大報《臺灣新生報》主動與圍棋會接觸，有意舉辦比賽。應昌期自是樂觀其成，並由其主持之利華紡織公司贊助經費。對臺灣圍棋發展有重大貢獻的「名人戰」在 63 年三月誕生了。

　　應昌期曾說，要使圍棋普及，棋藝水準提升，二事缺一不可。一是新聞棋，二是圍棋職業化[4]。新聞棋提供獎金及對局費，可說為未來的職業制度打下基礎。中華第一名位賽的冠軍獎金不過一萬元，到了「名人戰」及「冠軍賽」，獎金提升到十萬，在當時可是很誘人的數額。

## 規則改革

　　63 年三月，一場車禍對臺灣棋壇未來走向產生了重大影響。

　　圍棋知名作家沙濟琯在街道行走時遭機車撞傷，傷重不治。我與沙濟琯不相識，他的文章卻是拜讀再三。他早年在《棋橋》及《圍棋》連載之〈日本圍棋史話〉，與後來以慧觀居士筆名撰寫「棋味無窮」的專欄最為膾炙人口。他對圍棋規則有深入研究，在雜誌發表專文，還翻譯成日文在日本

《圍棋》雜誌發表。他認為日本的比目法規則有缺陷，而臺灣雖是以數子法計算勝負，但要計何方收後，其實是配合比目法，也是不合理。因此他認為既有的規則需要修改。

沙濟琯的呼籲在棋界並沒有得到回響，倒是應昌期聽到了他的聲音。應昌期對現行規則也不滿意，常與他討論。沙濟琯驟然過世後，應昌期發現了自己的使命：他要繼承沙的遺志，推出一套嶄新的圍棋規則。沙濟琯甫於三月中旬過世，應昌期即於月底在自宅召集第一次規則研究會議。

應昌期之後在六月號《圍棋》發表〈圍棋規則必須改革〉一文，昭告天下規則改革開跑。次月號的雜誌立刻變成「修改圍棋規則特輯」，登出十多篇討論圍棋規則的文章。以填滿方式計空的新規則，即所謂「應式填滿法」，於焉誕生。

或許是性格使然，應昌期一頭栽入規則改革後，即馬力全開，加速前進。九月號《圍棋》又出特輯，發表〈圍棋規則修正草案〉。草案頒布後就準備在比賽中試行。這個草案雖說是經過規則研究委員會討論，其實是以應昌期個人觀點作為藍本，否則不致出現「應式選拔制」、「應式填滿法」等個人色彩濃厚的名稱。此後應昌期不斷修改自己的規則，創造新名詞，搞得研究規則變成一門艱辛的學問。我的感覺是應昌期對規則的熱忱超過了他早先推行圍棋的規劃。而他希望立竿見影，以鐵腕推行新規則的作風，對臺灣原來圍棋的發展帶來了變數。

## 升三段、雙打賽

臺北的棋壇因為新聞棋賽而熱絡起來。闊別臺北賽場將近兩年，不甘寂寞的我自然要趕緊找回存在感。

我首先參加因服役而中斷的升段賽。58 年底我升上二

段，之後的戰績卻不理想，無法再上層樓。不用當兵的楊飛豹已升上三段，做師兄的要維持面子，只能奮力作戰。62年下半季的六局升段賽，我四勝二敗，碰到高段都勝，取得好成績。與服役前的成績合併，達到升段標準，完成了高懸兩年的心願。

再來的目標當然是新聞棋賽。我回臺北時正好趕上第二屆「五強雙打爭霸賽」。楊飛豹迫不及待地找我組隊，我們再邀請葉重基五段加入，自認陣容夠堅強了。葉重基工作忙，說好了由我跟飛豹主打，他伺機出場。我們首先自初賽出線。出線六隊要選出三隊，與上屆保留二隊競爭，選出挑戰隊，最後與上屆霸主五局三勝爭冠。我和飛豹默契不錯，循環賽前四局取得三勝一負好成績。最後一局也勝券在握，卻在小官階段中了對方一記鬼手而落敗。最後結果是有兩隊確定淘汰，剩餘四隊都是三勝二負，要抽籤決定入圍三隊。一次抽籤決定四隊命運，這種方式不算公平。不過鏖戰多局，長時間地與友軍溝通，大家都累了，只能接受。結果呢？百分之二十五機率的失敗籤落到我軍頭上，飲恨退場。雖說是運氣不佳，最後一局被翻盤已有兆頭也。

雙打賽動員多人，加上討論落子，容易凝聚出熱絡緊張的競賽氣氛。但是比賽時間拉長，對局者容易疲乏。推動雙打賽的應昌期認為經過雙打的磨練，選手腦力激盪，棋力可以有效提升。但這個論點可能還需多方試驗才能證實。本賽中也試行了應昌期主張的「逾時貼目法」。一方使用時間若超過規定時限，每 30 分要貼還對手一目。另外，為了證實雙打優於單打，雙打賽主辦者特地舉辦了一次「單、雙打十局對抗賽」，由第一屆雙打冠軍隊吳淞生加陳國興對戰單打最強蔡登閣。結果六比四，雙打組勝。

圍棋是動手不動口的遊戲，弈者思考落子時是自己與自己的對話。雙打是先動口再動手，氣氛全然不同。日本早就試驗過所謂「相談棋」，但沒有列入正式比賽。雙打偶一為之會覺得有趣，久之就可能覺得不是圍棋本來面目。若說討論可以增長棋力，局後檢討有更多人腦力激盪，不是更有效嗎？AI 現世後，檢討棋更是無聲勝有聲了。「五強雙打賽」只辦了三屆就走入歷史。

## 無緣的冠軍賽

　　雙打遭遇厄運，單打的比賽老天就還我公道了。同時間舉行的第三屆「全國冠軍賽」入圍賽我連勝四局，打入挑戰權賽的九人循環圈。入圍賽採用「應氏選拔制」，這是由橋牌比賽的「瑞士制」修改而成，優點是即使輸了三盤棋，仍然保有晉級希望。但是從底層打上來，比賽時間會拖很久。我第一次碰到這種賽制，還好是連勝出頭，不必體驗逆勢上游的痛苦。

　　次年二月，蔡登閣擊退挑戰者孟祥協，衛冕成功。頒獎典禮後挑戰權賽隨即開賽。但是圍棋會一個不當的賽程安排讓我平生第一次參加的新聞棋蒙上陰影。

　　在職業制度成立前，圍棋會的重大比賽都安排在星期六下午舉行。這是為了方便有工作或就學中的棋士出席，同時吸引更多棋友觀戰。我重視比賽勝負，為使心神專注，比賽天早上一定在家休息，盡量把自己放空。如感覺精神不足，則小睡一番。這些動作我稱之為「養氣」，讓我下午赴戰時有飽滿的精神和昂揚的鬥志。冠軍賽頒獎典禮我有得到通知，當然準時出席。典禮完畢後，我正要離開，幹事李積庶卻跑來告訴我留下來下挑戰權賽第一局，對手是上屆亞軍孟

祥協。這消息對我有如晴天霹靂。由於主辦單位事前並未公布賽程,我完全不知今天要比賽。不知是李積庶忘了通知,還是主辦單位臨時起意,在頒獎典禮後隨機找人開賽。不論原因為何,一個準職業級的比賽有此狀況是非常不應該的。不說我心理沒準備,前晚晚睡,早上也沒補眠,精神狀態很差,當然不願在這種情形下出戰。我立刻提出抗議,也想拒賽。但李積庶跟我有交情,拗不過他好言勸說,只得勉強出賽。

這盤棋結果不想可知。我認為主辦單位不尊重比賽人的權益,便宜行事,心裡不舒服,精神也渙散,自然下得荒腔走板。期待的新聞棋第一局就以丟盔棄甲結束,感覺是被「做掉」的,很不服氣。接下來兩局,我仍然無法恢復平常心,接連敗陣。

輸棋同時,我的生涯規劃也有所轉變。我退役後,進了研究所。不久就發現氣氛不對,不想再讀下去,決定出國深造。我在年底辦了休學,同時向國外大學申請入學許可。四、五月時我得到正面回音,八月出國成為定局。冠軍賽的循環賽預計下到年底才能決定挑戰者,我勢必無法完成賽程,就與李積庶商量,是否可以退出比賽。

李積庶先前擺我一道,自知理虧,現在看到補償我的機會來了。他勸我不要退出比賽,又說可以更動賽程,讓我在出國前把循環賽八局棋下完。循環賽有對局費,局後才發給,如果我中途退出,就有不少損失。我接受他的建議,果然在八月之前完成所有對局。不過我忙著準備出國事宜,早已無心戀戰,欲求一勝而不可得,以全敗收場。如果我不貪圖對局費,而是以退賽作收,是否會有更好的身影?不得而知。74 年陳士為赴美讀書,連「名人」頭銜都放棄了。或

許我應該效法。

　　第一屆「名人賽」入圍賽於三月開賽，我已無緣參賽。
八月，我告別棋壇，飛向太平洋彼岸。

## 注解

1. 馬西屏：《圍棋風雲錄》（新竹：理藝出版社），90 年 8
　　月，頁 46。
2. 見李建樹：《應昌期傳》（新竹：理藝出版社），88 年
　　10 月，頁 154。亦見於馬西屏：《圍棋風雲錄》，頁 39。
3. 馬西屏：《圍棋風雲錄》，頁 39。
4. 諧尹：〈記第一屆張心洽紀念獎圍棋名人賽入圍選拔
　　賽〉，《圍棋》，63 年 4 月號，頁 138。

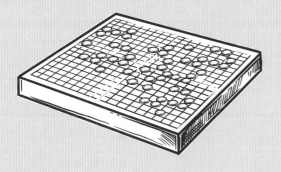

我到美國讀書，原以為圍棋暫時離我而去了。然而我一踏上美國的土地，圍棋就出現了。往後四年，生活重心固然是追求學業與學位，與圍棋卻也沒有絕緣。三不五時，總是有些與圍棋有關的人或事出現，為枯燥的學術生活帶來一些調劑。

## 棋遇

63 年八月，我出國前往印第安納大學（Indiana University at Bloomington, IU）攻讀碩士學位。飛到洛杉磯機場後，需要轉搭國內航線班機。這機場大到令我驚慌，加以國際與國內航線分配在不同航站，相距甚遠，我生平第一次搭飛機出國，一時不知要如何才能前往。帶著一大堆行李，我呆立於航站大廳，東張西望，徬徨無策。此時有位陌生華人走近來，問我是不是楊泰雄本人，令我大吃一驚。原來這是位臺灣來的棋友，居住在洛杉磯。他說以前看過我下棋，所以認出我來。知道我的困境後，他要我等他把車開來，然後載我到國內航線大廳，解決了問題。到美國念書，本來預計會有很多困難，沒想到，書本還未碰到，就遇上難關，卻因為圍棋而解圍。多年後回想起來，這個遭遇似乎也預告我在美國的生活終究擺脫不了圍棋。感謝那位幫助我的棋友，只是他的姓名，多年之後不復記憶，在此只能說聲抱歉。

初到印大，生活不是很適應，功課遭遇很大壓力，思想中根本容不下圍棋。然而某天一位不認識的生理學（Physiology）教授主動打電話給我，談的居然是圍棋。原來這位教授對圍棋很有興趣，但苦於無人可以請教。他靈機一動，向中國學生打聽到我會下圍棋，因此來電邀請我到他

家晚餐，順便請教圍棋上達之道。這位教授的名字我都沒搞清楚，就進了他家。教授是義大利裔，家有酒窖收藏許多上好紅酒。晚餐餐點很簡單，烤牛肉加青豆，但配上陳年紅酒就令人回味。餐桌上我們的話題自然是圍棋。教授對圍棋的理解屬於低階，也許因此，圍棋對他有一種神祕的吸引力。我不想跟教授解釋複雜的棋理，只提醒他多跟高手下棋。我也建議他不妨涉獵一點中國哲學，因為棋理蘊含許多東方的思想。我這是投其所好，故意把圍棋說得玄一點。那次餐會後，教授沒有再聯絡，我希望他是忙著研究中國哲學。

## 遠征芝加哥

當我腦中想要清空圍棋時，圍棋再度來敲門。這次接到的電話來自芝加哥，先是聽到對方用英文確認接話人，再轉為中文。原來芝加哥有一群臺灣棋友，他們與日本及韓國人組成了一個圍棋圈，彼此交流，附帶下彩。日韓方有幾個人的棋力在所有華人之上。不甘被外人在圍棋上欺侮，這群華人希望能找來一位高手，替他們出口怨氣。打電話的棋友跟臺灣棋界有聯繫，發現我就在芝加哥隔州的印大，與同好商量後，就決定前來搬兵。

不久的一個週末，芝加哥三、四位棋友開了五小時車後，出現在我的宿舍裡。一見面，他們就喊要拜師學藝，也希望我能前往芝加哥宣揚國威。感於他們的熱忱，我答應前去助陣。不過兩地距離遠，交通來回是個問題，而他們立刻說可以輪班負責接送。於是他們有人在約定的時間從芝加哥開車過來，接我過去，下完棋後，再換人送我回來。利用這種方式，我去了好幾趟芝加哥。來回十小時，我坐車的人都嫌累，然而這些棋友卻甘之如飴。我聽過在美國有人為了下

一盤棋，開了九小時車去找棋友。當下我終於領略到圍棋的魅力了。

我在芝加哥期間，跟自己人下棋不多。他們大概是被日韓棋友欺侮已久，寧可讓出時間，帶著我到處找日本或韓國人下棋。棋多有下彩，有時彩還不小，不過這部分我不用操心，演好殺手角色，專心贏棋就是。當地日韓棋士都是業餘，最強大約五、六段，我雖然一陣子沒有磨練，小有退步，應付仍有餘力，所以勝多輸少，不負所託。我方棋友們覺得有面子，奉我如大師，跟別國棋友講話都大聲起來。由於這段棋緣，我對芝加哥這個大城市逐漸變得熟悉，後來印大同學們開車去玩，還由我做領隊。67 年我要離開印大時，棋友們極力勸說我到芝加哥找個工作，留在美國。他們甚至打包票要幫我弄來綠卡，因為他們之中有律師，也有代書，使命必達。我讀了四年書，過程不是很順利，主修又從文學換了語言學，感覺相當疲憊，只想回家，因此諸多好意只有婉拒。這段四十年前的往事，記憶猶新，只是那些熱心棋友們的姓名隨著歲月而模糊了，抱歉。

## 密西根的棋迷

65 年冬季的某一天，我又接到一個陌生的電話，是一位叫陳國維的物理學教授從密西根州大（East Lansing）打來的。這個名字勾起了我對弈園的回憶。

陳國維是個棋迷，棋力不弱，與沈君山交好。在我出國前某年，據說是沈君山要幫他介紹女朋友，他就專程回到臺灣。但是他一下飛機就發揮棋迷本色，往圍棋勝地——弈園跑，一待就是一整天，沈君山幫他安排好的相親都忘了去。有一天沈君山急了，跑到弈園找他。老遠看見他在下棋，沈

就大喊：「陳國維，你老婆還要不要？」當時我也在弈園下棋，經沈君山這麼一喊，才知道有陳國維這號人物，不過當時我們還是互不相識。陳教授不知從何知道我的電話號碼，猜想是輾轉透過棋友關係。總之，他很客氣地自我介紹後，邀請我尋空到他密西根家下棋。密西根州在印第安納上方，但開車也不是短時間能到。不過我想趁機出外走走，順便看看同列中西部十大名校的密西根州大，就決定在寒假期間開我的二手車北上。

出發日適逢大寒，氣溫都在零度左右。我開著一部老車，頂著風雪，不知道經過多少時間，跌跌撞撞地抵達了陳教授的家。陳教授熱烈歡迎，我也見到了他那次回臺時才認識的妻子。之後幾天我就住在陳教授的家裡。屋外是一片銀封世界，無處可去，我們只能關在房間裡下棋，一下就是一整天。午餐和晚餐，都是陳太太做好了送進房間裡。由於滿腦子都是圍棋，我們大都食不甘味。陳教授對於圍棋的痴狂，超乎我的想像，他一頭栽進圍棋世界裡，其他事物都忘了，連太太叫他都不理會。

我在陳家待了三天，感覺到陳太太越來越不喜歡我這個客人，因為我把她的先生搶走了。第四天早上用完早餐之後，我跟陳教授說要離開了。陳教授極力挽留多住幾天，我說再不走就要出事了。他不明所以。我告訴他，這三天非常可口的美式早餐，都是陳太太準備的，但是到了第三天，我發現香腸已經烤焦了。我的直覺告訴我，陳太太已經在下逐客令了，所以我堅持要離開。但是我到車庫發動車子時，因為氣溫太低，機器凍壞了，勉強發動的結果把啟動馬達燒壞了。不得已把車子送修，但是我的車子雖然是美國的牌子，卻是在英國製造的，修車廠要特別訂購，才會有新的零件，

而零件短期內也無法送達。我只好把車留在密西根，搭飛機回印第安納。過了一個多月，車廠通知我，我才再搭飛機去把車子開回來。這真是一場令人難忘的圍棋之旅，大雪天忘我下棋的經驗至今仍然深留記憶。

　　我與陳教授的棋緣很深，我二度來美時還會再續。這是後話。

第七章　征戰新聞棋

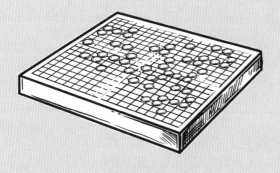

我於 67 年七月學成回國。在銘傳商專謀到一份教職，成為英語教師。工作穩定後，我的心思又回到睽違四年的棋壇。我原本打算工作一段時間後二度出國進修，攻讀博士學位，卻因為捲入棋界一場無謂的糾紛，改變了生涯規劃，也啟動我與圍棋一段全新的緣分。

## 遠東棋橋中心

　　回到棋壇的第一件事就是找地方下棋。出國前我下棋地點多在「圍棋中心」和圍棋會直屬棋社。此時的圍棋中心已經過了開張的蜜月期，設備逐漸陳舊，主持人數度更換，已然無法回到原先的盛況。直屬棋社是官家之地，感覺氣氛嚴肅了一點，適合比賽，卻不是理想的長日消閒之所。64 年十二月，中華路「遠東棋橋中心」開幕。地方寬敞，比鄰鬧區，不下棋時有橋牌可打，兼可逛街，與我所好相當對味。熟悉的前輩高手如張恆甫、周傳諤、蔡登閣等都已進駐。「大爺」蘇成章的寄宿處也從弈園轉過來。我找到地方後就成為常客。主持人張子建也是高段棋士，過去比賽中認識。他個性率真，不拘小節，我們很快建立起好交情。遠東另一個亮點是張子建的賢內助，大家都稱呼她張太太。她是第一線的業務，處事幹練，待人親切。遠東空間超過百坪，依然座無虛席，張太太經營能力居第一功。

　　在遠東的日子，下棋打牌，相當愜意，也結識了許多好朋友。

　　首先要提的是蔡登閣。我晉段後參加比賽，這是相識之始。他看來沉默寡言，其實有玩世不恭的個性，與熟人相處就會顯露出來。我跟他用臺語交談，他看我頗有草根味，逐漸把我當小老弟看待。有一次弈園辦了一個小比賽，他大

概是礙於情面報了名，卻不想下。開賽當晚，他的對手正好是我。我正襟危坐，等待開局時，他走過來了。先是對我笑笑，然後走到貼有對戰表的看板前，把我的名字填進勝方表格中。我正要問「你搞什麼鬼」，他只說了一句「你贏了」，就走出棋社了，任性如此。在遠東棋社，蔡登閣不下棋，偶而跟人比十三張（俗稱打槍），有時也會找我出外喝酒聊天。

蔡登閣來遠東往往是為了找一位好友廖仕旭。廖是一家腦科醫院的院長，為人豪爽，棋力初段，喜歡下大彩。為了能壓制對手，他常找蔡登閣指點。63 年三月陳長清結婚，我在婚宴被安排與廖仕旭同桌。當時同桌多為不識，我甚少交談，只是默默喝酒。廖是認識我的，看我喝了不少，卻無什酒意，就說：「棋界高棋能喝酒的我都認識，看過你下棋，不知你也能喝。喜宴過後我再請你喝兩杯，大家交個朋友。」我那天的狀況特別好，再續攤也從容不醉。我平時沒有喝酒習慣，由於廖院長喝酒風格是小酌盡興，以後的邀約，我大都樂於奉陪，我和院長也建立了好交情。這是我出國前之事。我回國後在遠東見到他，再續舊情。

我與蔡登閣和廖仕旭之間還有許多故事，容後再敘。除了他們，交誼較深的有孟祥協與陳漢彬。孟祥協是亞聖孟子後裔，由於家學淵源，人與棋都帶有一股瀟灑不羈的文士風采。跟他熟識的人稱他為「二爺」。這個稱呼有來由。某日，孟祥協與蘇成章聊天。一個是山東人，一個是四川人，兩人都喜歡抬槓。說著說著，兩人抬出年齡來比老。結果是孟稍長，就有局外人說：「那你是大爺了。」但是孟不敢受此封號，因為山東人口中的大爺影射武松故事中的武大郎。蘇成章無此忌諱，因此敘齒結果，他坐大爺位，孟祥協成了

二爺。我因為學文，與孟二爺有很多話題可聊。熟識後還常拿話開他玩笑，看他噘起嘴角（他的招牌動作），說我「沒大沒小」，我就很開心。二爺除了棋好，麻將也稱高手。有一次我糗他：「尊祖孟子曾說『不可博弈』，怎麼你又博又弈？」他果然嘴角一噘，說：「你小孩子哪懂這句話真正的意思。」

陳漢彬是名音樂家，尤善鋼琴演奏。棋界聚會場合，如果需要音樂做餘興，找他準沒錯。他長我兩歲，但出道較晚，64 年才晉段，之後就迅速躋身高手之林，可謂大器晚成。他為人謙和，與朋友交則豁達大度，是棋界的人緣王。他在遠東出入後，很快身邊就聚集一批年輕棋友，小酌聊天，大多由他付帳。他酒量極佳，千杯不醉。跟他喝酒，他總是先乾為敬，再來勸酒，我只能設法推託，避免醉倒。

遠東棋橋中心以氣派取勝。66 年底，在長春路則有一家以優雅裝潢見長的「名人圍棋中心」開張，主持人于晉謨，棋力不高，卻頗有創意。他設計一種「三冠王」棋賽，分月、季、年三階段比賽，月冠軍爭季冠軍，季冠軍爭年冠軍。因為比賽終年不斷，吸引年輕一代好手，如陳永安、陳秋龍、陳昌言等常駐。我回國後聽說這個地方，還沒過去見識，它就歇業了。可能因為收費較高，曲高和寡，難以經營之故。于晉謨後來籌組臺北市圍棋協會，找我參與，因故未成。名人歇業後，棋友大都轉進到遠東，連「三冠王」比賽也轉移過去。轉來棋友中有一位陳榮欽，棋力中等，卻喜歡結交高棋，與我很快建立情誼。陳榮欽為人熱心，在「名人」期間對新秀棋士多有照顧，陳秋龍、王建裕及陳昌言都曾在他的公司短暫工作過。我日後舉辦的圍棋活動，他也鼎力相助。

## 各領風騷

在我出國四年期間，棋壇展現前所未有的生氣，後起之秀紛紛竄起，各領風騷。

63 年林文伯獲第一屆「名人」及第三屆「冠軍」兩大頭銜，結束蔡登閣一人制霸局面。林文伯領了獎金，風光地舉辦了一場棋界婚禮，由圍棋會副會長陳雪屏證婚。可惜我已出國，未能觀禮。

林文伯做了「名人」後，依照原定制度，他要在一年後接受循環賽出線者挑戰。但是就在頒完獎後，主辦人應昌期宣布第二屆起比賽制度改變，將第一屆名人與循環賽九人，依成績分為甲、乙兩組，甲組成績第一者為新「名人」。根據這個辦法，現任的名人也要從頭下起，衛冕戰沒有了。沈君山因此譏笑林文伯只做了「一日名人」。

第二屆名人賽，周咸亨崛起，之後更完成六連霸。「冠軍賽」辦到第四屆就畫下休止符，只剩下名人賽一枝獨秀。還好《聯合報》辦了「名家邀請賽」，周名人不至於高處不勝寒。67 年規模更大的「棋王賽」開辦，棋壇又熱鬧起來。陳永安奪得第一屆「棋王」，江山又見新主。

棋界群雄中，我原以為最先脫穎而出者非陳長清莫屬，但我去國期間不見他揚名立萬。原來他當完兵，結了婚後到高雄主持一家棋社，似乎在休養生息當中。但我相信他是一位戰士，終究要回到競技的舞台。

在我出國前，黃孟正與郭求真跟著王立誠腳步，相繼赴日學棋。我出國後，最「資深」的神童王銘琬也到了日本。回國後，我聽說王銘琬的異姓兄弟鄭銘煌與鄭銘崎也東渡了。這兩位臺南發掘的棋才，從學棋到留日，都在我出國期

間完成，我完全沒有機會與之謀面。

## 老成凋零

在新手輩出同時，也見老成凋零。

我回國後自然要到弈園探望唐景賢老師，但他失蹤已有一段時間，無人知其下落。後來我跟張子建打聽，才知道他已仙逝了。原來唐老師年事已高，卻是孑然一身，舉目無親。某日外出，可能是舊疾復發，竟然逝於途中。由於許久未現，張恆甫、張子建與蘇成章等人到處尋找，沒有結果。有一位棋友到市政府查訊，才發現他因路倒被市府以無名氏身分收埋了。後來由張恆甫發起，在善導寺辦了一場法會，為唐老師誦經追悼。

唐老師為人耿介，不同流俗。晚年形單影隻，生活清苦，但他從未開口向人求助。圍棋會幹事李積庶說唐景賢的後半生完全奉獻給圍棋。63 年我出國前，唐老師八十歲，尚有棋友發起，為他設宴祝壽。然而圍棋會易主後，這一位功勞者的生活無人聞問，他的死訊無人關心。我在《圍棋》68 年十二月號發表了〈懷念唐景賢先生〉一文，表達追思之意。在這千夫諾諾的時代，我懷念他一士諤諤的風骨。

## 計點制紀元

65 年伊始，中國圍棋會創會會長周至柔卸任，立法委員于錫來接棒，應昌期擔任副會長。以應昌期的資歷和貢獻，繼任會長是名正言順，為何要屈居副手，令外界不解。不過中國圍棋會已是財團法人組織，財團金主應昌期才是真正的掌權者，不擔任會長，在幕後操控或許更有樂趣。

應昌期對新規則的研究大致已經完成，正式定名為「計

點制規則」，接下來就是把規則推行出去。首先，《圍棋》雜誌不斷刊登有關規則文章。除了研究討論性質的，多是支持捧場的文章。其次，圍棋會明訂各項比賽使用計點制規則，地方舉辦的比賽如使用計點制規則則贊助經費。臺灣圍棋在應昌期主導下開展了計點制紀元。

新紀元帶來一段新舊磨合期。過去我們計算輸贏的單位是目，現在換成點，終局後聽到的是贏幾點或輸幾點，一時還真不習慣。計點制說「子空皆地」，我們在中盤做形勢判斷時會目算敵我雙方圍了多少地，可是我們算的是空而不是子，這裡頭就有新舊觀念轉換的問題。

另外一個要適應的是比賽時使用的特製棋罐。計點制是「填滿計點」，黑白雙方各需一百八十顆棋子，不能多也不能少。因此每次對局前必須確認棋子數目是否正確。這令習慣於傳統數子法（不必計較棋子數目）的弈者感到不方便。為解決問題，一種「量斗棋罐」問世；對局時只要檢視罐中棋格內是否裝滿棋子，就知棋子數是否正確。這是應昌期得意的發明，特別命名為「應氏棋罐」。為了到中學校推行計點制，圍棋會送出了數百副棋罐。不過我非常懷疑，除了正式比賽，會有多少人在對局時使用此棋罐。

有一次比賽，一位弈者在終局前目算自己贏一點，填滿計點結果卻是輸一點。他不服，仔細檢查棋罐後，發現有一顆對手棋子卡在當中，沒拿出來，這才獲得平反。我想換成是我就糟了。因為我對自己目算準確度沒信心，填滿計點後可能會以為自己算錯了，不會去檢查棋罐而認輸。以後就算覆盤追究也過了時效。

在圍棋會大力推行新規則時，棋界出現一種聲音，認為增加圍棋人口與提升棋力水準是推行圍棋的本，改革規則固

然重要，不宜置於最先。或許是為了平息這種聲浪，應昌期提出建立典章文物制度的論述，將圍棋規則視為典章文物，認為尊重文化必須先建立完美的規制[1]。所謂典章文物有守舊、守成的意涵，應昌期喜歡創新、打破傳統，他這個論述其實是不恰當的。

應昌期對於他所研發的規則抱著很大的期望（或野心），不但要在臺灣推廣，也要普及到全世界。我觀察到他有一些自我陶醉的行為，當是源於這份執念。64 年八月，新規則草案推出不到一年，應昌期就已迫不及待地在《圍棋》公布所謂「國際圍棋規則草案」[2]，雖曰是作者擬稿，在國際棋界尚未有任何跡象認可新規則之前為之，實有自大之嫌。68 年底應昌期又有動作。他在圍棋會貴賓室內一面牆上懸掛了一塊大理石板，其上刻有計點制規則全文。通常刻石之舉是為記功，但要在功成之後才為之。計點制推出不過數年，臺灣都未完全普及，遑論國外；再以規則內容而言，應昌期仍不斷修改，並非最終版。由此可見記功時機未至。69 年五月，應昌期又將代表計點制精義的「圍棋十則」刻石立碑。不旋踵，「十則」內容又有修改，碑石是否重刻不得而知，徒顯應昌期「燕然未勒歸無計」（范仲淹詞句）的焦急心態。

大概是因為學文的關係，我對研究圍棋規則興趣不高。我無法像沈君山或蔣亨進等物理學教授以科學的角度剖析棋規。圍棋雜誌上許多探討規則的文章，我曾經耐著性子想一一拜讀，但大都半途而廢。下了多年的棋，我當然知道現行棋規不是完美的，因此有人熱心改革，基本上我是樂觀其成。

與舊規相比，計點制自許的優點是「絕無判例」。照

理說，遊戲規則沒有判例就會變得更簡單，更容易施行，但是計點制卻反而變得複雜難懂，像「除窮任擇」、「劫分爭攢」等應氏術語都代表令人頭大的觀念。弈者不免要問：「為避免偶而才會發生的判例，有需要把規則變得如此複雜嗎？」圍棋吸引人，在於規則簡單易學，如果變複雜了，必然不利於推廣。林海峰國手與中國圍棋會理事曹聖芬都曾當面跟應昌期表示過計點制太複雜的意見，但都不為應昌期接受[3]。

棋士曹澤霖曾經說過：「規則是對局雙方適用，管它合理不合理，只要雙方都遵守，就是公平的。」這種說法雖然缺乏實事求是的精神，卻很實用。我對計點制雖然有些意見，但也覺得沒有反對的必要。能夠參加比賽，證明自己的實力，使用什麼規則我都樂於配合。

一個新的制度在推行之初總會遇到阻礙，因為保舊拒新是人之常情，總是需要一點時間加以消泯。或許是個性使然，應昌期似乎就少了一份耐心，從研究到推行計點制，莫不快馬加鞭，讓圍棋會全力動員。這就難免給人一種印象：規則擺第一，其他基礎工作，像普及圍棋人口，則變成次要。棋界普遍有一種看法：好的規則不用推銷，棋友自然會採用；操之過急，強迫推銷，反而會有反效果。應昌期把規則提升到典章文物的層次，強調推行的正當性，也有人認為是小題大作，自我膨脹。

應昌期希望把計點制推行到國際，對日本人用了很多功夫。日本人建議他辦個世界賽，才能讓計點制走出去，結果「應氏杯」世界圍棋賽辦了，之後日韓或大陸辦世界賽卻沒有一個國家採用計點制。很多人認為除非我們有實力，能在世界賽稱霸，計點制要流行國際是緣木求魚，因為在競技的

世界只有憑藉實力才能發號施令，就如市場占有率最高的公司，才有資格制定產品規格。

除了新規則，應昌期在賽制方面也提出兩項重大改變。一是黑棋貼點從六點改成八點。應昌期認為，過去的比賽記錄顯示貼六點（比目法五目半）有利黑棋，因此需要再做調整。論者以為日本貼目制經過數十年的驗證才從四目半改成五目半，新制一下子調高兩點，未免跳得過大，變成白棋有利。新制施行多年後，我問過王立誠，他仍然認為白棋有利。棋界縱有異議，應昌期堅持己見，不易其志。到了本世紀，他無緣一見的 AI 人工智慧問世，計算出黑棋貼八點只有 45% 的勝率。但他的後人在舉辦比賽時，依然不敢改變祖制。

另一項改變是廢除比賽時間告罄後的讀秒法，改用所謂「逾時罰點」法。弈者在規定時間用完後可以繼續思考，只是所耗時間算是借來的，要以償還點數作為代價。譬如比賽時間三小時，逾時後就開始罰點，半小時內罰兩點，再半小時加罰兩點。這個新法贊成和反對者似乎各半。我覺得這個「點數換時間」法的難點在時間的價值是無法估算的。假設有人收官時想出一著妙手，便宜了一點，卻因花了許多時間思考，被罰兩點，那他的妙手就沒有價值了。所以罰點多少全憑人為主觀設定，是否合理難以斷定。

應昌期喜歡創新，舊有的規則與賽制他可說無一不改，擁護者稱他為「圍棋發明家」。但有些改革就難免被人視為標新立異，為改而改。像讓子棋他要改名為讓先棋，原來讓先棋叫讓一先，讓二子叫讓二先，依此類推；其意是下手不是被讓子，而是被允許先下幾手。如果是這樣，那「一人一手」的圍棋規則豈不要加注說明有例外存在？尤有

甚者，全世界都以「段位」來評定職業棋士的棋力，最高九段，最低初段。應昌期卻背道而馳，採用古代的「品位」制（古代的九品中正官制），九品最低，一品最高。如此創意反而讓他變成一位復古者。

此外，應昌期喜歡為他的創意冠上己名，例如應式符號、應式選拔制、應式棋罐等。這難免招來一些批評，認為有沽名釣譽之嫌。我認為這是他推行計點制最失策之處。

## 職業棋士制度

68 年四月，中國圍棋會職業棋士制度在應昌期主導下創立了。這是劃時代的創舉。日本能成為圍棋大國，肇因於穩固的職業制度。臺灣圍棋要進一步發展，這也是必經之路，棋界賢達早有共識。但是職業制度要能發展，自有其必要的條件，例如大量的圍棋人口、媒體或企業的支持等。我認為臺灣發展職棋的環境尚有不足。應昌期一聲令下，臺灣職棋就橫空出世，這是魄力展現，也是他對棋界最大的貢獻。

周咸亨、陳永安、陳秋龍三人是首批的職業棋士。一月之後，再有陳長清報到。他們得以中選，除了棋力已有一流水準，最主要是年輕有潛力。老一輩棋士蔡登閣、曹澤霖等因年過三十，尚未開放加入。這個陣容雖小，臺灣職棋總是踏出了第一步。

職業棋士必須依賴比賽才能生存。68 年時已有「名人」和「棋王」兩個新聞棋賽，到了 69 年，新增「國手賽」，已有足夠舞台讓新科職棋一展長才。新聞棋可說專為職業棋士而設的，但是比賽只有四人，場面未免冷清，圍棋會因此開放給業餘棋士參賽。

我回國後，有一段時間大小比賽都沒參加。相當長的出國求學期間，我雖然沒有完全隔絕圍棋，棋藝無可避免地生疏了。「遠東棋橋中心」有許多段位棋士，是練棋的好地方。起初與他們下，總感覺像逆水行舟，欲進反退。大約過了半年，熟悉的棋感才慢慢找回來。新聞棋賽開放業餘棋士參加，讓我又起心動念起來。

但是我也面臨抉擇。我在學校教書，也確定這是我的終生志業，因此全副心力應該專注其上。參加新聞棋賽，一定要耗費許多時間和心力，才能下出好成績，如此無疑會影響到本業。林文伯圍棋的成就很高，圍棋會還想送他日本下棋。但他拿了比賽獎金創業去了。他做了選擇，代價就是圍棋不能常勝了。圍棋與事業不能得兼，所以我如果參加比賽必須先放下好勝的執念，心緒才不會被打亂。我甚至想從此不要參加比賽了，免得事業與圍棋兩頭落空。放不下圍棋的話，空閒時到棋社過過棋癮就可以了。

但是過去在棋盤上爭逐，所獲得的成就感真的容易忘卻嗎？猶豫一年後，止不住一顆躍動的心，我又積極投入新聞棋比賽，一個都沒缺席。

## 新聞棋賽

臺灣有三個新聞棋賽，都分四階段進行。首先是「入圍賽」，採「應氏選拔制」，四勝入圍。入圍者與上屆「挑戰權賽」三名淘汰者進行第二階段的「進退循環賽」。第三階段是「挑戰權賽」，進退賽成績優異前數名，與上屆「挑戰權賽」保留著循環賽，成績最優者為挑戰者，進入最後階段的挑戰賽。

68 年十二月，第一個比賽「名人賽」登場。這是我在

比賽初次體驗計點制。計點制大體是依循數子法觀念，只要不碰到過去要依判例解決的棋形，像「不提三目」、「長生」等，理解不難。計點制與數子法允許收雙後，單官變得有價值，在終盤階段可能影響勝負，這點要特別注意。第二屆「名人賽」蔡登閣與林文伯一局，下到剩下單官時，一方受比目法習慣影響，在對手提子處打吃一手，以為對手必黏，不料對手不黏而去搶最後一個單官，然後仗著劫才多把被叫吃之子也黏回，如此同時收到最後兩個單官，因而逆轉一點勝。輸方如果不打吃而下單官就是勝利者。這是令人警惕的實戰教材。我不贊成收雙後的觀念，不過規則如此，只能提醒自己小心留意。

另外一個初體驗是黑棋貼八點。我認為貼八點不利黑棋，只能希望猜子時多猜到白棋。不過世情演變往往是越擔心的事越會發生。我在入圍賽先是取得三勝一負成績，輸掉的一盤是拿黑棋輸一點，如果是貼六點的舊制則贏一點，已經入圍了。「應氏選拔制」的特點是在複數入圍名額未完全填滿前，中途輸棋還可再戰，爭取出線，所以又稱「希望無窮制」。我只要累積五盤勝局，扣掉一盤負局，就可以淨四勝入圍。無奈我又連輸兩盤，斷絕了希望。其中一盤又是黑棋輸一點。事後我自嘲說敗給新規則了。

或許老天聽到我的抱怨，決定補償我。接下來三月的第三屆「棋王賽」入圍賽，我連勝四局，以第一名成績入圍。隨後是四月的九人循環進退賽。不到兩個星期的時間內，我下了八盤棋，還真下得「筋疲力竭，人仰馬翻」。主辦單位如此匆促安排，只能說是有意考驗我們的體力和精神力。結果我以五勝三負成績，睽違六年後，再度打入新聞棋挑戰權賽。《圍棋》雜誌對於我的出線，以「意外」兩字形容。

六月時「國手賽」來臨。這是一個全新的比賽，照理說比賽辦法應該早早公布。它卻於比賽前夕，才在六月號《圍棋》刊登出來，似乎暗示即將有重大訊息公布。果然，辦法明訂職業棋士與業餘棋士得有不同待遇。參加循環賽的職業棋士可領對局費，業餘棋士則領取餐旅費。獲得國手榮銜者，職業棋士可領取十萬元獎金，業餘棋士則頒發獎杯及紀念性獎品。

這個辦法立刻在業餘棋士圈引發討論。我與大多數人認為已經設立了職業制度，將職業與業餘棋士做區隔是適當的，但目前職業制度處於過渡期，業餘棋士參賽有其功能，不宜有差別待遇。真要區隔，比賽限制只有職業棋士或榮譽職業棋士參加即可。允許業餘棋士參加，同工卻不同酬，頗有歧視的味道。我雖然不認同這個比賽辦法，卻也不覺有否決的必要，因此報名參加比賽。我的想法很現實：如果能打入循環賽，沒有對局費無妨，能與一流高手對弈就足以補償。至於冠軍獎金，我認為根本不需考慮，因為我沒有奪冠的實力。果真有業餘棋士拿到冠軍，我不相信主辦單位敢於發給「紀念性獎品」，屆時受辱的不會是棋士，而是主辦者。

「國手賽」第一屆舉辦，只需經過兩階段比賽，首任「國手」即可誕生。似乎因為如此，入圍賽顯得特別激烈，大家都想打入第二輪循環賽，直接爭逐大位。過去幾年，棋壇出現許多青年高手，像彭景華、曾啟德、程清江、陳萬生等，入圍賽碰到他們都是苦戰。國手賽還有職業棋士與準職業棋士也要打入圍，特別難下。拜「希望無窮制」之賜，我一路浮浮沉沉，很辛苦地以六勝二負（淨四勝）成績入圍。

我一介業餘棋士能夠同時打入兩大新聞棋賽，足以感到

自豪。中國圍棋會曾頒布一個規定，只要有打入新聞棋賽兩次記錄者可申請做職業棋士。加上 63 年的「冠軍賽」，我前後已有三次，但我從來就沒有要當職業棋士的念頭，具有資格最多是滿足一點虛榮心。其實能夠打進循環賽，也不在計畫之中。真的事成了反而有點不知所措，不知用何心態面對接下來的多場比賽。因此我做了既來之則安之，下一盤算一盤的心理準備。

## 注解

1. 〈圍棋應走的方向與道路〉（王忠義記應昌期金融杯圍棋賽頒獎典禮演講詞），《圍棋》，67 年 1 月號，頁 12-14。
2. 《圍棋》，64 年 8 月號，頁 12-27。
3. 馬西屏：《圍棋風雲錄》（新竹：理藝出版社），頁 49。

第八章　圍棋官司

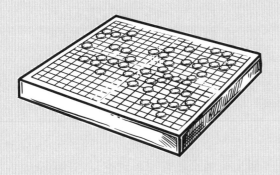

能夠打入兩大新聞棋賽的循環圈，取得爭逐冠軍的機會，對於一個業餘棋手而言，算是莫大成就。然而在我沾沾自喜時刻，棋路上出現的不是陽光，而是一場風暴。

## 魔咒

六月下完「國手」入圍賽，兩個新聞棋第二階段的循環賽緊接著於七月開戰。還好學校放暑假了，我可以全心應戰。不過我似乎注定跟新聞棋無緣，輸棋魔咒總是纏身。六年前的「冠軍賽」一開始就因遭遇亂流而導致全盤盡墨，這次出師依然不順利。月初「棋王賽」兩次出賽，遭遇陳長清和蔡登閣。這兩位是爭奪冠軍的熱門人物，我力戰之後不敵，只怪自己棋力不夠，坦然接受。但是下一場又輸棋，就有點「衰」的感覺了。

七月中旬我第一次出場「國手賽」，對手是蔡信雄。他的棋沒有陳長清與蔡登閣那般強勁，但他屬天才型，變化看得快，落子也快，帶給對手很大壓力。入圍賽我輸他一局，就是被他的快節奏打亂步調。重新對陣，我依然沒有調整好。開局不久，雙方在星位角上折衝時，他飛快下出一記變著，其實是高手在比賽中不輕易下的「嵌手」。我隨手一應，立刻上當吃了大虧。在這種高水準的比賽，我竟然會被嵌手擊倒，只能怪自己用功不夠和臨場失去冷靜。羞愧的心情下，我失去戰鬥意志，在第四十手時投子認輸。

## 被汙染的棋局

國手賽後一星期，棋王賽第三局登場，對手是六連霸的「名人」周咸亨。我想循環賽還未開胡，雖然對手一個比一個強，還是應該力圖振作。然而進入比賽室坐定後，圍棋會

總幹事王忠義就專程給我帶來震撼的訊息，完全改變了對局的氛圍。

王忠義說應昌期副會長昨晚決定：今日起我的對局費由原定的一千元減為三百元。理由：我是業餘棋士，與職業棋士應有不同待遇。我大吃一驚，當場表示不能接受如此安排。國手賽訂有職業與業餘棋士差別待遇辦法，在入圍賽前已有公布，參賽者自當遵守，我下了一局也未表異議。但是棋王賽並未頒布類似辦法。我已經比賽過兩局，從不知有所謂差別待遇，到了第三局說改就改，不但不合理，也不合法。只要是年度性的比賽，比賽規則一經公布，效力是一年，豈能中途更改？要改也要先公布後，等到下一屆的比賽才施行。退一步說，即便有特殊理由，不得不中途更改，也應當與參賽者溝通，以示尊重。堂堂的棋王賽以臨時通知的方式就否決既定的比賽規則，豈非視比賽為兒戲？

我據理對王總幹事提出抗議。然後又明知故問：「如此說來，即使打到挑戰賽，然後挑戰成功，是否也得不到十萬元獎金？」王回答：「只能領紀念品。」我接著說：「那你認為這比賽下下去有意義嗎？」王忠義無法回答這個問題，板著臉說這是應先生交代的，只能遵照辦理。

我了解到一切都是應昌期說了算，所謂規章辦法都是虛設，頓時覺得心寒。難道棋士參加比賽後只能乖乖聽話，服從不合理的命令嗎？當下我強烈感覺遭到不公平對待，應該就立刻走人，維持尊嚴。但我做了錯誤決定，拿起棋子勉強對局。落子後就發現無法集中心神，輸贏全無懸念，唯一的念頭是趕快把這盤棋結束。開局未久，雙方就短兵相接，我不暇思索在敵軍可連接處斷了一手。但這是無理棋，周名人何許人也，立刻下出「手筋」反擊；我斷敵不成，一隊人馬

反成崩潰之形。局面至此，我只能依照應昌期發明的「應氏投降示意法」，在棋盤邊擺出兩顆棋子認輸。這是短命的一局，只下了三十二手。

這盤棋我當然下得糟透，根本原因是失去求勝的意志。我想沒有一個有榮譽心的棋士在屈辱的條件下，面對沒有勝利滋味的棋局，還能夠全力拚搏。如果說我沒有求勝心或是以輸棋表示抗議，這我都願意承認。但我不是故意輸棋，事後應昌期指控我放水，我不能接受。放水要有對價關係，就如職棒發生過的例子，我輸了棋一點好處都撈不到，為何要放水？反過來說，應昌期汙染了這盤棋，我必須下出名局來報答他嗎？

我的新聞棋之旅就這樣結束了──「不是以一聲巨響，而是一聲嗚咽」（英國詩人 T.S.Eliot 詩句）。一個強調「典章文物」的主事者可以為所欲為，任意修改規章，貶低棋士尊嚴，這樣的比賽下下去毫無意義。主事者能夠如此專橫，只因比賽經費是他贊助，我無力抗拒，只能退出他的遊戲。我已做好心理準備，只差未公開宣布退出比賽而已。

不料事情不是我想像的那麼簡單。

## 撤銷段位

我在棋王賽表明不接受差別待遇的態度，對局後也了解可能被解釋為不願遵守比賽規則而遭到處罰。雖然違法者不是我，但我想應昌期是比賽贊助人，看我不順眼，找個名目將我逐出比賽，我求仁得仁，並非不可接受。但是我質疑差別待遇的合法性，公然挑戰應昌期的威權，也同時揭穿「國王新衣」的騙局，令他面子掛不住，區區禁賽豈能平息他心頭的怒火。於是他決定釜底抽薪，以撤銷我的三段段位作為

處罰手段。根據比賽辦法，獲得中國圍棋會頒證之段位棋士才有資格參加新聞棋比賽。沒有了段位，不但是棋王賽，連國手賽都失去參賽資格，還真是一石二鳥。

為何要撤銷段位，而不是直接撤銷比賽資格？目的是為了羞辱當事人。一個棋士的段位除了代表棋力，更是榮譽的象徵，段位棋士因此受到棋友的尊重，甚至敬仰。稱呼人家的段位，跟稱呼學位，如某某博士，一樣都是對人家的成就表示敬意。剝奪一個人的段位等於剝奪他被人尊敬的資格，精神上的傷害遠大於實質的傷害。一個棋界的領導者處罰不聽話的棋士有必要如此極端嗎？

我當然不希望段位被撤銷。我聽說圍棋會要召開董事會定案，就主動要求列席，為自己辯護。應昌期怕我揭發他無法無理的霸道行徑，當然不答應。遠東老闆張子建想幫忙。他是王忠義總幹事的老師，約了王忠義跟我見面。但王是人家屬下，除了表示理解我的立場外，也是無能為力。

圍棋會在九月召開董事會，我被撤銷段位成為定局。有董事認為處罰手段偏激，應昌期則以「治亂世，用重典」回應，堅持己見。我明白他不給我辯解機會的理由了。因為如果我在場，我會向董事會諸公說：每個獨裁者都會拿「亂世」做藉口，整肅異己。但所謂亂從何而來？不是他自己倒行逆施所引發的嗎？

中國圍棋會在《圍棋》十月號公布了我的罪狀：反對職業與業餘棋士差別待遇之辦法，破壞棋賽制度[1]。這份罪狀可以成立嗎？在民主社會，表達反對意見是言論自由的範疇，焉能入罪？圍棋會認為我曾找律師研究其辦法是否違法，又曾發動參加國手賽業餘棋士聯名請願是破壞棋賽制度的證據。但是請教律師，尊重法律，以請願方式尋求救濟管

道，不正是民主手段，何罪之有？圍棋會又說我曾揚言，對局時只下一定手數，表示抗議。其實，他們認為有問題的棋局是我認為局勢已非才認輸的，並不是預計下到一定手數，不管局面好壞，就認輸的。棋是兩個人下的，下到多少手才分出勝負，並非單方面所能控制的，如何能預定輸棋手數？

　　圍棋會撤銷段位決議一出，棋界譁然。一個棋士的段位可以撤銷嗎？一般以為，段位就如學歷，假如一個持有博士學位之人犯了殺人罪，依法判處死刑，但他的博士學位並不會被註銷。一個人的學位只有在證明以非法管道取得時才得以撤銷。所以棋士若有違規情事，得以禁賽或停權等方式處罰之，他的段位卻是不能任意取消的。

　　應昌期曾經對外表示，我以輸棋表示抗議，失去了棋士精神，所以撤段。他甚至暗示，我為了爭取金錢利益，不惜抗爭。這都是他為了合理化違法悖理的行為所做的說詞。國手賽公布差別待遇辦法後，我仍然參賽，就表示不會計較，願意遵守比賽規則，否則我大可不參賽，何必參賽後再抗議？應昌期任意修改比賽規則，早有先例。林文伯只當「一日名人」，就是他任性造成的。當然也不乏後例（見〈中華棋協〉章）。棋王賽這次，我不願吞忍，才鬧出事端。棋道唯理，高手不下無理棋，我認為屈從無理要求才是失去棋士精神。

## 得罪當道

　　撤段後，有人說國手賽時有職業棋士對局，十分鐘就草草收場的，都沒有事情，為何你輸棋就被嚴懲？也有人說你一定哪裡得罪了應昌期，他特別要修理你。我也感覺撤段事件的個人針對性太強。仔細回想過去行為，或許真的事出有因。

一、有一天我在圍棋會下棋，幹事吳仁過來告知應昌期副會長要在會所內設宴招待段位棋士，我在受邀之列。應大人無端請客，我雖覺有異，仍然準時出席。飯局過半時，吳仁就在一旁擺設講解用的大棋盤。果然天下沒有白吃的晚餐，我想此宴真正的目的就是說明新規則了。我對研究規則沒有太大興趣，當下做了心理建設：今天是來吃飯的，待會說明規則時，用耳朵聽就好，不要發言。畢竟「拿人手短，吃人嘴軟」的道理我是明白的。

說明會開始了，應昌期除了宣揚計點制，對於傳統讓子棋的規定也發表創見。他認為下手被讓之子不必固定置於星位，可以隨意擺在喜歡的地方，譬如三三或天元等。關於這點，我雖然不贊成，但有人喜歡標新立異，也不覺得有反對的必要。不過一同出席的楊飛豹可有不同想法。

讓子隨處擺與擺在星位是否有不同的威力？這是一個有趣的問題。一般來說，讓的子數少，擺星位或相鄰的位置威力差不多，但讓子數增多就有變化。以九子為例，全擺在星位，效力有點重複。如果四顆星位之子落在三三，白棋較難以在角上使手段，縱得外勢，效能也不大，如此有利黑棋。楊飛豹以讓子棋為生，顯然察覺新法會影響生計，立即據理發言，表示反對。應昌期不認同讓子隨意擺會有不同效能的看法。兩人因而爭辯起來，話越說越重，連「你這樣說就是不懂圍棋」都出口了。

飛豹讀書不多，表達能力不如對手，漸落下風。我見師弟吃虧受辱，忍不住站起來聲援，開了金口。這場論戰當然是各說各話，不了了之。不過俗話說「棒打出頭鳥」，我這一表態，或許從此被應昌期烙下反對者的印記。

二、69 年我到圍棋會參加棋王賽第一階段的進退賽。開賽前所有選手被棋會總幹事王忠義叫到一個房間，房間內一面牆壁上懸掛著一塊刻有計點制規則的大理石板。我早已聽聞這塊規則石碑，當天是第一次目睹。我以為王總幹事的安排是讓我們瞻仰一下應昌期改革規則的豐功偉業，過後就要回比賽室比賽了。不料他說應先生有交代，選手必須站在石碑下，面對計點制，就其中任何一條規則報告研究心得。王擔任評審，報告過關的才可到外頭比賽。我直覺認為這是無理的要求。一則比賽辦法沒有規定，如何可以因某人一時興起而行事？再則，棋士因參加比賽展現棋藝而受到尊重，如今卻被要求小學生般的作心得報告才得比賽，這豈是尊重棋士？我因此拒絕「面壁」作報告。

棋會人員見我不從，輪番前來勸說。這時已有數人做了報告。有一位許明吉選手，下棋時出手相當明快，作報告時卻是比手畫腳，支支吾吾，不知所云。但他有開口，就讓過關了。我見此景，越發覺得這是一件有失棋士身分的事，寧可棄賽也不能委屈自己。最後棋會請出黃水生前來規勸。前輩出馬，不能不給面子，我只好答應作報告。一時不知要說什麼，只好在規則文字上挑毛病，胡亂說了幾句，也就過關了。這段經過想必有傳到應昌期耳中，我給他的印象更壞了。

三、69 年初，應昌期或許是希望《圍棋》雜誌的業務有所突破，找了有廣大人脈的張子建擔任社長。張子建是有理想的，認為雜誌應對外開放，容納不同意見，就興沖沖地跟我邀稿。我說我不會逢迎拍馬，只會寫批評文章，雜誌是一言堂，必然不會接受。他說他是社長，寫了保證刊登。於是我寫了一篇具有批判性的文章交給他。文章果然被王忠義

總幹事否決，證明他的社長之位只是虛銜。但是天真的張子建拿了文章面見應昌期，妄想逆轉形勢，反而讓我再被記一大過。

應昌期甘冒天下之大不韙，於比賽中途修改規則，在我表示抗議後又痛下殺手，進行人格毀滅。如此極端手段是他個性使然，還是他早已認定我是色彩鮮明的異議者，必除之而後快？

## 圍棋官司

應昌期想要以撤段方式來羞辱我，又在報紙上說我為了金錢罔顧棋士精神，汙衊我的人格，我無法忍受，決定上法院討回公道。

在臺灣打官司是平生第一遭。我對法律事是十足門外漢，想到李積庶是見過世面的人，就到遠東找他商量。李積庶剛好有一位律師朋友曹小霆，偶而也到遠東下棋。介紹認識後，曹小霆也為我的事感到不平，答應擔任委任律師。

曹律師首先和我研究用什麼名義提出訴訟。我的想法很單純：應昌期在媒體散布莫須有之情事，毀損我的名譽，應告以誹謗之罪。此時曹律師提醒我說：依法論法，撤銷段位之行為人是中國圍棋會，訴訟對象是中國圍棋會。中國圍棋會會長是于錫來，應昌期則是副會長，所以要告只能告于錫來，告不到應昌期。律師接著分析，誹謗屬刑事罪，被告本人要親自出庭，不能由律師代理。于錫來已是八十高齡，又非真正禍首，要他出庭有點於心不忍。

在棋界我與于錫來是素昧平生，倒是他有一女兒，大學與我同班，交情不錯。俗話說：不看僧面看佛面，律師一番話令我有所動搖。「那要如何提出訴訟，能不勞動于會長

呢？」我問律師。律師建議提出民事訴訟，則被告可由委任律師代理出庭。我想只要能夠讓圍棋會收回撤段成命，恢復個人名譽，改以民事訴訟無妨，就同意律師提出侵權行為的民事訴訟。只要侵權成立，圍棋會的撤段屬違法，我就有權要求恢復段位。

70 年一月，我向臺北地方法院提出訴狀。法院接案後很快就開庭審理，從二月到三月一共開了三次庭。這應是我國有史以來第一宗的圍棋官司，許多報紙都感興趣，加以報導。不過記者的消息來源是圍棋會，沒有記者想到要跟我採訪，因此很多報導是不正確或對我不利的。官司開庭前，我特地到于錫來家致意，表明不得已以他為訴訟對象。于會長無奈表示，中國圍棋會是應昌期在主事。對於我的官司，他表示諒解，但也不方便多說什麼。當然他毋須為官司煩惱，跟圍棋會的會務一樣，一切都有應昌期交代總幹事王忠義打點。

開庭後，法官審查重點在下棋能不能短手數認輸，是否如圍棋會所宣稱的有棋品的問題。從問話內容判斷，這位法官不懂圍棋。圍棋會律師大概也非圍棋中人，他居然對法官說下圍棋好比打籃球，未到規定時間不能投降。我在庭下聽他胡扯，忍不住要求發言，但不為法官允許。我想說的是打籃球就算勝負已定，也不能認輸，一定要把比賽時間打完。但下棋可以中盤認輸，避免籃球賽的所謂「垃圾時間」。否則「中盤勝」或「中押敗」的圍棋術語是怎麼來的？一定要以運動做比，拳擊比較像圍棋，打不過可以丟白毛巾認敗，不必打到最後一回合。

法院傳喚的證人中有「棋王賽」的棋證黃水生。他向庭上表示，棋士不重視勝負無可厚非，但對局時不得不盡力以

赴[2]。他這說詞是有矛盾的,既然可以不重視勝負,又如何要求盡力以赴?顯然他只是附和圍棋會把輸棋跟棋品扯在一起的說法。其實,棋王賽那局結束後,黃水生身為棋證,對於棋局早早結束並沒有提出任何異議,甚至還與對局者仔細檢討關鍵落子的攻殺變化,記錄棋譜也簽字認可。此時作出對我不利的言論,應是有來自圍棋會的壓力。我不滿他「變節」,庭後給他寫了一封私函。我認為他在後輩棋士心中的形象一直有如清風明月,不應被一場官司汙染。大概是受到此函影響,他再出庭時,法官問話都支支吾吾,不知如何應對。在法官訓斥他要把話說清楚時,我就後悔寫了那封信。黃水生為人謙和,是棋界無人不敬重的「老師」。他曾在臺銀應昌期屬下服務,退休後在圍棋會教棋,幫應昌期說話也是人情之常,我何苦為難人家呢?

　　四月,臺北地方法院判決出來了:原告申請回復段位資格之訴駁回。理由:段位非屬私權,非民事訴訟之標的,故原狀駁回。看到這個判決,我直接的反應是怎麼會有訴訟標的不符的問題,難道是告錯了?提出民事訴訟是曹律師的建議,以他的法學素養,沒有考慮到可能會有這種結果嗎?的確,我後來在弈園請教一位律師棋友,他對以侵權行為提起訴訟的方式是有意見的。日後我法學知識增長,也了解到影響民事訴訟結果的變數很多。我國民事訴訟制度基本上也是不利原告的設計。不過,與其怪律師,不如怪自己事前沒有多方徵詢法律意見。如果能從頭來,我會放下「宋襄之仁」,以誹謗罪提出刑事告訴。以直球對決,或許法律就沒有閃躲或怠惰的空間。

　　判決後我不願放棄,希望上訴。不過曹律師暗示我他遭了某方面的壓力,不方便繼續為委託代理人。結果他找

了一位不懂圍棋的羅律師接手，因為上訴案要在二十天內提出，時間緊迫，我就同意了。

五月，二審官司於高等法院開鑼。我方主動出擊，要求庭上諭令圍棋會公開有爭議的棋譜，並請專家鑑定是否有「亂下放水」事實，但不被採納。六月繼續開庭，傳喚周咸亨、陳長清、林文伯等六位棋士作證，重點在如何認定辯方所謂的「亂下」事實。開庭前《民生報》記者難得對我做了簡短採訪。我表示，棋王賽那盤棋是局面已非才棄子，圍棋會卻故意渲染成贏棋投降或放水，因此不敢公布棋譜。我則為了證明無辜，願意與圍棋會所派任何棋士，以相反立場，把那盤棋繼續下下去，若對方能勝，我就奉送十萬元。對於我的挑戰，圍棋會當然不敢回應。

法院傳喚的六位證人中，有五位與棋會有主雇關係或有從棋會領取金錢，只有林文伯立場超然，因此法官特別要求他慎重評論。林文伯認為下到什麼時候決定認輸是棋士的自由；問題的一盤棋，就棋論棋，投降的時點並無不妥。不過法官在判決書中隻字未提林文伯證詞。另外兩位證人提出對我不利證詞，卻與圍棋會書面答辯狀相互矛盾，儘管我方律師當庭指出其證詞不足採信，判決書中依然引用。

七月，二審結果宣布，維持原判：段位非私權，不得作為民事訴訟之標的。這場曾經驚動媒體的官司，終究是在一聲嘆息後結束。檢討起來，打民事官司早已伏下敗筆。一審結束後我就應當機立斷，放棄這場官司，另尋律師，改變訴訟方式。唯有重起爐灶，才有機會以法律討回公道。

據說應昌期曾跟人說，官司如果輸了，就退出棋界，不再管圍棋事。果真如此，棋界失去金主，非我樂見。我打圍棋官司，自認憑一個理字，為的是爭一口氣。其實不論輸

贏，爭的只是面子，實際毫無所得。退一步想，不爭也罷。但是正因為無法忍受不義，不甘被強權壓迫，人們才有動力去做認為正確的事。我官司未勝，但是一股不服輸的底氣未散，驅使我往後更積極投入棋界，戮力貢獻。或許，這一切都是老天早有安排。

## 棋界支援

撤段事件公開後，引發了棋界一波反彈聲浪，咸認再怎麼犯錯，圍棋會也沒有撤銷人家段位的道理。棋友陳榮欽很快組織了一個後援會，請棋友連署陳情，希望圍棋會收回成命。這份連署以段位棋士為主。陳榮欽告訴我簽名者共有一百三十多段，連前輩棋士張恆甫都參與了。當然也有不少人口頭表示支持，但怕得罪應昌期，不願意簽名。但是不管棋界聲浪有多大，這份陳情書寄到圍棋會後，就如石沉大海，得不到任何回應。

以個人身分出面支持我者是林文伯。撤段發生後，林文伯在「棋王賽」持黑出戰曹澤霖，第一手就長考，經過了半小時才落子，第三手又想了二十分鐘。曹不知對手葫蘆裡賣什麼藥，等棋等到差點打瞌睡。林文伯開局故意遲不落子，是想向圍棋會傳達一個訊息：對局時落子快慢是棋士的自由選擇，下得快輸棋要取消段位，那下得慢是否也要處罰呢？他以提供反例的方式，希望主事者反省。不過這一招是無效虛著，要應昌期撤回成命，談何容易？

十月初，林文伯又出招，這一次是重手。他宣布退出「國手賽」，並致函圍棋會等主辦單位，說明退賽理由。他認為圍棋會「以一些意識上的理由」取消棋士段位資格，處置失當。又指出：國手入圍選拔賽時，有圍棋會專屬棋士抗

議不肯出賽，還有以十分鐘時間對局草草收場者，圍棋會卻未有任何處置。撤段事件令他感覺棋士不被尊重，參加比賽不知有何意義，因此宣布退出[3]。這封信《圍棋》雜誌不敢公開，連退賽消息也不敢公布，卻在每期登出的比賽成績表將林文伯記錄為裁定敗，意欲遮掩。

據說應昌期收信後勃然大怒，又要祭出撤段故技。林文伯為兩大比賽冠軍，依規定是八段資格，含金量比我的三段高太多，真的撤銷必然引發天下大亂。「應昌期基金會」董事長沈君山知道嚴重性，大力勸阻，應昌期才收手。

林文伯除了在法庭上為我發聲，又放棄個人利益，不惜槓上當權者，仗義相挺。他事前未曾與我商量，事後也未告知我，我是過了一段時間才知道。這份情義我一輩子銘記在心。拋開私人感情不論，我們的共同信念是維護棋士的尊嚴，他的發聲會比我更有說服力。

也有棋友以另類方式支持我。二審結果宣判後，我在遠東棋社與廖仕旭聊天。他認為判決不公，想知道法官名字。我說了。他雙手一拍，哈了一聲說：「這麼巧，真的是他。那我可以替你報仇了。」原來這正是一位近來跟他下棋賭彩的法官。法官（姑隱其名）棋力極低，卻偏愛找高棋下彩，而且彩金大得嚇人。蔡登閣、張子建等都跟他下過。法官要求的手合很苛：白棋讓十三子，還要貼三十目。黑棋棋力再低，只要懂得基本的死活，這種手合，白棋幾乎是不可能取勝。法官必然也是這樣認為，所以敢博大彩。不過道高一尺，魔高一丈，跟他下棋的人總是能找到致勝之道，所以法官經常是輸家。官司過後，廖仕旭到法官家下棋，更賣力贏棋。據他說，法官家中有五根金條，已經被他贏走了三根，這是他說的報仇之道。不過他只請我喝酒，金條可沒分給我。

## 圍棋會亡「楊」補牢

　　圍棋會在沒有法源依據下改變比賽規則及撤銷段位，無法杜絕外界批評的悠悠之口。事情鬧上法庭後，也只能以謊言及謠言掩飾過錯。因此公布撤段後圍棋會就忙著制定各種規約，企圖亡羊補牢。

　　69 年底，圍棋會特別設立一個「紀律評議委員會」，又通過了「中國圍棋會棋士違紀處罰辦法」。辦法明訂取消段位之條文，明顯是為撤段一事建立法源。但這個動作只是自曝其短，證明圍棋會從來就沒有撤段法規，因此撤銷我段位是非法的行為。再說，法律有不溯及既往原則，現在立法也不能掩飾先前的非法行為。

　　70 年四月，官司進行中，圍棋會公布了「第四屆圍棋棋王賽棋賽規約」，明訂職業棋士領取對局費，業餘棋士領取餐旅費之辦法。這又是一個補破網的動作。《圍棋》雜誌於棋王賽第一屆時刊登了比賽辦法[4]，沿用了三屆。到第四屆會重新制訂辦法，為的是把前三屆所沒有的「職業業餘棋士差別待遇辦法」加進去。修改比賽辦法本來無可厚非，只是應昌期在我參加第三屆比賽時誆稱有此辦法，此時再修法就是掩耳盜鈴了。

　　應昌期對於撤銷棋士段位一事可說念茲在茲。大概是覺得先前設立的紀律評議委員會功能不彰，他又另闢蹊徑。71 年九月圍棋會頒布了一個「升段鑑定辦法」，以新聞棋賽的成績來鑑定業餘棋士段位，最高可以到八段。有三十多人因而獲得跳升的段位。然而這個辦法中藏了一根針，那就是賦予圍棋會的常董會撤銷段位的權力。

　　本來以為棋會釋放「利多」的棋士們，看到撤段條款，

頓時被澆了一盆冷水。十月頒證典禮舉行時，只有六、七人前去領取證書，獲頒七段或八段者無一人出席。由張子建領銜的八位有段棋士還連署致函圍棋會，認為段位乃棋士榮譽的表徵，其獲得必須符合一定標準，有其尊嚴，常董會不應具有剝奪之權利。

圍棋會出面解釋，表示段位不代表榮譽，只是一種執照，棋會有發照資格，自有撤銷之權。這種說法我是無法認同的。執照代表能力，以開車為例，一個人年老時體能下降，不適合駕車，其原持有之駕駛執照可能就被收回。但一個九段棋士年老之時，即使屢戰屢敗，段位身分也不會被取消。所以段位等同學術文憑，而非執照，其代表的榮譽不會因能力不再而消失。

圍棋會藉升段夾帶撤段的辦法得不到多數人認同，面子有點掛不住，因此在給連署棋士的回函中聲明：如不在指定的頒證日前來領取證書，視同放棄段位棋士資格。這份聲明恐嚇意味甚明，不過它所謂放棄段位資格指的是擬頒的段位，還是原來的段位，並不清楚。結果棋士們堅持不去領證，圍棋會也沒有處置。大概是眾怒難犯，只好不了了之。

## 追殺

圍棋官司「無疾而終」，我被逐出了新聞棋賽；應昌期謗我成功，官司又全身而退。照理說，我流落江湖，他繼續做他的皇帝，彼此應該相安無事了。然而，他的禁衛軍對我展開了追殺行動。

有一次板橋辦了圍棋比賽。那一陣子我常往板橋跑，與好友陳延澤、陳秋龍等閒話聊天，也熟識了臺北縣（今新北市）棋會總幹事陳季勳。陳邀請參加棋賽，我欣然允諾。比

賽當日我坐在有段組區域等待開賽，突然有工作人員過來說我遭中國圍棋會檢舉，沒有段位不能參加比賽。我沒想到圍棋會如此雞腸鳥肚，連個地方上的小比賽都想要利用來給我難堪。我找到陳季勳，請他說明狀況。

這場棋賽是由地方棋會自力舉辦的，中國圍棋會因有捐助部分經費，就認為有權干涉。陳季勳邀請我來，自然不好意思趕我走，然而對圍棋會也要有所交代。我見他陷於兩難，就提議說：「圍棋會說我沒段，那我到級位甲組（一到三級）去比賽好了。」那時甲組冠軍依規定可以得到一張初段證書，我因此故意說：「希望我能得到冠軍，先有初段，再慢慢升回原來的段位。」旁邊正好有甲組選手，立刻表示反對。他們說：「你下甲組，豈不是虎入羊群，我們都沒有希望了。」全場一陣哄笑。

板橋的比賽如何收場，我已忘卻。後來桃園也辦比賽，同樣的情節又上演，這一次我則有清楚的記憶。

我前往桃園參加棋賽，因緣與板橋那一場相同，乃是熟識的主辦單位力邀。鑑於上一次的經驗，我要求主辦人確認同樣的問題不會發生，得到了正面的答覆。但就如「莫非定律」所言：「凡是可能出錯的事就一定會出錯」，我依然無法安心地享受一場圍棋比賽。

比賽地點設在桃園市一個農會的大禮堂。開賽時刻又有工作人員前來，說有人抗議我沒有段位卻報名參加有段組比賽。我決心要揪出躲在幕後的放話者，就問：「是誰說的，能否讓我與他當面溝通？」回答是裁判。我知道裁判是彭景華與林聖賢兩位職業棋士，就說：「兩位裁判我都認識，他們不可能做這種事。」當時我站在禮堂的舞台旁與工作人員溝通，突然瞥見舞台帷幕後方有人影一閃，我立刻認出是圍

棋會的幹事楊佑家。真相大白，原來是他搞的鬼。

我有點情緒失控，做勢要跳上舞台與他理論。工作人員不欲我跟他起衝突，急忙拉住我。結果還是被我掙脫，上了舞台。楊佑家此時已從台上衝到台下，一溜煙跑出禮堂了。他再也沒有回到會場，我因此得以完成預定的比賽。只是經此干擾，下棋時再也難以維持平常心了。

應昌期連地方性的比賽都要封殺我，頗有趕盡殺絕的味道。我不想跟他計較，也就很少參加比賽。另外一個原因是臺北沒有地方棋會組織，業餘棋賽多在外地舉行，我也不想專程為了下棋而離開臺北。我會破例參加比賽，原因都是主辦單位盛情邀約。但是只要我一出動，中國圍棋會好像布有眼線，馬上得到消息，然後就會向比賽主辦單位施壓，不讓我比賽。但是這種企圖從來也沒成功過，甚至還讓我得到更大的面子。臺北縣瑞芳鎮（今新北市瑞芳區）的一次比賽就是一例。

瑞芳雖是小鎮，棋風相當興盛。在七〇年代鎮公所與當地棋會每年定期舉辦「自強杯」圍棋賽。在地人詹勝欽二段是旅日棋士王立誠知交，王立誠回國時必陪同在側。他在棋界也有良好人脈，自強杯本屬地方小比賽，經由他的號召，一時也是群英會集，熱鬧非凡。有一年我也在詹勝欽力邀下前往捧場。事前我跟他提起中國圍棋會可能會出面干擾，他則拍胸保證我可以參賽。果不其然，圍棋會仗著贊助部分經費，又對我的參賽指三道四。詹想出一條妙計：我不必經過報名程序，而是以鎮長特別來賓身分出席比賽。這雖有暗渡陳倉之嫌，好歹給圍棋會一個交代，同時我也風風光光地出賽了。

應昌期要掌控圍棋會，自然特別留意作為棋會喉舌的

《圍棋》雜誌。陳憲輝甫任總編輯，就接到應昌期手寫字條，指示以後雜誌裡不可出現「楊泰雄」三個字。（我是佛地魔？[5]）為此一事，陳憲輝專程來找我。他處事圓滑，與同在應昌期底下工作的楊佑家作風不同。一方面他不敢違背上司旨意，另一方面，他來自基層，了解棋界風向，不願明白與我為敵。找我的目的是跟我打聲招呼，表明「以後如有得罪處，還請包涵」。我明白他的難處在報導棋訊。雜誌要報導棋界動態，如果涉及到我，卻不能提名字，那要如何處理？我很好奇，以此相問。他已有腹案。他說報導消息時能不提名字，用別的方式帶過最好。非提不可時則故意寫錯，例如楊泰雄寫成楊春雄；如有人質疑，就怪手民誤植。76年八月我到瑞芳參加「臺灣區圍棋聯賽」，陳憲輝的構想得到了發揮的機會。

瑞芳舉辦「自強杯」有成，接著在 76 年八月主辦了全國級的「臺灣區圍棋聯賽」。我本來沒有注意到這個棋賽。有一天楊飛豹到棋社邀我組隊參加段位組團體賽。他說應昌期教育基金會已組成很強的一隊，隊員有「業餘十傑賽」首傑林基良、準職業棋士蔡文河、上屆「自強杯」段位組冠軍楊佑家三人。楊佑家在賽前就對外宣稱冠軍是囊中物，令飛豹非常不服，亟思與之一較長短。我看見其中有楊佑家，想起他過去常找我麻煩，如果有機會棋盤上對決一番，還真令我期待。我於是再找了好手陳萬生，三人以「清峰棋院隊」為名，報名參賽。這一次參賽，不知是否因為是團體賽，我未遭到圍棋會阻擋。

比賽開始，我隊與基金會隊過關斬將，終於在決賽碰頭。基金會視我如寇讎，又有「冤家」楊佑家出馬，讓這場對決多了一些詭譎的氣氛。基金會女祕書長姚祥義還特別到

場督陣。賽前抽籤決定對手。我抽到楊佑家，正是求之不得。鬥志高昂的我很快取得勝利。另外兩場硬戰：楊飛豹對蔡文河，陳萬生對林基良。飛豹取得關鍵一勝，二比一，冠軍到手。雖說勝敗兵家常事，這場勝利還真讓我高興了好幾天。

　　九月號的《圍棋》專文報導了比賽，執筆者為陳憲輝。提到段位組爭冠的兩支隊伍，他列出基金會隊三位選手的名字，但是提到清峰隊，就沒有我的名字。他是這麼寫的：「清峰棋社班底有陳萬生和楊家班」。楊家班是誰？棋界姓楊的除了我和飛豹還有楊啟昌、楊志德、楊文儀等。陳憲輝大概覺得這樣寫不負責任，後文又加敘述：「楊飛豹奮勇擊敗蔡文河，為清峰棋社贏得冠軍獎杯」。總算讓讀者知道楊家班之一是楊飛豹。但我最先取得勝利，又是棋隊隊長，名字就是不見天日。我終於確認應昌期下字條這件事是真的，也不得不佩服陳憲輝「混」功一流。

## 注解

1. 中國圍棋會羅織的罪狀如下：「……據幹事會調查，楊泰雄三段棋士反對中國圍棋會協辦之新聞棋採用職業、業餘混合比賽制度，其中有關職業、榮譽棋士領取對局費、業餘棋士領取餐旅費之辦法。其破壞棋賽制度事實如左：一、曾請教律師研究圍棋會擬定職業、業餘混合棋賽辦法有否違法與不公平。二、發動參加國手賽業餘棋士聯名請願，抗議棋賽制度。三、公開聲言依國手、棋王賽業餘棋士之待遇亦一定之手數，以示抗議行動。」見《圍棋》，69 年 10 月號，頁 17。

2. 見黃水生提中國圍棋會董事會報告。《圍棋》，69 年 10

月號。頁 17。

3. 〈林文伯六段投書〉，《圍棋天地》，67 年 4 月號，頁 11。

4. 《圍棋》，67 年 4 月號，頁 171-172。

5. 佛地魔是暢銷小說《哈利波特》中的反派人物。他在名字上下了咒，所有說出者會被追蹤到，因此大部分人不敢直呼其名。

第九章　《圍棋天地》

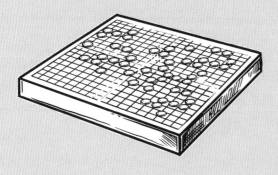

民國 70 年初，圍棋官司正進行中，我到遠東與眾棋友聊天，發現棋界對於應昌期所領導的圍棋會充斥一股不滿氣氛。首先，許多人認為圍棋會在計點制規則尚未普遍得到認同時就傾全會之力推行，未免操之過急，甚至迷失了原有的方向。此外，大家也擔憂，從社團法人組織改成財團法人後，圍棋會成為遂行個人意志的工具，而與基層圍棋大眾脫節。圍棋會總幹事王忠義曾對我說：「中國圍棋會是財團法人組織，誰出錢最多，就以誰的意思為主。別人怎麼想，不是我們能顧及到的。」[1] 可見大家的擔憂不是沒有道理。

　　然而，引發棋界最多反彈的應是應昌期專橫的行事風格。他不尊重既有規制，也不尊重關係人的權益，想改就改，任意而為。他也不喜溝通，決定的事絕不容更改。第一屆「名人賽」後，他把挑戰賽改成擂台賽，林文伯因此只當了一日名人。周咸亨獲得兩屆名人後，應昌期又改回挑戰賽。一般而言，挑戰賽制對現任者比較有利，因為可以以逸待勞。當時就有傳言，應昌期對周咸亨有好感，所以為他改了制度。周也不負所望，連任六屆名人。到了 80 年陳長清重獲名人，不知是否又因個人喜好，他立刻把賽制改回擂台賽，導致陳長清拒賽後退出棋壇（見〈中華棋協〉章）。名人賽順位賽原定保留名額是五個，應昌期心血來潮，改成三個，資深棋士曹澤霖無端被刷下去，只好向董事會大老陳雪屏投訴。應昌期連周至柔都不給情面，雪公當然也是愛莫能助。對照之下，我棋王賽中途被改待遇也不足為奇了。

### 辦雜誌

　　遠東棋社有不少關心棋界發展的棋友，我與其中幾位如李積庶、張子建、孟祥協等常在一起評論棋事。官司結束

後的一天，大家在遠東碰頭，又聊了起來。不久又有幾位熱心人士加入，場面更形熱鬧。一位是臺大學長徐世雄，公司經營者，具有高段位棋力，常找我下棋。另一位是張少安三段，永和「金銀棋社」主持人，正好到遠東訪友。最後一位是曾組後援會聲援我的棋友陳榮欽。

本來只是一場輕鬆的閒聊，話題轉到棋界現狀後，大家就逐漸嚴肅起來。大家對現實所見所聞都感到不滿，認為再不改變，棋界前景堪慮。可是除了坐下來議論，我們又有何力量做改變呢？此時有人說，何不辦一本圍棋雜誌？此話一出，眾人眼睛皆為之一亮。

這個提議會引起興趣不是沒有原因。臺灣唯一的圍棋雜誌──《圍棋》是中國圍棋會官辦，創刊以來一直處於虧損狀態，全賴應昌期資金支援，因此從人事到編輯也都由他完全掌控。這本雜誌令人詬病處在於處理資訊不客觀，甚至故意隱瞞消息。例如周至柔做了二十年理事長後換成于錫來，這是何等大事，但交接經過與其中緣由，雜誌完全沒有報導，顯有忌諱。我與圍棋會的官司，報紙及一般雜誌都有報導，唯獨《圍棋》雜誌隻字未提。另外，雜誌不斷地登載討論及吹捧計點制規則的文章，占去了棋譜空間，也有人不滿，認為雜誌只為私人服務。不久之前，應昌期邀請張子建擔任雜誌社社長，希望他能幫忙打開銷路。張子建主張雜誌開放，容納不同意見，力邀我提筆。哪知我寫了一篇批判性的文章，應昌期就不許刊登。張子建熱情一下子被澆熄，只得辭職走人。但是他的理想：辦一份客觀公正，貼近基層棋友的雜誌，並沒有消失。所以對於創辦新雜誌的想法，他立刻附議。

大家的熱情似乎被激發出來，進一步交換意見後就達

成共識，決定以在場眾人為班底，集中力量辦一本雜誌，為推行圍棋盡一份心力。我們希望這本雜誌能提供一個言論平台，讓關心圍棋的人可以自由地交換意見，也藉此召集合同好，凝聚力量。如果雜誌能夠辦下去，大家再思考如何為棋界做出更大貢獻。

## 團隊

眾所周知，辦雜誌起頭容易，長久維持下去卻是困難，所以那時社會中流行一句話：想要害人就勸他辦雜誌。我們這個倉促形成的團隊，手上資源非常有限，也了解到前路艱難。但是既然關心棋界發展，對目前情勢有一股不平之氣，光是口誅已感不足，有機會能付諸行動，大家都熱血起來，拚了再說。回想起來，還真有點「揭竿起義」的味道。

團隊最大資源在人。我們做了一個基本的工作分配：李積庶長期為《圍棋》撰稿，有實務經驗，負責編務和印務；我蒐羅並解說棋譜；孟祥協、張少安和我撰寫文字稿；張子建掌發行，並提供遠東棋橋中心作為雜誌社社址。團隊最弱一環是資金。我們估計開辦所需資金尚有辦法籌措，這份工作交由徐世雄和張子建負責。後續的資金來源，除了行銷所得，也計畫依賴熱心棋友的小額捐款。

雜誌的名稱，採用我建議的《圍棋天地》。70 年三月《圍棋天地》雜誌社登記成立。董事長徐世雄，社長張子建，主編李積庶。另外，商請曹小霆律師為發行人，以及擔任過《圍棋》編輯的夏和生為另一主編。我沒有掛名任何職務，擔任工具人角色，各項工作隨時支援。所有工作人員都是義務職，不支薪，僅編輯領取微薄車馬費。我和幾位撰稿

人不支稿費，外稿除外。

## 出刊

四月，第一本《圍棋天地》出刊了。臺灣最早刊登圍棋的雜誌是 40 年十一月創刊的《棋橋》，圍棋與橋牌合刊。中國圍棋會於 45 年創辦《圍棋》，《圍棋天地》成為有史以來的第二本圍棋專業雜誌。大陸也有一本圍棋刊物以《圍棋天地》為名，或許有人以為我們的雜誌是沾了它的光。其實大陸版的《圍棋天地》十餘年後（西元 1985 年）才創刊，沒有這個問題。

《圍棋天地》的出場，相當寒酸。薄薄小小的一本，32 開，64 頁，不到競爭對手《圍棋》（140 頁）的一半。半年後版面放大為 25 開，但頁數不變。以我們有限的資源，只能如此。規劃封面時，我們不想花錢請專人設計。李積庶有一位朋友畫了一張公雞報曉的水墨畫，畫中還有「金雞報曉，圍棋復春」的題字，這張畫就送給雜誌作封面了。當年生肖屬雞，算是應景。四月天，春訊已過，但圍棋界還在等待春天呢。同一封面，套上不同顏色，用了半年，也是為了省錢。

我在《圍棋天地》主要工作是提供棋譜，還要附上解說。一開始，雜誌過半棋譜都是我供應的。我怕讀者嫌我包山包海，不同棋譜還要使用不同的筆名解說。棋譜大致來自日本大比賽。當時《碁週刊》已問世，還有日本圍棋雜誌可供參考，棋譜與解說獲得不難。我的日文雖不靈光，藉著看圖（解說圖）識字（漢字），也能寫出精簡的解說稿。因為篇幅有限，每一局棋的解說以精簡為要。另外，《圍棋天

地》針對中低級讀者群，也分出篇幅介紹局部的行棋技巧，這份工作也由我負責。我手邊有許多日本名手所寫的棋書，正好整理出來與讀者分享。

不久之後，陳萬生和蘇正德兩位建中學弟加入工作，減輕了我的負擔。蘇正德留學日本，回臺時帶了一本趙治勳著作《求必勝之道》送我。此書經他翻譯後，也在《圍棋天地》刊出。

《圍棋天地》走庶民路線，認為文字稿部分要加強，才能吸引更多讀者。主編李積庶的人脈派上了用場，過去在《圍棋》撰稿者如圍棋史家朱銘源、臺南張續儒（筆名詩歌）、林煥文（筆名老黑）等都應邀前來支援。李積庶本來就是一支健筆，現在更忙了，多篇文章一起發表。他跟我說：壓箱底的寶貝都拿出來了。難得的是「二爺」孟祥協，原來惜字如金，現在則犧牲下棋和打牌時間，專為《圍棋天地》展露文采，朋友笑稱他難得「作秀」。萬子良師，原在《圍棋》投稿（筆名吳玲娟），知道《圍棋天地》出刊後，特地來稿聲援，還在文末註明「卻酬」。

## 七段賽

《圍棋天地》雜誌社成立後，同仁們認為不妨因勢利導，規劃一個全國性的大比賽，於創刊時推出，除了推行棋道，也可以為雜誌做宣傳。但是辦比賽是需要經費的，董事長徐世雄當即表示旗下協世電器公司可以掛名贊助。陳榮欽表示他主持的紀元化工公司也願意加入。李積庶則提議聯絡《中華日報》，不出經費，但掛名共同主辦。經過討論，比賽對象設定為業餘段位棋士。鑑於國內最高業餘段位是六段，本賽定名為「全國七段賽」，象徵冠軍水準，更上一層

樓。父親楊萬福知道我在幫忙找經費，就說動他所屬的臺北市古亭國際獅子會也加入了贊助行列。

比賽冠軍可獲得獎金三萬元。以業餘比賽而言，算是高額。中國圍棋會在職業制度未具規模前就採取業餘棋士比賽不得領取獎金的政策，棋界大多認為是排斥業餘棋士的作為，時機並不恰當。「七段賽」的舉辦多少傳達了這個訊息。另外，七段賽採用數子法規則，不用計點制。原因是主辦者和一般棋友對於計點制仍是一知半解，就怕比賽時出現問題不好處理，所以採用大家熟悉的規則。

七段賽雖以業餘棋士為主，並未排除職業棋士。有位職業棋士表示有意報名，但七段賽沒有採用計點制規則，礙於圍棋會規定，不得參賽。主辦人員經過討論後，認為七段賽採用數子法規則，公布在先，不方便修改。但因數子法與計點制大體相同，如果有職業棋士參與之對局，可通融以計點制填滿法計算勝負，時限與貼點則照原先規定。不過這個折衷辦法，圍棋會顯然不接受，該職棋終究無法參賽。

四月起，七段賽分北中南三區進行預賽。中南區委託當地協會辦理，北區及決賽地點就設在張子建社長主持的遠東棋橋中心。三次預賽共有八十多名段位棋士參加比賽。我則抽不出時間，沒有報名。

張恆甫、蔡登閣、林文伯三位六段高手參加了預賽，不過他們參賽旨在表達支持之意，並未全力出戰。張恆甫已退休，蔡登閣有圍棋會的新聞棋要忙，林文伯正在開創事業，所以都沒有出線。預賽結果，張子建、陳延澤、楊飛豹（北區）、黃文儀（中區）、藍秉強（南區）五人進入單循環決賽。

為了讓比賽效果遞延，《圍棋天地》有獨家棋譜刊登，

循環賽每月只下一局，因此賽程到次年四月才全部結束，整整持續了一年。時間拖長，未能一鼓作氣，選手心理難免會產生疲乏效應，不過大家都能體諒主辦者用心。此外，為了向外推廣圍棋，各地方圍棋組織或棋社只要能提供適當比賽場地，經過申請，七段賽就會移師前往。除了臺北遠東，七段賽曾應邀到基隆、桃園、臺中等地棋社比賽。基隆那場還特別邀請在地的林文伯為觀戰棋友現場解說。

　　將近一年的決賽像是一場長途馬拉松，黃文儀三段展現耐力，每每在劣勢下逆轉，第一個跑到了終點。

　　七段賽有媒體報導，有企業贊助，雖然規模小，勉強也算辦了一場新聞棋賽，讓棋界動了起來。由於這個比賽，《圍棋天地》搭起了與地方棋會合作的橋梁，這也是我們認為推行圍棋應有的方向。可惜後繼資金不理想，七段賽只辦了一屆。

## 批判

　　《圍棋天地》的創立源於不滿棋界現狀，出刊後對於應昌期所領導的中國圍棋會諸多措施自然要提出批評。同時，圍棋會刻意隱瞞棋界發生的許多大事，剝奪了棋界大眾知的權利，《圍棋天地》就是要提供一個中立客觀的資訊平台，將所有事實攤在陽光下讓大家來檢視。以林文伯為例，他認為圍棋會撤銷段位事不當，先是口頭提議，希望棋會重新考慮，但棋會不予理會。他不滿棋會態度，退出國手賽，並去函說明理由。以林文伯在棋壇的地位，退賽是何等大事，圍棋會卻將他退賽有關消息一律封鎖，不向棋界交代，《圍棋》雜誌還在比賽成績表上將他的成績全部登記為裁定敗，

企圖矇混了事。這事直到《圍棋天地》創刊，林文伯以投書方式道出，並公布退賽函，真相才得以大白於天下[2]。

我與圍棋會正面衝突的經驗為我提供不少素材，所以《圍棋天地》中具有批判性的文章大多由我執筆。批評多是針對圍棋會真正的領導人應昌期，我對他不遵守規則，率性而為的習性指責最多。另外，我對他不尊重棋士相當在意。我認為一個棋士經過長期的努力得到段位的認可，自然擁有一份成就感，也應擁有受到他人尊重的權利。一般棋友稱呼段位棋士為「高棋」，除了指棋力，也表示尊重段位所代表的價值。應昌期顯然不認同這個觀念。他以治理公司的態度領導圍棋會，視棋士為領薪的職員，可以頤指氣使。如此也就不難理解，棋王賽我抗議棋士權益被侵犯時，他會認為我爭的是金錢利益。林文伯退賽函提到圍棋會不重視棋士，我想他也不明白所指為何。

另外一個在坊間常被討論的是圍棋會的身分問題。中國圍棋會本是社團法人組織，應昌期在掌權後將它改成財團法人。財團組織不需社員，領導人不經選舉，由出資者擔任。應昌期此舉或許是為了管理及運作方便，卻有使圍棋會淪為私人組織之嫌。圍棋會雖然號稱有理事會做決策，應昌期也未擔任會長，事實上大小事都由他主導。他以己心為師，不理會公意，一旦有人批評，就宣稱我是財團法人組織，只代表財團利益，不受棋界公意左右。這種高姿態當然引起棋界反彈。有人認為應昌期出錢出力，縱有私心，也不離推行圍棋本意，不好強加指責。其實棋界不滿的是他占用了中國圍棋會這塊招牌，作為遂行個人意志的工具。當時法律規定民間設立的全國性組織只能有一，不得重複。中國圍棋會是全國性組織，立案登記後，同性質的組織就不能再設。所以有

人認為應昌期應該成立一個「應氏圍棋會」，縱然獨斷獨行，外界也沒有立場批評他。中國圍棋會代表整個棋界，使用這個名號，卻不受公意監督，就有公器私用的嫌疑了。針對這個議題，我寫了幾篇文章，其中一篇〈公器不可竊取〉[3]，得到回響，《民生報》有專欄加以報導。

外界的批評，應昌期是充耳不聞的，從不回應。他最在乎的是計點制規則。《中央日報》記者馬西屏如此描寫他：「熟識應先生的人都知道，應先生以生命的狂熱投入計點制規則，這是他晚年的聖業，任何人不得褻瀆。」[4] 別人可以跟他討論規則內容，卻不容許質疑規則的價值。根據馬西屏報導：「林海峰曾指出計點制比較難懂，導致兩人關係陡降冰點，有一年的時間淡於往從。日本棋聖小林光一批評過計點制，第二、三屆應氏杯就沒邀請他。」[5]

我對規則興趣不大，不曾公開批評計點制。張少安三段有研究，並不認同，他在《圍棋天地》第二期發表了意見。圍棋會新任幹事陳憲輝隨即在自家雜誌登文反駁。過去《圍棋》只登過一次對新規則有異議的文章，作者隨後即遭圍剿。《圍棋天地》出刊後，正反雙方都有了發言台，針對新規則來一場論戰，由廣大棋友公評，豈非美事一椿？但是圍棋會立刻叫停，在雜誌上宣布「本誌對《圍棋天地》所刊文字以後不予置評」。其實，《圍棋天地》創刊以來，《圍棋》雜誌就封鎖所有相關消息，連「七段賽」這種全國性的比賽都隻字未提。應昌期在一次公開談話場合提到臺灣三家有辦圍棋比賽的報紙，卻不提主辦七段賽的《中華日報》，不知是不知，還是刻意忽略？要不是陳憲輝護主心切，破了禁忌，《圍棋天地》四字恐怕永遠不會出現在《圍棋》雜誌內。

任何遊戲規則都有理論面與應用面，計點制強調理論的完整性，卻忽略實用性，這是遭到一般弈者排斥的主因。張少安的文章提到，填滿計點需要使用特製棋罐，在棋社或一般比賽場合施行就有困難。應昌期卻認為「一燈能破千年闇」，以一貫的高調，雷厲風行的推銷新規則。操之過急，招致反彈是必然結果。

## 懷舊

　　《圍棋》雜誌封面上一直都有名人的刊名題字，《圍棋天地》依循往例，第一個想到的名人就是中國圍棋會前會長周至柔。周至柔擔任了二十多年的會長，恭己待人，禮敬賢士（棋士），在棋界有很高的聲望，老一輩棋士對他尤其尊崇。我學生時代到周公館下棋，感覺他威而不嚴，對所有棋士，不論老少，都很客氣。應昌期上台後，領導風格丕變，棋士地位大不如前，大家自然會懷念起「至公」時代不同的氣氛。

　　張子建社長特地拜訪周會長，請他題字。會長明白《圍棋天地》創刊的動機，仍然答應動筆。當時我們知道應昌期不是很尊重周至柔，卻不知兩人曾為了人事案生嚴重衝突，周會長跟我們也從來不提。我想他願意在《圍棋天地》上背書，不忌諱被貼上「反應」標籤，是希望我們能為棋界帶來一些改變吧。

　　70 年十一月正逢周至柔 83 歲誕辰。棋界懷念他，就有十大名手之張恆甫、周傳諤、凌潔泉等提議下聯棋為他暖壽。二代棋士曹澤霖、孟祥協、張子建等立刻響應，在李積庶奔走聯繫下，不到一天就召集到預定參加人數，包含老中

青三代棋士。這算是《圍棋天地》主辦的活動，加上至公過去照顧之情，我當然不能缺席。

誕辰前的星期日，暖壽活動在周官邸舉行。是日到場簽名祝壽者，除了參加聯棋者，尚有于錫來、王昭明、黃水生等中國圍棋會要員，獨不見應昌期，可見周應兩人的確有心結。聯棋由二十二位棋士分兩邊對弈，每人各下十手。至公在旁靜坐觀戰。局未竟而打掛，李積庶說是刻意以未竟之局祝壽，別有深意。

## 贊助者

《圍棋天地》創刊後，陸續收到棋友捐款贊助。雖然都是小額，卻有眾志成城的意義，對我們是莫大的鼓舞。另外，不少棋社刊登廣告，也讓我們有一點收入。

蘇治灝和我同時打入第一屆「國手賽」。我和林文伯退出後，他與職業棋士們周旋，獲得第二名好成績（冠軍是陳長清）。按照規定，業餘棋士不能領取獎金，他獲頒「應氏棋桌」一張。他不想留下棋桌，就委託《圍棋天地》義賣，聲明所得捐贈圍棋活動。這是一筆比較大額的贊助。不過好一段時間棋桌乏人問津，因為不是我負責，後來如何處理不得而知。

贊助者中我印象最深的是曹聖芬。《中央日報》自 54 年起舉辦「青少年圍棋賽」，我幾乎每年參賽。會場上可見一位頗具威儀，卻又笑容可掬的長者，他就是《中央日報》社長曹聖芬。曹聖芬自中國圍棋會復會後就一直擔任理事，為人親切，與高棋互動，不論老少，皆待之以禮，也因此得到大家的敬重。到中國圍棋會會所下棋大概是我與他結識之

始，見面時我都恭謹地稱呼「曹公」。曹公是居高位者，會跟我這年輕、棋力又較強的人下棋，我是有點驚訝的。跟他接觸後，只覺他是一位溫文爾雅的長者，絲毫沒有上者的傲氣。曹公棋力不強，卻很有研究精神，下錯了，會請上手指正，還會要求從指正點繼續下下去。我知道他想要求證，也很願意配合。

　　熟識曹聖芬的人認為他個性剛直，是非分明。他曾直言計點制太複雜，引發應昌期不快。周至柔與應昌期失和，曹聖芬不滿應氏作風，周下台後，辦了十一屆的青少年賽停辦，似乎與此有關 [6]。我相信撤段事件時他有在董事會幫我緩頰。他甚至當我面稱呼應昌期為「小毛澤東」，證實他對於應氏的專橫作風有所不滿。

　　《圍棋天地》為周至公暖壽，曹公正好有重要會議，不克參加。事後他知道我們在辦雜誌，立刻捐了一筆小錢贊助，毫不顧忌他中國圍棋會理事身分。日後我成立中華民國圍棋協會，林文伯創立海峰棋院，他也義無反顧地出面支持。

　　72 年中的一天午後，我步行經過臺北市忠孝西路，接近《中央日報》大樓時，聽見背後有人叫我名字。回頭一望，有一輛黑色轎車向我靠近，車窗搖下，有一人探出頭來向我招手，正是曹聖芬社長。他很親切地邀請我到報社喝茶下棋。我們一起走進大樓時，安全人員看見社長身邊有個陌生人，立刻緊張起來。四月時台獨運動人士在《中央日報》大樓一樓引爆炸彈，十多人被炸傷，所以大樓警戒非常森嚴。我跟著社長到他十樓辦公室，喝茶下棋聊天，盤桓了一陣子。

　　曹公這種大人物會關注到我這初出茅廬的小小棋士，在

棋會當道視我為叛逆之徒時，能夠認同我，待我以禮，我是非常感動的。《論語》：「夫達也者，質直而好義，察言而觀色，慮以下人。」我想借用這段話來表達我對他的敬仰之情。

## 三冠王罷賽

中國圍棋會於 68 年成立職業制度後，第一代職棋中，陳長清出道最早，但是周咸亨與陳永安卻領先在「名人」及「棋王」賽出線。沉潛了兩年後，陳長清終於在 70 年發功，一舉囊括名人、棋王、國手三個新聞棋賽冠軍，成為史上第一位「三冠王」。71 年二月，陳長清首度衛冕棋王，卻因為棋士津貼問題，經歷了一場波折。

中國圍棋會成立職業制度之初，應允發給職業棋士每月一萬元生活津貼。但是到了 71 年初，應昌期改變主意，決定職業棋士今後只能從比賽收入，取消了津貼。依照他的作風，這項影響生計的改變事前沒有與職業棋士磋商，而且是令出即行。四位職業棋士認為失去保障收入，茲事體大，在棋王賽前夕緊急會商，決議次日由陳長清代表，向應昌期陳情。

比賽前，陳長清見到了應昌期。他陳述職業棋士需要一份穩定收入，平時（沒比賽時）才能調養身心，鑽研棋藝，出賽時保持最佳狀態。所謂不患寡而患不均，有比賽才有收入，就算調高對局費，並不符合他們的需求。陳長清據理說出職業棋士的心聲，但應昌期不為所動，他表示：一、圍棋會沒有義務養任何人；二、如果你的問題是個人的，要不要繼續下棋，悉聽尊便。回答得如此斬釘截鐵，絲毫沒有轉圜

餘地。陳長清覺得以三冠王的身分竟然得不到一點尊重，心情大受打擊，沒有回到對局室，含淚離開了棋會。

棋王賽第一局，圍棋會宣布陳長清棄權，挑戰者陳永安裁定勝。事情的始末當然只有《圍棋天地》予以完整報導[7]。

接下來，陳長清如果繼續棄賽，就會步上我的後塵，所有頭銜與職業棋士資格都會被取消。幾經思考，他決定忍辱負重，第二局起回到棋枰。對局前一個星期，在第九屆「名人賽」開幕典禮上，應昌期意有所指地說：「做了名人不要太驕傲。」[8]

關於這個事件，棋界幾乎是一面倒的支持陳長清。棋王賽第二局對局前夕，據說有人對陳永安說：「陳長清為了職業棋士的福利，放棄了第一局，這一局你說什麼都不能贏，否則就太沒有道義了。」這番話固然有理，但是身為職業棋士，豈可放水，陳永安因此承受了巨大壓力，不但輸掉這一局，之後又連敗，陳長清四比一衛冕成功。有人說，陳永安才是此事件真正的受害者。

## 改組

《圍棋天地》的篇幅雖小，但內容多樣，不同階層的讀者皆可找到適合的部分閱讀，棋訊方面也不會因立場關係而選擇性地報導，這些是我認為的優點。不過《圍棋天地》也有令人詬病處，那就是筆誤及排印錯誤很多，常有讀者來函指正，我自己也覺難過，常向主編李積庶抱怨。《圍棋天地》基本上只有兩個工作人員，我負責撰稿、尋稿，其他工作都落在主編一人身上。李積庶要寫稿、編輯，還負責校對，非常辛苦。我想主要編輯工作做完後，他已經很累了，

校對時就鬆懈了，這是錯誤偏多的主因。不過我當時求好心切，並未如此體諒。有一次主編不注意，同一稿件登出兩次，我忍不住對他說了重話。李積庶自離開中國圍棋會後沒有穩定收入，生活已顯困頓，加上年事已高，健康差，實在無法全力投入《圍棋天地》工作。後來張少安協助他，他就逐漸退出，由前者接手。

　　訂戶有限顯然是《圍棋》雜誌的宿命。《圍棋》有二十多年歷史，年年虧損，幸有應昌期資金挹注，才得以支撐。《圍棋天地》走上同樣命運，始終入不敷出。第一筆資金用罄後，靠著熱心人士小額捐款，不足部分由社長張子建填補，辛苦地經營了一年。創社同仁再度開會，決議繼續奮戰，所需資金由同仁認捐。

　　到了 71 年底，《圍棋天地》的業務仍然不見起色。董事長徐世雄及發行人曹小霆因為事業繁忙，決定退位讓賢，《圍棋天地》因而引進新的工作團隊。這個團隊由葉明進、費強、蘇治灝和馬遜組成。改組後的雜誌社由葉明進任董事長，費強任發行人，張子建續任社長。我和蘇治灝、馬遜加上林文伯成為社務委員。

　　葉明進從事建築業。我跟他認識要回溯到弈園時代。當時我和陳燦遠兩人在弈園下棋，有位年輕人，年紀跟我們差不多，常在一旁看棋。燦遠的棋好殺，他特別有興趣。這人叫葉明進，粉絲當久了就跟我們熟稔起來。他到弈園時好像是跟家裡處不好，流浪在外。我和燦遠跟人下小彩，贏了就請他吃弈園的排骨麵。後來他未再出現，我想是被叫回家，安分守己去了。留學歸來後的一天，我在路上漫步，聽見有人叫我，回頭一看，一輛林肯轎車緩緩駛近，一人探出頭來，正是許久不見的葉明進。他以前是邋遢模樣，現在已是

一身大老闆行頭，加上駕駛名車，我差點不敢相認。原來他家裡開了建設公司，業務興隆，他做了經理。他很熱情地邀我上車到他公司敘舊，還說要請我吃飯，回報我以前請吃排骨麵的小惠。見到老朋友很高興，後來我通知陳燦遠，三人重修了舊情。那時燦遠開了一家茶葉行，葉明進夠義氣，公司用茶就向他購買。知道我辦《圍棋天地》，葉明進也爽快認捐了一筆錢。

蘇治灝和馬遜都是學生時代在弈園認識的，他們與葉明進也有交情。蘇治灝綽號「大弟」，出道卻比我早。他是我的苦手，比賽碰頭常輸給他。馬遜也是高手，在濟南路開了一家「立人棋苑」，又開設兒童圍棋班，是臺灣教授兒童圍棋的先驅者。費強從商，與馬遜是世交，學生時代就熱衷圍棋，擔任圍棋社社長。這三人與我年齡相近，立足社會後都有心為圍棋貢獻一己之力。葉明進回歸棋界後，因為他是大老闆，又不吝捐輸，大家就拱他做董事長。記得有一次葉明進特別約了我和蘇治灝到北投一家溫泉飯店，在酒酣耳熱之時商討《圍棋天地》的財務問題。

## 《業餘名手弈譜》

除了人事引進生力軍，《圍棋天地》與另一股推行圍棋的力量《業餘名手弈譜》結盟。

《業餘名手弈譜》的創辦者是周咸亨。《圍棋天地》改組一年前，周咸亨認為臺灣的比賽不夠多，棋士們切磋的機會少，加上沒有局後檢討的習慣，棋力提升不容易，因此他發起一項「業餘名手邀請賽」，邀請業餘好手定期比賽，賽後第二天再由比賽棋士或職業棋士共同檢討棋局，做成記

錄，連同棋譜編印成所謂《業餘名手弈譜》。《弈譜》除了在與賽者之間流傳，也免費贈送給有興趣的人士。比賽及印製棋譜經費來源是熱心人士的小額捐款。許多棋友知道有此活動之後，自動要求贊助。

我認同這一項有意義的活動，應邀參與。此外還有陳萬生、陳漢彬、陳惠民、程清江、楊飛豹、陳昌言，以及不久成為職業棋士的陳永奇、楊志德、林聖賢等加入，可說北區的業餘高手都齊聚一堂了。每個星期三晚上，大家聚集在新生南路，接近臺大校園，一家名叫「紫藤廬」的茶館，按照編訂的賽程比賽。雖然這不是什麼大比賽，大家都很認真地對局，因為這是一個提升棋力的絕佳機會。比賽進行一個月，產生月冠軍。月冠軍有與特約職業棋士對局的機會。

這個比賽的特點是只要有對局都要進行局後檢討。棋局結束第二天，在同一地點，對局者加上其他有興趣參與檢討者，大家集思廣益，檢討棋局，認真程度不亞於職業棋士。檢討心得由專人撰寫。參加檢討最熱心的是陳萬生，多由他撰稿。

「業餘名手邀請賽」逐漸打開知名度，索閱棋譜的棋友越來越多。周咸亨想要擴大比賽規模，精進棋譜內容，但是勢必增加開銷。此時《圍棋天地》社務委員馬遜建議，兩種刊物合併。就內容而言，雙方都有擴充；就經費而言，雙方都依賴棋友捐款，結合之後，更為寬裕，可為棋友做更多服務。這個想法得到張社長和周咸亨認同。雙方結盟後，自72年起《圍棋天地》以三分之一的篇幅刊登《業餘名手弈譜》。

盟軍加入後，《圍棋天地》改變了發行策略：不再販售，全部贈閱。此舉一方面是配合《業餘名手弈譜》，一方

面也是訂戶數長期低迷，出刊全靠捐款支撐。既然無法靠訂閱，不如贈閱，如此發行更廣，而前來索閱者捐款的意願可能比較高。這或許是我們一廂情願的想法，然而走到這一步，也只能壯士斷腕。

## 《棋界》

改弦更張的《圍棋天地》出了兩期。此時創刊人馬只剩下我和張子建，其他人因種種原因皆已退出。這時馬逖表示願意接手。馬逖與周咸亨團隊的陳萬生及許饒和熟識，兩人是現成的編輯人才，加上立人棋苑經營成功，可以引進新的人脈和資源。我和張子建商量後，決定換人做做看。72 年三月，《圍棋天地》走入歷史，雜誌更名為《棋界》。

《棋界》的人事暫時沒有變動，編務則完全交由馬逖負責。為使接軌順利，我繼續為雜誌撰稿，分量逐漸減少。大約半年後，張子建社長職務由馬逖接任，我也退出寫作陣容。

《棋界》維持贈閱方式發行，所需經費全賴棋友捐款。我在一開始就加入贊助人行列，每月固定捐助二千元。但是涓滴之水，終究無法匯成河流。「業餘名手邀請賽」辦了兩年，在八月停止了，贊助比賽的捐款無法再挹注《棋界》，有些原來允諾的捐款也未到位。雜誌很快陷入斷炊窘境，72 年七月號因而未出刊。後來雖在八月號復出，又宣布將贈閱改回訂閱，《棋界》已經元氣大傷。勉強撐到 73 年五月，不得不吹起熄燈號。

從《圍棋天地》到《業餘名手弈譜》，再到《棋界》，代表一群關心棋運發展人士，前仆後繼，以出版方式為理想

而奮鬥。雖然在資源匱乏情況下，注定失敗，但棋士的信念不容許未戰先降，即使面對的是一個超級強手。我和同志們在踏進戰場的那一刻，雖然都有失敗的覺悟，但我們都戰到彈盡援絕才退場。

## 比賽

退出新聞棋賽後我可以專注教學本業，未嘗不是一件好事。然而辦理《圍棋天地》後，我又兩頭忙起來。在《圍棋天地》發行期間，地方上業餘比賽逐漸增多，我當然是不宜參加，不過我還是擠出時間參加了兩項比賽。參加動機除了一解棋癮，最主要是以行動表達對主辦活動者的支持。

高雄市圍棋會自 69 年起舉辦「自強杯圍棋賽」，吸引全國許多段位棋士參賽，盛況超過中國圍棋會的比賽。我在服兵役時與高雄結了棋緣，義不容辭前往捧場。到了第二屆，我更不能缺席，因為我還要當記者，在《圍棋天地》報導比賽情形。本屆參賽段位棋士有三十多位，一半來自北部與中部，形成南北大戰。比賽利用週末兩天舉行。我在第一天初賽勝出，第二天也連勝三局，進入決賽。我的最後對手是陳惠民四段，此時已到日暮時分，預定賽程已有拖延。晚餐後開戰，勢必深夜才能結束。主辦單位希望明日再戰，但是陳惠民臺北有事，必須連夜趕回，無法配合。我和惠民商量後，向主辦單位表示，願於下個星期日，兩人專程南下，一決高下，旅費自行負擔。一星期後，我再到高雄，結果是惠民成為最後勝利者。

另外一項比賽是「業餘名手邀請賽」。這比賽辦了兩年，以月為一個比賽時段。因為比賽不在週末休假日，賽後

還要花一天檢討，想參加者須考慮是否有時間配合。熱心者可以每月參加，否則要挑時間可以配合的月分才報名。我在學校工作，寒暑假是比較適合的時段。我支持主辦人周咸亨的用心，當然順參賽之便做贊助人。比賽的月冠軍都會與特約職業棋士對戰一局。前一年是業餘棋士一面倒，到了第二年便成平分秋色，可見業餘棋士從比賽中進步了。我的比賽成績，面對新一代的強手，並不出色。倒是在邀請賽落幕前一個月得到唯一次的月冠軍，算是臨去秋波。

## 遠東棋人

這幾年，遠東棋橋中心幾乎成為我休閒唯一之地，又因《圍棋天地》，成為另類工作之所。總之，除到學校上課外，我的腳就會自動往遠東跑。有一次我於中華路天橋上（現已拆除）疾行，碰見幾位女學生。她們問我是不是來西門町逛街，我還猶豫要不要說我正要到棋社，就怕被誤會是不務正業。

遠東開張時，在弈園下棋，老一輩的張恆甫、周傳諤、朱銘源、何威等在幾年前就已出走。幾年後弈園走入歷史，舊客散落至遠東、翰林、清峰三家棋社。不論以規模或高手數量來說，遠東算是弈園的接班者。當時常在遠東下棋的中生代高手有孟祥協、張子建、陳延澤等，我算是新生代中年紀稍長者，之後有楊飛豹、陳萬生、徐經明、王文亨等。林文伯雖然創業忙碌，也會抽空光臨。職業棋士陳永安、林聖賢等也是常客。

### *周傳諤*

張恆甫是十大名手中最熱衷參加比賽的，現在已經退

休，不過《圍棋天地》創刊後辦「七段賽」和快棋賽，他還是參加捧場。有時我們也友誼賽對局，局後就到小館吃飯聊天。跟我下得最多的是周傳諤，他還是跟在弈園時一樣，棋癮奇大，看見我來了就會主動邀戰。他是傳統扭殺棋路，有孤子不會輕易拋棄，有時走得過重，導致局面不利。他知道自己的問題，曾自嘲說：「我對棋子有感情，無法像吳清源那麼灑脫。」我知他中盤力量大，時常採用棄子戰術，轉換取利。他見局勢不好，就嘆息說：「還是你的科學戰法厲害。」他晚年痼疾纏身，仍然對弈不絕。我勸他多休息，他卻說下棋是為了要忘卻病痛，我聞之愴然。除了我，遠東的一批年輕棋士如徐經明、王文亨等也是周傳諤對手，他們能夠長棋，周老師的指導功不可沒。後來周老師過世，他們都主動到靈前鞠躬，理所該然。

### 蔡登閣

　　64年蔡登閣從林文伯手中奪回第四屆「冠軍賽」頭銜，然而這也是他生涯的最後一個頭銜。冠軍賽之後就停辦，蔡登閣失去衛冕的機會，這位五〇年代的王者從此走向下坡。後繼的三大新聞棋賽，他只打入「棋王賽」。到了73年，他已從競技場全面退卻。蔡登閣與林海峰同年，林海峰還在第一線上逐鹿頭銜，與蔡登閣並稱瑜亮的曹澤霖仍活躍於三大棋賽，為何蔡登閣獨自憔悴？原因在他弱不勝衣的身體。

　　蔡登閣讀書不多，身無長技，只能以棋為生。少年時在棋社打工，用心打譜，苦練出高超棋藝。他不擅布局，全仗精確的中盤細算及收官本事扭轉劣勢，因此大家說他是「苦棋」。記得學生時代日本關西棋院的宮本直毅九段來訪，圍棋會安排他與蔡登閣下一局授先再貼兩目半的指導棋。我是

記譜員，得以全程觀戰。布局階段，黑棋走得侷促，早已失去先著優勢。宮本九段勝券在握，一派輕鬆。蔡登閣則刻意在小地方生事，不停糾纏，白棋不耐煩，果然出棋。宮本九段輕輕啊了一聲，聽來卻感覺無比沉重。結果黑六目半勝。這盤棋的苦澀過程讓我印象深刻。

在蔡登閣的年代，即使囊括所有比賽冠軍，也不足以養家糊口。想要以棋為生，除了比賽，還必須開發相關副業（例如教棋）增加收入。蔡登閣是名士派，不屑此圖，終於使生活陷入困境。此時他又藉酒消愁，原本瘦弱的身體從此崩壞。他到遠東往往是找人陪他喝酒。初次找我去喝酒時，他自己不太喝，卻頻頻對我勸酒。我怕喝醉，不從命，他居然要下跪請求，令我哭笑不得。下次他再邀我喝酒，我已有戒心，就帶了師弟楊飛豹做保鑣。飛豹果然被灌醉，蔡登閣還像小孩般高興得直拍手。他的這些行為，我當時以為只是藉酒發酒瘋，並不了解他心裡埋藏著萬千的苦楚。在我們的交談中，有關個人或生活的事他從來不會碰觸。

蔡登閣健康終於亮起紅燈，不得不退出比賽，專心養病。68 年他病癒復出，打入「棋王賽」，但狀況已大不如前。69 年棋王循環賽對我之局，邊下還邊哼歌，已失專注力。

中國圍棋會成立職業制度之初，將年過三十的棋士排除在外，後來又開放。蔡登閣卻沒有申請做職業棋士。沒有職業身分，比賽就不能有金錢收入，生活更是無著。他為何不申請，連親近他的人都不知道原因。總之，他像一位老兵，不死，只是任其凋零。同梯的曹澤霖則不懼後浪前推，申請做了職業棋士，以輕靈棋風馳騁於三大棋賽。他擅長搶空圍地，置孤棋於不顧，對手發動攻擊時，他依然能尋隙逃脫。

後輩棋士特別為他這套功夫取了「泥鰍神功」之名。

### 廖仕旭

提到蔡登閣，就不免想到我們共同的朋友廖仕旭。廖院長在我圍棋官司未成後，或許認為我會難過，時常找我喝酒聊天，輸送一點溫暖。還說找了法官下彩，幫我報仇（見〈圍棋官司〉章）。《圍棋天地》出刊後，他投書一封[9]，把應昌期行事作風數落了一頓。他在投書中提到去巴西做生意，沒想到有一陣子遠東不見，竟然真的移民巴西去了，從此就失去聯絡。再一次聽到他的消息是某一年日本舉行世界業餘賽之時。廖院長到了巴西後，以他初段棋力，已是無敵，順理成章當選巴國代表。電視台前來訪問，廖國手卻不敢出面。原來他用一個日本化名，循非法管道，以日本移民第二代身分在巴西落籍。第二代移民卻不會說葡萄牙話，一經訪問就穿幫了，他只好藉故推辭國手。據說頂替他出馬到東京比賽的是他的徒弟。再過不久，傳來廖院長病故異鄉消息，念及舊情，真是不勝唏噓。

### 楊家將

遠東有高手聚集，就如同弈園，成為學棋者朝聖之地。棋友楊茂盛在家裡教兩個小孩嘉源與嘉榮下棋，發現都有天賦，決心栽培，就帶領他們到遠東找人指導。嘉源十歲左右，進步很快，小一歲的弟弟緊追在後。我不記得有沒有在遠東跟他們下過棋，常常指導他們的是張子建。後來周咸亨辦「業餘名手邀請賽」，他們的棋力都已有參賽資格。棋賽進行中，嘉源就到日本學弈。兩年後嘉榮也踵武其後。我個人最大的收穫是認識了楊茂盛跟他的夫人蘇淑女。兩位在我後來組織中華民國圍棋協會時都鼎力相助。

## 棋手橋技

遠東在創立時有橋牌界人士入股，因此有部分顧客是專程來打橋牌的。我高中時代迷過橋牌，在遠東得以重溫故技，也認識了一些橋牌高手。棋界有不少同好，老一輩的有張恆甫、胡哲讓、陳延澤，後輩中有我和林文伯、周咸亨等。棋界橋手大多是單打獨鬥，不像橋界高手會找固定搭檔，培養默契，因此適合在遠東打盤式橋牌，不適合參加比賽。

沈君山是橋牌國手，打過世界杯，圍棋也有高段程度，棋橋雙棲，知名度很高。不過他跟我對局，吃虧的時候較多。沈博士素有童心，我們下棋熟稔後，難免會鬥嘴。有一次他跟我說：「你的棋雖然比我好，但是差距不大。我的橋牌就比你高很多了。」他說的是實話，但是我不甘示弱，回嘴說：「那可不一定，我們棋界橋牌高手很多，只是沒有參加比賽而已。我們組一隊可以挑戰國手隊。」牛皮吹這麼大，沈博士只好跟我牌上見真章。他說：「男國手隊跟你們比，未免以大欺小。不如你們跟女國手隊比一場，能贏再吹。」於是約定：我負責組一棋士隊與沈君山召集的女國手隊在清峰棋社（地點由對方指定）打一場三十二副牌四人賽，負方得付三千元彩金。

一場別開生面的橋牌賽就此展開。我隊由周咸亨、陳延澤、徐經明和我組成。我們四人不曾在一起練牌，叫牌只會簡單的自然制，沒有好默契，攻防完全靠臨場判斷。這樣一支雜牌軍居然戰勝了女國手隊，高高興興從沈博士手中拿到彩金，大吃一頓慶功。我最得意的是可以在沈博士面前大吹法螺。沈博士的名言是「贏棋必吹」，沒料到橋牌上被我

占了便宜。話說回來，棋士隊能贏，最多證明我們橋牌基本功還不錯，未必有國手的實力。女國手跟我們打是秀才遇到兵，可能一時被我們的游擊戰術迷惑，加上只打三十二副牌，運氣成分要計算在內。

## 再別棋壇

《圍棋天地》停刊後我得到更多時間專注本業。擔任教職之初，我就計畫兩、三年後再出國充電，後來忙於官司及辦雜誌就耽擱了。一番沉澱後，我想該爭的爭了，該做的做了，做過就不會後悔。應昌期於 72 年成立「應昌期圍棋教育基金會」，也真除中國圍棋會會長大位，他的「皇權」更加鞏固，也當然想盡辦法推行計點制。我和棋界志同道合者發出改變之鳴，終究是聲量微弱。或許也是時機未至，我想應該是再度沉潛，培養自己力量的時刻了。

我在美國印第安納大學得到應用語言學的碩士學位，為了更上層樓，我申請到德州大學（University of Texas at Austin）就讀。我教了幾年書，教學相長，相信這次赴美讀書會駕輕就熟，很快畢業。我得到入學許可後，為了及早入學，在任教學校最後一學年只教了一學期就提出辭呈。

在三十六歲（74 年）那年，我告別教了六年半的學校，也告別棋壇，展開另一段求學生涯。

棋界方面，陳長清自 70 年大爆發，得到三冠王後，棋王與國手四連霸。新加入職業陣容的陳士卻在 72 年異軍突起，奪去名人，而且連任三屆。然而到了 74 年，陳士因為要赴美留學，自動放棄「名人」頭銜。他做此抉擇，顯然對於以職棋作為終生志業沒有信心。

**注解**

1.《圍棋天地》，70 年 10 月號，頁 34。
2.《圍棋天地》，70 年 6 月號，頁 11。
3.《圍棋天地》，71 年 7 月號，頁 1-4。
4. 馬西屏：《圍棋風雲錄》，頁 49。
5. 同上。
6. 馬西屏：《圍棋風雲錄》，頁 48。
7.〈三冠王罷賽風波〉，《圍棋天地》，71 年 4 月號，頁 24-25。
8. 同上。
9.《圍棋天地》，70 年 6 月號，頁 10。

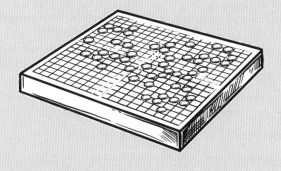

74 年一月我飛到德州首府 Austin，進入德州大學攻讀博士學位。不同於初次赴美讀書時的緊張，這一次前來，準備工作做得比較好，追求的目標更明確，因此心情比較輕鬆。我想除了讀書，或許可以找人下圍棋作為消遣。

## 馬克的棋會

美國是一個多文化的國家，任何遊戲大概都可以找到同好。因此各方面安定下來之後，我就到國際學生活動中心檢視布告欄，果然看到一則有關圍棋的訊息。一個叫馬克（Mark）的美國人喜歡圍棋，在自己家中定期以棋會友。他知道東方學生中比較可能找到棋友，所以在此貼文。

我聯絡上了馬克，並且找到了棋會所在，就在離學校不遠的一個街上。馬克開了一家販賣乳酪、冷卻熟肉以及沙拉的店（英文叫 Delicatessen），每個星期四晚上打烊後，親切的他就會開放店裡空間給棋友下棋，還免費提供咖啡。我知道這個地方以後，只要功課不忙，就會前去。在美國讀書還能夠找到這樣的休閒地方，感覺很幸福。那裡的棋友不多，只有五、六位，都是當地美國人，雖然棋低，對圍棋都很熱衷，因此我很樂意給他們下指導棋。後來有幾位大陸學生加入，其中有一、兩位棋力甚高，跟我可以下對子，這個棋會因此變得更有吸引力。

從棋友交談中我了解到德州有一個圍棋圈子，由美國及亞洲人組成，人數還不少。這群棋友常跨區交流，還舉辦比賽。他們對美國之外的棋界稍有了解，也有聯繫。我看馬克處的棋具相當簡陋，就建議改善。居然有棋友問我：「臺灣有位 Mr.Ing 推行新規則，外國棋友只要寫信表達贊同之意，他就會寄贈棋具，此事是否屬實？」我想應昌期急於推行計

點制，或許真有此善舉，就回答說不妨去函一試。後來據說真有人收到了棋具。

## 李錦泉

Austin 北方有一個人口不到十萬的小鎮 Killeen。某天有位叫李錦泉的棋友從 Killeen 來找我。我對此人沒有印象，但是當我們聊到他的父親時，彼此距離一下子拉近了。原來李錦泉的父親李新也是棋迷，因為喜歡找人下彩，過去在臺北圍棋圈小有名氣，我曾有耳聞。李新後來移民美國，從廚師做起，胼手胝足地創業，終於在 Killeen 擁有了自己的餐廳，現在交由兒子經營。攀著圍棋的緣分，我與李錦泉雖是初見，竟然也有他鄉遇故知的感覺。

李錦泉個性爽朗，時常在週末的時候從 Killeen 開車來找我下棋，有時也會專程開車來載我到他的地方，盤桓過後再把我送回來。Killeen 是個寧靜、生活步調緩慢的小鎮，李家的餐廳有個東方味道的名字：Jasmine（茉莉花）。Killeen 人口不多，但是鄰近有座極大的陸軍基地 Fort Hood，所以餐廳不虞客源。我到 Killeen，除了與李家父子下棋，當然也有機會品嘗餐廳現成美食。一盤簡單的蛋炒飯，化解不少鄉愁。

我讀書順利，來美兩年半就獲得學位。78 年五月，父母特地從臺灣前來參加畢業典禮。他們來了，自然要帶他們到德州廣闊的大地四處走走。不過我需要一部汽車，李錦泉知道後很爽快地把他的跑車借給我，讓我很拉風地載著父母在德州的公路上奔馳。這份人情，我銘感五內。但之後我回國，兩人沒有再見面，竟然沒有機會回報，非常遺憾。

## 再遇陳國維

結識李錦泉不久後，他告訴我阿靈登德州大學（UT Arlington）有一位教授，非常喜歡下圍棋。細問之下，這位教授居然是七年前在印第安納讀書時認識的陳國維。原來他換了學校任教，我這次到德州讀書，再次相遇，真是太有緣了。我當然迫不及待地與他聯絡，重修舊情。不久我就坐上李錦泉的車子進入大城達拉斯（Dallas），到學校拜訪陳教授。上次在冰雪的北方下棋，沒想到又在相隔千里的南方聚首，頗有「落花時節又逢君」的感慨。敘舊後，我們就在陳教授的辦公室下起棋來。李錦泉送我回 Austin 時已是深夜，而他還需連夜北返 Killeen。

之後陳教授又邀請我到他達拉斯的住處小聚。他在一個風景優美的湖畔買了一塊土地，自己設計蓋了一棟房子。房子很大，我在那裡過了一夜，他還讓我挑喜歡的客房睡。留在陳宅的大部分的時間與他手談，自是不在話下。在我畢業前一個月，陳教授到 Austin 開會，我特地跑到旅館找他，當然也是下棋，不過這是我們最後一次見面了。

## 故人

我在德州期間，因為圍棋結識了許多朋友。然而過去始於臺灣的幾段棋緣卻也在此接續，就有點意料之外了。

某天我接到一個電話，竟是高中學長高允茂打來的。高大我一屆，因為下棋而認識。好像我們都參加《中央日報》青少年杯圍棋賽，同台競技過。之後他赴美讀書，畢業後在洛杉磯（LA）一帶工作。洛杉磯地區聚集了很多臺灣來的棋友，與臺北棋界時有互動。我出國時，張子建也到了美

國，在洛城 Monterey Park 地區主持一家中華圍棋社。高允茂因工作關係移居到德州休斯頓（Houston），我推測他是從張子建處知道我在 UT。聯絡上後，除了敘舊，高允茂還帶給我一項重要的訊息：六〇年代的圍棋高手王懷琦，以及前輩名家吳滌生，都在休斯頓。高允茂跟他們兩位有來往，我因此拜託他安排大家見面。

王懷琦是與蔡登閣、張子建等人同世代的棋士，棋風穩健厚重，可能與曾受教於吳滌生、黃水生有關。在我入段前後，王懷琦在幾項大比賽都相當活躍。56 年「中日韓三國圍棋賽」，王懷琦入選代表，與蔡登閣、曹澤霖共同出戰。59 年「中山杯」有段組比賽王得了亞軍。我之所以記得，因為我是季軍，不過比賽中無緣碰頭。另外，林海峰回國指導棋選拔賽我勝了他而入選。後來我知道他移民美國，沒想到十多年後可以再見。

吳滌生是五〇及六〇年代的指標高手，當年與張恆甫的十番賽，可是非常轟動。然而他卻是高手中我比較無緣接近的一位。主因是他在比賽揚威時，我尚未出道，他也不在弈園下棋，沒有機會請教。後來我在「升段賽」遇到多位名手，可惜沒有與他對局機會。我知道他因年老而淡出比賽，在中國圍棋會所下指導棋，也擔任比賽棋證，後來被兒子接到了美國養老。《圍棋天地》創刊後，張子建社長每期都寄一份到美國給他。沒想到心儀已久的吳老師會在德州遇到。

75 年十月，高允茂請他一位住在 Austin 的王姓朋友，開了五、六小時車載我到休斯頓。我們先到高允茂家，然後一起到吳滌生家拜訪。王懷琦是吳家常客，知道我們要來，已經先到了。吳王兩位我原本是不熟悉的（王與我雖然有比賽對局，但交談不多），但此時此刻見面，竟有莫名的感

動。大家閒聊寒暄，報告彼此近況，也交換個人所知的棋界訊息。

　　吳老師說他不會英語，出外不方便，待在家裡，卻少有適合對弈的棋友，日子過得並不愜意，還好有王懷琦會來陪他下棋。吳老師還記得收到《圍棋天地》的事情，他說主要是看棋訊部分，了解臺灣棋界變化。我問吳老師，老來需要休閒活動，臺灣朋友多，又有棋下，為何要離開？他雖然沒有明說，我卻可以感覺他對在中國圍棋會的那段日子並不滿意，可能是主事者對他不夠禮遇之故。這一點，以我對該棋會行事作風的了解，不會感到意外。吳老師又提到，有一位棋會幹事，可能急需用錢，竟在未得他同意情況下，以「借」的名義，扣住他擔任棋證的酬金。這雖不是什麼大事，卻讓他有寄人籬下，不受尊重的感覺。聊完棋事，自然要下棋。我把握機會，跟吳老師請教了兩盤快棋。吳老師眼力已經退化，讓我贏了一盤。我應該也有向王懷琦請教，只是現在已無印象。

　　休斯頓之行後，我就忙於準備畢業論文。雖然很想再去探望吳老師，卻無法如願。不久之後，他就搬到加州終老。至於王懷琦，隔年春天，我們在另一個地方又見面了。

　　76 年三月，馬克邀請我和他的棋友們組隊，驅車前往達拉斯，參加一年一度德州最大的圍棋比賽——Texas Open（德州公開賽）。我因為論文寫得順利，心情輕鬆，就參與了。比賽會場內相當熱鬧，除了美國人，還有不少亞洲人，從德州各地前來。我發現王懷琦也在場。從休斯頓到達拉斯是一段長路，他也專程趕來，原來他是此賽的老鳥。比賽首戰我遇到一位韓國人，不知是他強還是我弱，我輸了。之後力爭上游，雖然只能得到亞軍，倒也替馬克等一幫

Austin 棋友爭到一些面子。比較值得高興的事是在比賽中與王懷琦對了一盤，接續過去在臺灣比賽交手的緣分。公開賽後當然又要拜碼頭，到陳教授家下棋。我想我不去找他，他也會來找我。

## 加州行

我在德州期間，與加州的張子建一直保持聯繫。張子建先前在臺北經營遠東棋橋中心很成功，但他為人四海，金錢事不計較，就有人誘他投資做生意，結果是賠本，借出去的錢也要不回來，終於讓自己財務陷入困境。我出國同年張子建到洛杉磯交流下棋，正好當地棋友組成的美國中華圍棋協會有一棋社乏人主持，張子建就留下來了。後來張太太把遠東頂讓給陳長清，一家移民美國。

75 年五月，我利用暑假回臺一趟，蒐集論文資料。行前，接獲張子建來電，他希望我回臺時順道至 LA 盤桓幾天，順便與當地棋友下棋。我覺得這通電話有蹊蹺，追問下去，原來他是找我去做打手。話說 LA 地區有一位棋友陳之誠，熱心圍棋，擔任圍棋協會會長。他為了讓自己的小孩學好圍棋，特地從大陸引進了一位職業六段棋手楊以倫為家中西席。來了這麼一位人物，棋友們當然想要知道，他與當時號稱 LA 最強的張子建誰勝。楊以倫有沒有來踢館，勝負如何，我不清楚，不過張子建顯然是被比了下去。楊以倫並不是一個謙虛低調的人，喧賓奪主的氣勢讓張子建覺得有點難堪，因此他希望我跟楊以倫對局，勝了或許可以稍稍挫其銳氣。

對方既是高段職業棋士，我與之分先對局顯然少有勝算。不過當時，大陸圍棋剛開始崛起，職業棋士有多強我倒

是有興趣親身一試。於是我飛到了洛杉磯。張子建來接機，我們隨即前往他主持的棋社。在那裡有點難以置信地看見許多熟悉的臉孔，有高中同學，也有遠東棋社以前的棋友，棋社的氣氛差點令人忘了身在異國。第二天，張子建聯絡了陳之誠，安排在他家裡跟楊以倫下棋。

因為對方是職業棋士，我主動拿了黑棋。對手顯然不把我這個本家放在眼裡，不跟我計較手合。或許是由於對手輕敵，這盤棋的勝方是我。這不過是一場友誼賽，何況是拿黑棋，沒有值得吹噓之處。不過幫朋友爭點面子，不枉費他招待我一場，多少值得欣慰。任務完成，我在 LA 又玩了一天。這時陳之誠來電話要求我與楊以倫再下一盤。我本擬婉拒，陳說楊以倫可能覺得輸棋沒面子，想要辭掉教席。經他這麼一說，我倒不好意思罷戰了。第二局楊以倫發揮實力，我輸了。各勝一局，這是雙方都可以接受的結果吧，至少楊以倫不需辭職了。

由於這次交手，我結識了陳之誠，友誼維持至今。至於楊以倫，我認為實力比我稍強，做打手我還不夠資格。我想到了放棄「名人」頭銜到美國讀書的陳士，認為他可以勝楊以倫，所以我建議張子建設法聯絡。後來陳士果然光臨LA，取得了勝利。楊以倫後來離開陳家，長期在 LA 教棋。

## 賭城對棋

我學成歸國六年後，又得到一次機會回美國下棋，地點在洛城一州之隔的賭城 Las Vegas。原來賭城有一家賭場酒店 Imperial Palace 想方設法招攬亞洲人前來消費，就有人獻策說亞洲人喜歡下圍棋，如果釋出一點優惠，舉辦一場圍棋比賽，一次就可以吸引許多人前來，自然就會在賭場內消

費。這獻策之人無疑是一位棋友。總之，一場別開生面的圍棋比賽就在 82 年六月舉辦了。比賽地點就設在酒店內。

　　張子建從 LA 傳來消息，希望我找高手結伴前去。我看參賽的條件不錯，報名費只要 100 美元，可以免費住進酒店，三天兩夜，冠軍獎金還有 1,000 美元，不由心動。加上我還沒有去過賭城，正可趁機一遊。不過張子建的邀請另有玄機。原來這幾年 LA 出現了不少韓國籍的高手，他想要參加比賽，就怕孤掌難支，被韓國人拿了冠軍，對擁護他的棋迷不好交代，於是向臺灣請求支援。我找了程清江作伴，他是七段高手，如此陣容可算堅強了。我們飛到了 LA，首要任務就是把冠軍留在自己人手中。

　　比賽前一天，LA 參賽的二十多位棋友包了一部遊覽車，浩浩蕩蕩開往賭城，隨即住進富麗堂皇的酒店。比賽的前一晚，主辦單位故意安排參賽者到賭場內撒銀子。不少賭性堅強的棋友們當然是義不容辭地湧向賭桌，一邊接過兔女郎遞來的飲料，一邊下注。我對五花八門的賭局沒有興趣，為了不枉到此一遊，小玩一下拉霸。

　　第二天，比賽在一間大廳內展開。除了亞洲人，很多老美，棋力雖然不高，也踴躍參賽，現場非常熱鬧。比賽採取單淘汰制，無巧不巧的，幾位姓金的韓國高手在淘汰表上的位置都離我和程清江不遠，很快就會對上。張子建則被排在表的另一端，對手大多是自己人，看來他可以輕鬆地快跑前進。這是有意安排的嗎？我不知道。兩天的比賽，我和程清江力戰韓國人，一個個姓金的對手，前仆後繼地出現。即將進入準決賽前，程清江不幸失手，送他的對手在下一盤與我對陣。韓國人一向驍勇善戰，多少也激發我的鬥志，我攻下了韓國人最後的堡壘，進入決賽。另一端，張子建果然也勝

出，冠軍獎杯不會外流了。

　　我與張子建最終對局時，大會在不遠處擺了大棋盤現場轉播，又請了在 LA 已成名師的楊以倫以英文講解。他的言辭頗為犀利，開局不久，就批評我哪一手掛角不對，哪一手位置過低等等（其實我當時是仿照大竹英雄九段的開局）。我聽得明白，未免分了心。以逸待勞的張子建外戰外行，內戰卻內行，局面進入亂鬥，正利於他發揮，最終取得勝利。這種結果我完全能夠接受。張子建本來就有爭冠實力，外敵環伺下脫穎而出，替他高興。話說回來，我和程清江替他清除路障，也應論功。

　　Las Vegas 的比賽後來又辦了一屆，但據說參賽者在賭場的消費並不如主辦者預期的大方，不符成本，之後就停辦了。

第十一章　中華民國圍棋協會

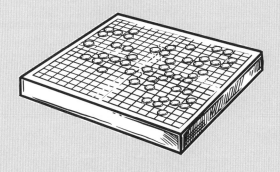

民國 76 年六月我自美返臺。返臺前我寄出求職函，目標是到公立大學任教。由於臺北附近的學校沒有機會，我落腳在高雄。九月，我到中山大學外國語文學系報到，以副教授任職。我不想離開臺北，就以通勤方式工作。在公立大學教書，時間有彈性，不需朝九晚五打卡上班。系裡排課給我方便，我從週一到週四在高雄授課，週五就回到臺北度週末。

有了穩定工作，而且不必固守在高雄，我的心思又回到棋界。離開時間不算太長，到棋社走幾回，找棋友聊天，很快就可掌握棋界現況。職業棋士方面，因為取消三十歲年齡限制，棋士增到十多人。陳長清光環漸退，只守住「國手」頭銜。周咸亨沉寂了五、六年，強勢復出，回歸「名人」，又奪下「棋王」。新秀林聖賢與彭景華已挺進頭銜射程內，只待脫穎而出。業餘方面，新手接連出頭，中生代只有陳延澤還在參加比賽，得到「長老」的尊號。唯一不變的是應昌期仍然努力推行計點制，顯然壯志未酬。

我的觀察是棋界有在動，圍棋人口有增加，整體棋力水平也有提升，但並非生氣蓬勃。當時臺灣的經濟發展正處於高峰，所謂國富則棋強，棋界應可看到更大的進步幅度。此時韓國與大陸已迅速崛起，聲勢壓倒了我們還奉為上國的日本。韓國有曹薰鉉，大陸有聶衛平，他們身後更有許多的新銳排隊接棒。相較之下，我們的進展就顯得牛步了。

## 發軔之始

我們的棋運跟不上世界潮流，負責領導的中國圍棋會責無旁貸。應昌期把圍棋會變成私人組織，全力推行計點制，推行圍棋反而變成次要任務。我認為圍棋是文化財，不可淪

為自用，過去曾在《圍棋天地》發表〈公器不可竊取〉一文，盡我言責。應昌期大概有看過此文，卻不以為然，在職業棋士品位頒證典禮上他表示：「中國圍棋會係提倡圍棋運動的財團法人組織，其性質並非公器。」[1] 他明確指出：「圍棋會是私人組織，只需對財團負責，不需對圍棋大眾交代。」應昌期在 72 年成立「應昌期圍棋教育基金會」，也是財團法人組織，其功能明顯與中國圍棋會重疊。事實上是應氏基金會獨攬大局，中國圍棋會只是陪襯，名存實亡。

在《圍棋天地》時期，我和其他論者早已指出，中國圍棋會改成財團組織後，變成私人經營，脫離了群眾。同時財團不能設分會，與地方棋會沒有直線聯繫。凡此種種，對於發展職業制度影響或許較小，對於普及圍棋，向下扎根，卻是不利。因此我認為要大力振興圍棋，必須打破現狀，另闢坦途。

有論者建議中國圍棋會回復原來社團法人組織。這對以己心為師的應昌期當然是馬耳東風。《圍棋天地》停刊後，經過這幾年的沉澱，我已經不想再批評當道，而是思索如何才是正面與建設性的作為。我想到應該成立一個全國性的圍棋組織，其性質是社團法人，如此才能結合公意，凝聚地方力量，棋友大眾一起推行圍棋。有了這個想法後，我積極研究是否可行。

首先我必須了解，中國圍棋會已經存在的情形下，政府是否允許另一個同性質的組織立案成立。據我所知，主管機構想必是為了避免紛爭，不希望有多個全國性組織同時成立。不過中國圍棋會改成財團法人，把社團的位置空出來了，成立新組織應有機會。然而事實如何還須確認。

一向熱心的棋友陳榮欽知道我的懸念後，主動要求幫

忙。我因週日在高雄授課，問訊的事就委託他去跑。他曾透過當監察委員的朋友到監察院調卷。我不知道為何需要扯到監察院。總之，他忙了一陣子後給我明確的消息：新的圍棋社團組織於法可以成立，名稱是「中華民國圍棋協會」。果然「秦失其鹿，天下共逐之」，我精神大振，立刻展開行動。

　　現在回想起來，當時也不知哪來的衝勁，一頭就栽了下去。成立一個全國性的社團要有人、有資金，談何容易？以前辦《圍棋天地》有多人同心，依然一路艱難，如今憑我一人發想，平地要起高樓，如何可成其實沒有仔細考慮。大概是抱著走一步算一步，直到前頭無路的心態吧。

## 求才

　　成立一個組織首要是人，我思考如何建立一個有力的團隊。找人當然先到熟悉的遠東中心。勇於衝鋒陷陣的張子建人在美國，幫不上忙，但是棋社依然幫我找到一位重要人物——王祖鵬。

　　王祖鵬是一位企業家，個性謙和，說話不疾不徐，行事低調，不教人看出身分。他有上段棋力，但只挑棋品好的對手下棋。他喜歡接近高手，默默一旁觀棋。陳國興、楊志德、林聖賢三位職業棋士開設「志聖棋院」後，為了聽他們講棋，他常去盤桓。或許是透過觀棋緣分，我們得以認識。雖然我們不下棋，卻很談得來。我了解他對圍棋有熱忱，只是不輕易表露。當他知道我有意創設棋會，他表示願意出面協助，讓我喜出望外。

　　我在中國圍棋會下棋時認識了翁明顯。他也有上段棋力，喜歡找固定的棋友殺個天翻地覆。創業有成後，儘管忙

碌，他還是會抽出時間到棋社一解棋癮。老對手沒來時，也會找我殺上一盤。他為人如同他的落子風格：豁達大度，不拘小節。我知他有心推廣圍棋，當然要尋求他的支持。他果然毫不保留地答應出馬。

還有一位我想要爭取的支持者是陳富陌。他常在棋社裡找高手下棋，我們因而認識。他也是象棋高手，圍棋與象棋兩界的人脈都很廣。在網路圍棋剛出現時，他就找人設計了一套「棋侶」程式，讓棋友在電腦上對弈。之後，他又不斷從國外引進新的軟體，臺灣電腦圍棋的推廣，他居第一功。陳富陌對於推行圍棋有許多創新想法，對於成立協會自然有所期待，我很容易得到他應允支持。

籌備棋會有很多瑣碎工作，一人無法承擔，加上我大半時間不在臺北，需有人幫忙。我心目中的人選是陳萬生和許饒和。陳萬生有高段棋力，是周咸亨辦理「業餘名手邀請賽」時的得力助手，曾在《圍棋天地》短期擔任過編輯，乃是理想工作夥伴。許饒和臺大哲學研究所畢業，善於籌劃及圍棋教學。他與周咸亨為友，焦孟不離，相互激勵啟發，成為棋壇佳話。兩人在中國圍棋會會所旁開了一家「海峰圍棋中心」，栽培多位後來旅日的小棋士，如張栩、林子淵、潘善琪、李沂修等。我與許饒和曾為銘傳商專同事，參加「業餘名手邀請賽」後往來增多。回國後我也常參與海峰中心活動。陳許兩人都有推行圍棋的理想，幾番晤談，大家就決定合作。許饒和有點興奮地說這是鐵三角團隊，必然有成。

接下來我必須走出臺北，尋求地方棋界的支持，如此日後的棋會才具有全國代表性。我在服兵役期間與高雄棋界互動良好，現在到高雄教書，也算半個高雄人，關係更加密切。我到高雄後，時常利用晚上空閒參與棋界的活動，以棋

會友。新認識的朋友中我特別欣賞顏平從與林慶雲兩位律師。顏平從臺大畢業，我以學長稱呼，行事方正，待人卻很親切。他熱心圍棋，擔任高雄棋會理事，多有捐輸；又與沈士榮、陳伯謙等棋友成立「敲玉雅集」，定期聚會下棋。林慶雲是南部知名律師，棋力強，可列入在地高手之林。他因為工作忙，較少參加比賽，有機會則會向我討教。認識這兩位律師後，我任何法律問題都迎刃而解。只是相見恨晚，否則我的圍棋官司應會有不同的結果。為了成立圍棋協會一事，我分別去拜訪，得到他們的支持。

臺中棋風鼎盛，也是必爭之地。我與臺中並無地緣關係，與當地棋界的兩位要角：黃文儀與秦世敏則有交情。兩人是七〇年代中部地區的指標高手，也熱心推行圍棋。秦世敏在彰化開設「奧運村」圍棋教室，成功帶動中部地區青少年學棋風氣，我曾特地前往觀摩。我有過邀請兩人加入工作團隊的念頭，終因他們必須原地坐鎮而無法實現。秦世敏向我推薦他的學生，一位經營木業的楊志南，作為未來協會的中區代表。

## 尋找理事長

在我尋求各方支持時，就有人問及協會理事長人選，讓我了解到一位合適的領導人有助於大家對新組織的認同與支持。原先我對擔任此職位者需要的特質並無深思，單純認為協會初創，需要有資金運作，能否帶來財源應是首要考慮。陳榮欽建議從民意代表中找人。他認為有些民意代表會樂於在全國性社團掛名當領導人，藉以開拓人脈，建立社會知名度，自然也會負起捐款或募款的責任。我沒有認識的民代，就聽由陳榮欽介紹見面。

陳榮欽是臺南人，大概是做生意關係認識了一些南部的民代。他介紹了兩位。一位是高雄現任國大代表。我利用南下授課之便，由陳榮欽帶路，前往國代家中拜訪。國代不懂圍棋，雖然不排斥出任協會龍頭的建議，但與棋界素無淵源，缺乏熱忱，我直覺認為不適合。另一位擔任過省議員，陳榮欽安排在臺北見面，我特地找了許饒和加入。面談結果也是令人失望。議員表達對理事長職位的興趣，但他非棋界中人，一些華而不實的承諾，反而讓我和許饒和覺得不安。我告訴陳榮欽不用再找民代了。不過，經過兩次的面談，我對於我們需要的人選有了比較清晰的概念，也非全無收穫。

　　關心籌備進展的陳富陌想起他的表弟林晉章，認為可能就是我們要的人，就向我推薦。林晉章不會下圍棋，但他的尊翁林嘉珠是臺中棋界的元老，長期擔任臺中圍棋會總幹事，與棋界也有淵源。陳富陌就是常到林家走動，學會了圍棋。

　　林晉章，法律系畢業，「台一國際專利商標事務所」創辦人，也是北市「發明人協會」創會理事長。我與工作小組在中國圍棋會附近的一家咖啡廳與他見面晤談。我對他第一印象很好。他與我同年，大概是因為法律背景，顯得比我老成沉穩。我又發覺他是一個具有熱忱，而且腳踏實地的人。加上他有組織與領導社團的經驗，當下我認為這正是我們尋覓的人。

　　圍棋的事林晉章當然要與父親商量。當時有人以為我成立圍棋協會是要與應昌期對抗，林老先生難免擔心兒子捲入派系糾紛。我在與林晉章見面時就已清楚說明，成立棋協是想改革現狀，加快棋運發展，與中國圍棋會是競爭而非對抗關係。林晉章贊同我的理念，認為他與棋界「素無淵源，沒

有包袱，沒有色彩，能站在中間立場推動棋運。」[2] 他又說：「我父親一生不遺餘力推動圍棋，如果我能接下他的棒子，基本上是對父親的一種回報。」[3] 如此說服了父親。我們與林晉章在同一地點又見了一、兩次，已是志同道合，理事長一職就敲定由他承擔。

圍棋協會創立第一年，林晉章出馬競選臺北市議員，高票當選。他的能力受市民肯定，之後連任六屆。我想回報他對棋界的支持和貢獻，每逢選舉，雖然戶籍不在他的選區，捐款與幫忙拉票自是不在話下。

## 棋協誕生

76 年底我向主管機構內政部登記立案，成立「中華民國圍棋協會」。隨後依照規定程序成立籌備委員會，由我掛名主任委員，實際工作由我和許饒和、陳萬生分擔。我們先是徵求棋友入會。考慮到成立大會時會員出席率要高的問題，會員滿一百名後就暫停徵求。77 年七月內政部批准成立。經與林理事長商量後，決定於十一月底召開成立大會。

大會召開前，我接受許饒和的建議，專程造訪中國圍棋會前會長于錫來，向他報告圍棋協會成立的宗旨在建設，不為對抗。于會長認為更多人推行圍棋是好事，也答應擔任協會的「名譽理事長」。當然我們更想拜訪的人是圍棋會現任會長應昌期。如果礙於我與應昌期不和，可由理事長出面。許饒和曾在圍棋會任事，頗得器重，由他出面也合適。但他知道應昌期的脾氣，不建議與之聯繫。

中華棋協在記錄上是個嶄新的社團，但推行圍棋的理念多少是繼承過去周至柔時代社團法人組織的精神。我與至公又是舊識，於公於私，成立大會都應邀請他觀禮。至公很高

興有年輕人接棒，不過他年事已高，不便於行，就由公子周一西代表出席。

協會創立應該有個會徽作為識別標記，我想到好友高武煌。高是室內設計師，美工也是專長。他很熱心，臺北縣的圍棋活動出錢又出力。我曾請他為《圍棋天地》設計封面，他義務贊助。這次又找上他，仍然做義工，設計了一個棋盤造型的圖徽，典雅大方。至今協會為理監事製作的名片上都少不了這個標誌。

舉辦名人賽的《臺灣新生報》知道協會成立，無償提供延平南路報社禮堂作為大會場所。

十一月二十七日，星期日，下午二時，大會召開，「中華民國圍棋協會」正式誕生。

當天除了會員外，並無邀請貴賓，只有周一西先生代表中國圍棋會前會長周至柔觀禮。另外一位特別人物是知名作家司馬中原，以棋友代表身分在會中致詞。

我以籌備主任委員身分主持大會，向會員報告協會成立的經過及工作方向。隨後介紹理事長人選林晉章，並邀請致詞。大會最後的重頭戲是投票選出理監事。理監事選出後，大會宣布結束。當選之理監事立刻在原地舉行第一次理監事會議。

會議首先選舉常務理監事。因為事先經過協調，選舉結果與預期相符。常務監事：陳延澤。常務理事：林晉章、翁明顯、王祖鵬、陳富陌、陳榮欽（以上北區）、黃文儀、楊志南（以上中區）、顏平從、林慶雲（以上南區）。常務理監事再推舉林晉章為理事長。林理事長隨後擔任主席，主持會議。

會議決定設立財務委員會，負責籌募協會運作基金，

並推舉翁明顯為財務長。會議也通過聘任案，由我擔任祕書長、許饒和副祕書長、陳萬生執行祕書。

我最關心的財務問題在理監事會議中得到解決。理事長認捐三十萬，理監事七十萬，熱心人士捐二十萬，政府補助十萬，一共收入一百三十萬。我就依此數目編列年度預算。以一個全國性的社團而言，如此預算相當寒酸。預算中沒有人事經費，我這祕書長是義務無給職，兩位祕書也不支薪。

棋協初創，連個辦公地方都沒有。林理事長將他長安東路二段四樓專利商標事務所的一隅借用，擺上一張桌子，棋協算是有了會址。

從起心動念到一年多的奔走，在棋界多方支持與鼓勵下，中華圍棋協會終於現身在歷史的舞台上。接下來這個組織能有什麼作為，才是重頭戲。大會結束後，我沒有如釋重負的感覺。承接了祕書長這個擔子，眼前的道路還很漫長。

## 夜訪林國手

近年來兒童學棋風氣興起，兒童棋院逐漸增多，知名度最高的是李敬訓主導的「中華兒童棋院」，學員最多。該棋院在每年元旦舉辦青少年圍棋比賽，主事者專程到日本拜訪林海峰，邀請他回國為青少年棋士打氣。林國手在臺中有房子，也趁此機會回去照顧一下。過去林海峰回國是大事，都會預先通知中國圍棋會，俾便安排指導棋事宜。周至柔退位後，他與圍棋會關係冷淡許多。與國內高手下指導棋的活動沒有了，回國行變成私人度假行程。

我知會理事長林國手要回來。理事長認為應該去拜訪，告知棋協成立，請他給予支持。我請楊茂盛與蘇淑女夫妻安排。楊茂盛兩個孩子在日本學棋，與林國手常有聯絡。

夫妻二人對於棋協成立大力協助，分別當選了理事與監事。由他們出面，一定完成任務。果然林國手十二月三十一日下午從臺中回到臺北後，就約我們晚上到他下榻的福華飯店見面。

晚上九點，林理事長率領王祖鵬、翁明顯、吳誠修（理事）及我、許饒和、陳萬生等棋協人員到福華飯店林國手房間內拜訪，同行還有《新生報》及《中央日報》兩位記者。

寒暄過後，我向林國手說明了棋協成立宗旨及發展目標。之後大家就閒聊參與協會的心路歷程。翁明顯的談話令人動容。他說：「個人從求學到創業，感受到圍棋的好處，因而有心提倡，使更多人受益。」又說：「中華民國圍棋協會由全國各地熱心圍棋人士組成，人和是其特色，只要大家有心，集中力量，什麼事會辦不成呢？」[4]

林國手大部分時間都是靜靜地聽我們敘述。他認同我們的理念，也表示會盡他的力量協助。他特別建議我們發展女子圍棋，讓圍棋深入家庭，社會也會更和諧。[5]

我利用機會，拜託林國手為我們的會訊封面題字。在協會籌備時我們已決定每個月發行一本會訊，作為與會員及棋界溝通的橋梁。會訊薄薄的一本（28 頁），由祕書處主編，主要是登載本會活動消息。第一期預定 78 年元月出刊。會訊名稱為《棊》。這不是一個眼熟的字彙，林國手不免要問我為何不是「碁」字？我向他解釋，日本棋子是用石頭做的，所以有碁字出現，中國古代棋子是木頭做的，故用棊字表示。日本已有以《碁》為名的刊物，為避免雷同，會訊用古字為名。林海峰是名人，常在摺扇子上題字。每逢題字他總是慎重其事，先請書道名家指導，練習過後再交差。這回我找他麻煩，但他不露難色，一口答應。回到日本不久，就

用宣紙寫了字寄過來。

與林國手晤談了一小時。為了不打擾他休息，我們告辭離開。再過兩小時，新的一年就要開始。

## 拚業績

新年來臨，會訊《棊》出刊，中華棋協開工了。從理事長以下，大家都有共識，絕對不能辜負支持者的期望，必須捲起袖子，趕快做出成績。我擔任祕書長重任，壓力相當大。幸好有許饒和與陳萬生分擔工作，我不在臺北期間，業務也不致停頓。

隨著工作開展，祕書處有許多文書及會計工作，需專人隨時處理。我與理事長商量後，聘請了蘇秀雄擔任專職祕書。蘇秀雄過去在我父親店裡工作過，為人忠厚，工作認真，成為我的得力助手。

棋協的目標非常明確：1. 提倡全民圍棋。2. 結合地方棋界，普及圍棋。這也是我在四年祕書長任內工作的方向。

### 全民圍棋

全民圍棋意指不分年齡，不分社會階層，從兒童到老年都是我們推行圍棋的對象。這個概念經我在理事會提出後，獲得大家認可，就變成工作口號，理事長或我參加圍棋活動有致詞場合都會提到。棋協從舉辦大專圍棋比賽開始，接著陸續舉辦高中（職）圍棋賽（79 年）、青少年圍棋賽（79年）、長青圍棋賽（80 年），逐步將口號化為實際工作。

十年後臺北「語言訓練測驗中心」推出一套英語能力檢定測驗，我參與研發，在為測驗定名時，我有全民圍棋的印象，就建議以「全民」冠之。這個測驗就叫「全民英語能力

檢定測驗」（General English Proficiency Test, GEPT），簡稱全民英檢。此測驗得以流行，有人歸功於「全民」這個有親和力的名稱。測驗中心主事以及研發小組同僚們都不知道我的靈感來自推行圍棋的經驗。

棋協舉辦的第一個大型活動是「大專杯圍棋賽」。這是我和兩位祕書熟悉的領域，所以從此入手。大專圍棋賽自53年起就有人舉辦，規模不大，而且斷斷續續。《新生報》自74年起每年辦「新生杯大專圍棋錦標賽」，將比賽常態化，自是有利推展大專圍棋。我認為大專圍棋是全民棋運重要的環節。大專生下圍棋，卒業後可以把圍棋帶到社會及家庭，影響力很大，棋協必須列為工作重點。我也認為由棋協出面，與大專圍棋社團合作舉辦比賽，是最好的推廣模式。不但可提高學生參賽意願，也有利於學校圍棋社團的發展，同時每年與不同地區的學校合作，也增加學生棋友交流的機會。因此雖然已有報社固定辦比賽，我們仍然可以使力，作出不同貢獻。

經過短短兩個月的籌備，棋協主導的大專圍棋賽在四月舉辦了。合作對象是我的母校臺灣大學。共有七個學校，三百五十名選手參賽。我除了向「中華文化復興運動推行委員會」及「文化建設委員會」申請經費補助外，也向各級政府機構募集獎品，都得到回應，所以只動用很少預算，就把比賽辦好。

比賽當天的驚喜是林海峰國手蒞臨會場。我與林國手去年除夕才見過面，知道他因事又回到臺灣，立刻邀請他前來為選手打氣。林國手在日本與大學生圍棋社團一直有良好互動，臺灣推展大專圍棋他當然全力支持。二十一年前我還是臺大學生時，曾邀請林國手到校與圍棋社學生座談，地點正

是今日的比賽會場──「學生活動中心」，所以林國手是舊地重遊。林國手聽說許多獎杯是募捐而來，就拿出三十萬日幣捐給棋協，作為往後比賽製作獎杯經費，並授權我在獎杯上刻上他的名字。

這場比賽辦得成功，幾間學校社團代表前來，表示願與棋協合作，接辦次屆比賽。結果東海大學李昆蔚同學將下屆比賽帶到了臺中。由於知名度打開，參賽學校及人數都倍增，文建會補助經費也提高了。李同學畢業後投入圍棋教學行列，與秦世敏、黃文儀等帶動了中部地區青少年蓬勃的學棋風氣。

第三屆大專賽再回臺大舉辦時，學生活動中心已經無法容納，而必須借用體育館。林海峰國手再度到場聲援。

大專賽後我接著策劃高中圍棋賽。我找到師大附中合作，提供場地，舉辦比賽。不過這個大專賽的模式不太成功，大概是因為高中生有考大學壓力，參賽學校及人數寥寥可數。同時學校對主辦大型休閒活動類的比賽有所顧忌，有意願合作的學校不多，所以高中賽只辦了一屆。

我了解到現時青少年學棋多在初中就學之前，進入初中後升學壓力來了，大多數人就放下了圍棋，因此中學階段圍棋人口銳減。這跟我們這一代的棋手多在中學階段接觸圍棋有所不同。趨勢如此，我們向下扎根的計畫，著眼於少年族群比較會有效果。

由於國民經濟成長，許多父母有能力讓子女在課餘培養才藝。圍棋能夠開發智力，陶冶性情，所費又不高，成為了優先選項。同時也有許多年輕棋手投入教學行列，兒童棋院紛紛開張，兒童學棋逐漸蔚為風氣。許多原本待業的棋士也因而有了出路。臺中學棋風潮興起最明顯，吸引不少北地棋

手前往，都有不錯發展。師弟楊飛豹也因此離開臺北，在臺中安身立命。

我在 79 年八月籌劃了一個「全國青少年圍棋賽」，為方興未艾的青少年棋運推波助瀾。我預期有六百人參加，需要一個大場地，就不惜花費，借了士林區的「劍潭青年海外活動中心」。開始報名後，報名人數直線上升，到達一千人，遠超預期。原來大場地已不敷使用，只得加借周邊場所。眼看報名不斷湧入，不得已在報名截止前一週宣布停止接受報名。林理事長特別在賽前舉行記者招待會，向無法報名的小朋友致歉。

本賽除了參賽人數創記錄外，參賽人也不限臺北地區，中區與南區都有多人報名，不負「全國」之名。中區與新竹選手還特別包了遊覽車北上，聲勢浩大。我找人從賽場上方拍了一張全景照片，登在會訊上。千人弈棋的場面，非常有震撼力。這場比賽印證了蓬勃發展的青少年棋運，也展現中華棋協的號召力和動員力。

舉辦如此大規模的比賽需要大筆經費，全由財務長翁明顯和常務理事陳富陌負擔。企業「美至一」公司也贊助。我比照大專賽模式，向黨政及民意機構，還有獅子會等公益團體募集獎品。結果收到的獎品，加上協會採購的，堆積如山。閉幕時光是讓小朋友摸彩就用了一個多小時。比賽也需動員上百名工作人員和裁判。棋協除了徵召志工，仰賴已有盛名的中華兒童棋院支援。中華兒童棋院並自行吸收工作人員和裁判全部費用。大會聘請了前輩黃水生為總裁判，他也把三千元裁判費捐出來了。棋協每辦一場大比賽，就會有許多「可歌可泣」的義行產生，我見證最多。

「全國青少年圍棋賽」又辦了一屆。到了 81 年五月，

比賽規模縮小，改成「臺北市青少年圍棋賽」，由「文化復興運動總會」臺北分會主辦，棋協負責賽務。比賽地點仍在劍潭海外青年活動中心，裁判工作由理事熊波迪主持的「熊老師圍棋教室」協助。那次比賽我有記憶的是賽前的準備工作。劍潭中心是熱門場地，借用者眾。我們的比賽在星期天，必須前一天進場布置。可是星期六的場地從早到晚有人使用，因此只能利用夜半時刻。夜半找人不易，我只好向輔仁大學電工系主任潘純新討救兵。棋協在四月才與輔大合作辦了大專杯。潘主任是段位棋友，在校熱心推行圍棋，也常到棋協直屬棋院（見後）下棋，我們有好交情。潘主任緊急號召了十二位輔大學生，和棋協人員一起到劍潭布置場地。工作完畢已是深夜兩點。

「中華少年村」主持人黃文儀曾當著我面說：「青少年弈風鼎盛，棋協功不可沒。」我感謝他的肯定。

推行全民圍棋還有兩塊重要拼圖，即銀髮與女子族群。

臺灣的退休及銀髮族人口日增，已逐漸步入高齡化社會。銀髮族也需要休閒娛樂，我認為圍棋是很好的選擇。除了讓大腦做運動，避免老人痴呆症，也可以藉著手談維繫人際關係，保持身心健康。所以老年人下圍棋，我稱之為「長青圍棋」，值得提倡。我曾以這一套說辭到內政部遊說，得到吳伯雄部長認同，撥下一筆專款。凡是銀髮族到棋協指定棋社下棋，由專款補助，茶資減半。

有些棋社對於兒童下棋有優待，如果對長者也有優待，棋社裡就時常會看到老少對弈的和睦景象，這不正是〈禮運大同篇〉「老吾老以及人之老，幼吾幼以及人之幼」理想之實現嗎？

為了推廣長青圍棋，棋協在 80 年十二月開辦「長青杯

圍棋賽」。比賽依年齡分組：50-65 歲，壯年組；66-80 歲，長青組；80 歲以上，松柏組。雖是初辦，參加人數有九十人之多。國策顧問曹聖芬蒞臨致詞，也下場比賽。作家瓊瑤父親，82 歲的陳致平教授，以及棋協理事，87 歲的邱鼎宗醫師，都在參賽者中。

女子圍棋是我任內未能完成的一塊拼圖。許饒和副祕書長到日本探望徒弟潘善琪，順便拜訪了日本棋院負責涉外事務的大枝雄介。大枝提出中日韓三國輪流主辦業餘女子圍棋賽的構想。我們認為臺灣女子圍棋風氣仍待開發，加上經費問題，婉拒了這項提議。當時臺灣女子下圍棋者非常稀少，青少年圍棋興起後才逐漸有女性加入。不過我始終記得林國手發揚女子圍棋的交代。五年後（87 年），海峰棋院創立，我才得以完成心願，舉辦女子圍棋賽（見〈海峰文教基金會〉章）。

### 結合地方棋界

作為一個全國性社團，中華棋協的職責之一就是結合地方棋界，整合資源，共同推行圍棋。我們除了安排地方代表加入理監事陣容，與地方棋會也加強聯繫，鼓勵它們加入協會，成為團體會員或成立協會分會。我本人也到地方棋會拜訪，建立人脈。我每週到高雄教書，南北兩地跑，可以順便到地方棋會走動，連交通費都省了不少。我曾到新營拜訪臺南縣圍棋協會張明義理事長，也到嘉義拜訪熱心舉辦圍棋比賽的邱義和醫師。棋協每年舉辦兩次「晉升段賽」，全國三區同時舉行，中區與南區都是委託地方棋會辦理。另外我們也願意掛名與地方合辦比賽，像與新竹市圍棋協會合辦「新竹名人賽」。因為有這層關係，新竹市對於棋協的活動也大

力支援。

　　當時臺中有個「主席杯圍棋賽」，是全國性業餘圍棋比賽最有規模者。79 年五月棋協獲得邀請，組隊前往參加段位組比賽，與主辦者省立臺中圖書館建立良好關係，之後雙方結合，聯合主辦主席杯。因為有棋協掛名，比賽規模擴大，也得到省政府更多補助。

## 段位證書

　　鑑定棋力是圍棋協會重要的工作。如果說圍棋協會只能辦一個比賽，那一定是晉升段賽。舉辦晉升段賽最重要的目的就是鑑定棋力，頒發證書。證書制度為棋力鑑定設立標準，讓學棋者有努力的目標，對圍棋會更有興趣。棋協是政府承認代表棋界，非營利的人民團體，所發證書具有公信力，可將全國的段位標準統一起來。

　　在過去，段位證書是由中國圍棋會頒發，棋協成立後變成一國兩證。圍棋會公開表示不承認棋協的證書。我們不以為意，認為誰是合理的頒證單位自有公論，棋協應該要做的是爭取廣大棋友的認同。為了不影響棋友權益，我們在辦比賽時認可中國圍棋會的證書。持有其證書者，只要繳交證書費，毋須經過鑑定，也可以換證。

　　棋協對於段位認證做了重大改革，即把段位標準大幅降低。跟日本相比，現行臺灣的段位標準顯得過於嚴格。從前在弈園下棋，我初段資格，遇到日本業餘五段，仍可輕鬆獲勝，可見雙方標準差距很大。過去臺灣沒有職業制度，業餘段位棋士擔任棋力標準把關者，嚴格審核有其道理。日本標準寬鬆，除了因為有職業棋士制度外，與「日本棋院」的證書收入有關。日本棋友對於段位證書非常重視，儘管證書費

不便宜，仍然樂意取得，證書收入因而成為日本棋院重要財源。段位標準訂得太嚴，弈者晉段或升段不易，棋院證書發得少，收入也會減少。

　　一般人追求棋道一段時間後，莫不希望擁有段位，滿足成就感。如果因標準嚴格，感覺進步不易，對圍棋的興趣難免會減低。所以降低段位標準，有利於推廣。同時臺灣已建立職業制度，比照日本，降低段位標準，此正其時。

　　經過會議討論後，我們把臺灣的業餘段位標準大幅降低，不過比日本同段水平還高約兩子。最高段位定於六段。全體段位分成兩級：一至三段定為「推廣段位」，四至六段稱為「實力段位」。推廣段位的標準不予明確規定，除了透過比賽，也可以經由推薦方式取得。推薦人得為職業棋士或協會指定的業餘六段棋士。被推薦者須付規費給推薦人。實力段位則只能經過比賽取得。如此設計是方便稍有棋力者取得低段位，也為協會增加證書收入。三段以上則藉比賽稍加管控，避免棋力水平趨於浮濫。

　　中華棋協自 79 年起發證。考量國人消費習慣，一至三段證書費 250 元，四至六段 500 元，價格與日本動輒上萬元不可同「日」而語。棋協每年兩次全國分區舉辦晉升段賽，段位人數逐漸成長。後來各地比賽暴增，取得段位更加容易，棋協就取消以推薦方式晉升段的辦法。

## 茂榜杯、專富杯

　　棋協常務理事中有三位企業家：翁明顯、王祖鵬、楊志南。他們都是乘願而來，就任後立刻出錢出力，舉辦比賽，把棋協帶動起來。

　　78 年初我正籌備大專賽，王祖鵬就吩咐我規劃一個經

費三十萬元的比賽，名為「茂榜杯」圍棋賽（陳茂榜先生是王祖鵬岳父，聲寶企業創辦人）。此時正是應昌期宣布終止三大新聞棋賽（見後），職業棋士失去舞台之後，王祖鵬希望在這段真空期間，職業棋士仍然有棋可下。所以他希望辦一個職業業餘混合賽，先在全國四區預賽，選出業餘代表，再與職業棋士進行決賽。我請執行祕書陳萬生研擬細節及比賽辦法，在五月初公布。包含「棋王」周咸亨、「名人」陳長清等八位職業棋士報名參加。

茂榜杯在職棋斷炊期間舉辦，可能讓應昌期覺得沒面子，應氏基金會出現了一些小動作來干擾比賽。每年上半年，應氏基金會都會舉辦業餘「十傑賽」，由首傑代表臺灣參加日本舉辦的「世界業餘選手權賽」。陳萬生在決定茂榜杯比賽日期時就避免與十傑賽撞期。《圍棋》雜誌早先公布了十傑賽比賽辦法，但日期未定，只說明將於三至五月間舉行。陳萬生因此將茂榜杯預賽訂於五月二十日舉行。五月初棋協公布了比賽辦法及日期。豈料基金會於五月中匆促宣布十傑賽將於茂榜杯開賽日舉行，明擺著要火車對撞，強迫業餘棋士兩賽擇一。基金會可能認為十傑賽比較有吸引力，有牽制的效果。事實上，曾經列名「十傑」的棋手，只有兩人參加十傑賽，大部分的高手都參加了茂榜杯[6]。基金會祕書長許欽璋出面，要求職業棋士不要參加茂榜杯。至於違命參加者，據說事後遭到記過扣點處分。

為表支持，我也報名參加茂榜杯，臺北地區預賽勝出，但止步於第二輪。茂榜杯總共辦了三屆，前兩屆有職業棋士參加，冠軍都是林聖賢。後來新聞棋賽恢復，第三屆就改為業餘賽。

「專富杯」是標準的大型業餘圍棋比賽，由楊志南所屬

「專富木業公司」贊助，78 年十二月在公司所在地彰化之「奧運村圍棋中心」舉行。比賽分三階段，段位組先登場，接著是青少年組，最後是級位組，熱鬧了一個月。青少年賽舉行時，臺北中華兒童棋院學員包了遊覽車來參賽。隔年兒童棋院協辦「全國青少年賽」，奧運村也率軍包車北上，投桃報李。我到彰化主持比賽，順便參加段位組比賽，但也止於複賽。

王祖鵬與楊志南兩人致力於推動國內棋運時，翁明顯把目光放到對岸中國大陸，舉辦「中環杯兩岸交流圍棋賽」，拉開兩岸圍棋交流的序幕。這一點留待〈國際接軌〉一節再敘。

## 國手講棋

林海峰於 74 年「本因坊賽」衛冕失敗，此後數年與大頭銜無緣，棋壇甚至傳出他已過氣的聲音。78 年林海峰重振聲威，站上「十段」挑戰舞台，但不敵趙治勳，三比零慘敗，到了年底，又挑戰「天元」，對手還是趙治勳，多數人都不看好。結果林國手不負眾望，在逆勢下三比二力克宿敵，首度登上天元寶座。

大戰過後，林海峰飛回臺灣度假，也應邀出席元旦舉行的「龍山杯兒童圍棋賽」。隨行有回國省親的楊嘉源五段。我在《中華圍棋雜誌》發表專文，以「在期盼聲中衝刺，在勝利邊緣徘徊」為標題，慶賀國手再展雄風。每次國手回國都是推行圍棋的機緣，我當然打鐵趁熱，希望能安排一場講棋，讓棋迷們一睹國手風采。

我拜託楊嘉源母親，也是協會監事蘇淑女，聯絡林國手。本來國手回臺除了出席兒童棋賽外，不準備有公開活

動，當蘇女士提到棋界需要他來打氣，他就一諾無辭了。於是棋協敲定在一月二日下午，邀請楊嘉源與當紅的林聖賢下一場快棋表演賽，由林海峰現場大棋盤講解。

節目既定，準備時間卻很短促。首先是場地問題。臺北大型場地不多，三月前預訂都不一定借得到，還好借到重慶南路與南海路口的「民眾團體活動中心」。其次是大棋盤問題。協會第一次辦講棋，沒有大棋盤可用。《民生報》石敏副社長當貴人，將報社的大棋盤出借，方才解決。

過去聽講棋都是免費入場，這次我想藉著林國手的人氣推銷使用者付費的觀念，因此收取入場費兩百元。我覺得如果棋友能接受，以後就可多辦類似活動，經費壓力也可減輕。結果當天有五百人到場，相當成功。只有一位棋友，不滿意要收費，雖經我解釋，依然吵鬧了一陣子。

中華兒童棋院捧場，獨家認購了一百五十張入場券。當天就有許多小朋友擠在講台前，林國手不時與他們搭話，場面顯得很熱鬧。本來我擔心國手不習慣用國語講棋，特請口才好的許饒和搭配。但我多慮了，國手平易幽默的談吐自然與觀眾打成一片。有電視台前來採訪，在晚間新聞節目報導。

活動前我已決定，請國手講棋不會只有這一場，不能每次都揩油，要他做義工（雖然他不介意），所以要立下規矩，付與講棋費。我向楊爸（楊茂盛）打聽國手在日本講棋的行情，他說八萬元左右。我於是準備了八萬元放在紅包內，國手講完棋就恭敬奉上。他雖推辭，但拗不過我勸說，只得收下。

當晚林晉章理事長宴請林國手。席間，林國手把紅包退回，還加了兩萬元，說是捐給棋協。楊嘉源也把我給的一萬

元紅包（對局費）捐出來。兩位旅日棋士對棋協的支持令大家感動。

## 全國圍棋大賽

中華棋協雖有理監事全力贊助，也有棋界各方支援，但是全面推展圍棋，需要更多的資源，向政府機構爭取補助，就成為重要工作。在我祕書長任內，申請過補助的公家機構包含：文化建設委員會（文建會）、中華文化復興運動委員會、教育部、內政部、臺北市政府等。我認為向公家伸手不只是要求補助，也是讓他們知道有一個努力推行圍棋文化的民間機構，可以成為他們的工作夥伴。以文建會來說，推廣優良文化是他們的職責，圍棋協會正可成為得力助手。文建會因此成為贊助棋協最多的政府單位。

我在就任之初，打聽到文建會對於文化團體有所補助，而且金額不低，但要全國性活動才能申請。我正好想辦一次全國性活動，打響棋協知名度，就寫了一份「全國圍棋大賽」計畫書，申請補助。但是案子沒有獲准。經承辦人員告知，文建會關於棋類補助只有一筆經費，已經給了象棋協會舉辦比賽。我不死心，隔年（79 年）繼續申請，意外地成功了。原來象棋協會辦了比賽，但事後向文建會報帳時被發現有些經費使用不符原來申請名目，文建會不再給予補助，這筆經費就轉給了棋協。我感覺這是天上掉下來的禮物。

文建會贊助金額高達一百五十萬，與我申請的數目非常接近。我很興奮，因為藉著舉辦全國賽，推行圍棋的理想得以實現。棋協全體動員，又召集了很多志工，一定要把比賽辦得完美，向贊助者展現棋界豐沛的人脈。至於帳目管理，

交給細心的蘇秀雄祕書，我相當放心。

　　文建會策劃贊助，中華棋協主辦的「全國圍棋大賽」在79年十一月啟動了。這個比賽需要地方棋會配合，才能辦好。按照計畫，比賽第一階段是地方代表選拔賽。棋協撥下經費，由指定的地方棋會與各縣市「文化中心」合作辦理。選拔賽特意在文化中心舉辦，一方面是就近利用文化中心資源，一方面由文化中心幫忙宣傳，提高比賽能見度。各地棋會知道活動有政府關照，感覺有面子，都全力動員起來，順利辦好選拔賽，大家合力向文建會展現棋界的動員即戰力。

　　各縣市公開選出代表隊（每隊五人）後，從十二月三十至一月一日會師臺北，在市立「社會教育館」鏖戰三日。二十一縣市都有隊伍參加。考量臺北與高雄圍棋人口較多，臺北派出三隊，高雄兩隊，共有二十四隊，一百二十名選手，角逐團體賽及個人賽冠軍。團體冠軍獎金十萬，個人冠軍四萬。

　　這比賽有多項特別規劃，顯現主辦單位的用心，希望除了競技，還能有推行圍棋的邊際效應。

1. 比賽進行時另外安排演講活動，讓未參加比賽的一般社會大眾也能進場分享盛會氣氛，了解圍棋。一場由名作家司馬中原主講「圍棋人生」，另一場由臺大心理系教授吳英璋主講「圍棋與青少年心智發展」。這兩位講者都是資深棋友。

2. 比賽第三日下午，大多數選手已完成賽事時，敦請林海峰國手大棋盤解說。這是林國手相隔一年後，專程回國，再度與棋友近距離接觸。大賽跨年舉行其實是為了配合國手行程。他在講棋後就因另有要事，匆匆趕回日本。

3. 林晉章理事長召集所有領隊舉行「全國圍棋會議」，交流有關推動棋運之看法。

4. 制定選手禮儀規範，提高選手棋品。

5. 在比賽辦法中註明，團體賽得獎獎金之一半必須作為推展圍棋基金，由協會代管，地方棋會舉辦活動時方得提報動支。

　　透過這場大賽，棋協與全國各地棋會建立良好互動模式，成功擔負起推動棋運的領導地位。各項活動經過媒體報導，達成宣揚圍棋的效果。我認為是個人所有經辦活動中最足以自豪者。文建會也非常肯定我們的表現。隔年我再提出申請時，我編列的經費預算一毛未刪。主管審查的人員向我透露，這是上面特別交代的。本屆大賽開幕時，文建會郭為藩主委並未出席，但在次年再度舉辦時，不但出席開幕，還參加了屬於棋協會務的全國圍棋會議，可見他對於大賽非常支持。

　　第二屆全國大賽於 81 年元月一日至三日在臺灣大學體育館舉行。林海峰國手依舊到場關心。那天下著大雨，國手冒雨走進會場，西裝已溼了一半，這是我記憶深刻的一幕。

　　比賽之外，相關活動依舊舉辦。大棋盤解說由正在日本棋壇嶄露頭角的王立誠接棒。在全國圍棋會議中，列席的郭為藩主委，首度提出國家棋院的概念，並委請我提出實施方案。國家棋院是我近年來時常與文建會接觸後萌生的一個概念，沒想到郭主委已放在心中。在場領隊們知道國家有意支持圍棋都相當振奮。我也很高興接下任務。（見後詳述）

## 移師高雄

　　兩屆全國大賽都在臺北舉行，考慮到推廣圍棋不能局限

一隅，我提出到高雄舉辦的計畫。文建會清楚棋協有人脈和動員力，不但批准計畫，還增加經費二十萬。高雄市圍棋協會聞訊後表示支援所有工作人力，全力配合。如此一來，協會方面只須我一人負責聯繫工作，不必勞師南下。我又人在高雄教書，與當地棋界互動良好，所以大賽籌備工作順利展開。

比賽地點設在「中正文化中心」。相關活動與上屆大致相同，有棋書棋具展、大棋盤講解、職業棋士表演賽、多局指導棋等。高市棋協總幹事沈士榮是籌備工作總指揮，同時也是製作燈謎高手，因此增加了一個比賽選手在晚上休息時間射圍棋燈謎的活動。本屆特別設置選手村，外地來的選手都安排住在「國軍英雄館」，每天到會場都有專車接送。

經過兩年的比賽交流，全國各地高手相知相惜，我想如果能在比賽第一天晚上辦個宴席，大家齊聚一堂，更可以增長情誼。但是選手加上工作人員，席開二十桌，可是一筆不小的費用，也不能由國家補助的經費支出。我於是將腦筋動到地主高雄圍棋會理事長賴哲三頭上。我向他提出要求，但他一直未置可否。眼看比賽日逐漸接近，我不免著急起來。賴理事長是位婦產科醫師，他於夜間開放醫院地下室，供棋友下棋，我曾與一位吳信雄初段在那裡鏖戰終夜。一晚，我專程到醫院地下室找賴理事長。他正在與人打麻將，我不便開口，就坐在一旁觀看。一夜過去，理事長是大贏家，我趁機提出宴席事，希望他能買單。或許是心情好，他就答應了。

比賽在元旦舉行。林海峰國手照例回臺度假。前兩屆大賽他都蒞臨，這一次比賽在高雄，我不敢麻煩他跑一趟，沒跟他聯絡。賽前一個週末他卻主動打電話找我，問大賽事。

我知他元月二日臺北有事，委婉表示不敢麻煩。掛斷電話五分鐘後，他又來電，告知決定南下參加元旦日活動，自己會安排交通。

林國手於三十一日，由夫人陪同，抵達高雄。雖然他說藉機到高雄遊玩，但次日參加開幕典禮後，整天待在會場看比賽，連賴哲三理事長特意安排的九洞高爾夫球都沒去打。第一天賽事結束後，所有與會者到餐廳參加高雄市圍棋會招待的晚宴，林國手還與文建會負責文教的卓英豪處長逐桌向棋友敬酒。

文建會郭主委長非常重視大賽，本來想要參加開幕典禮，但因元旦早晨參加總統府升旗典禮，不克前來，遂改成參加閉幕式。我知道這消息後，頗覺為難。一般棋賽到了尾聲，大部分人都已離去，只剩下少數得獎者留在現場。我不希望主委來時有如此冷清場面，就思考如何在閉幕時維持與開幕相同的在場人數。最後一天個人賽舉行時，我包了部遊覽車將已無賽事的選手帶到佛光山遊覽，下午閉幕前再原車載回文化中心。閉幕典禮前，我請工作人員在文化中心門口招呼過往行人，凡進場參觀典禮者發給小禮物，這一招吸引了一些人。下午三點原有安排職業棋士大棋盤講解棋局，不少高雄棋友前來聽講。但是職業棋士因故都回臺北去了，只好由我代勞，這群聽棋人也成了典禮觀眾。結果主委蒞臨時，在場人數比開幕時還多，全國大賽風光閉幕。

大賽中有一位高雄選手，年僅十二歲，於開幕典禮時代表全體選手宣讀誓詞，引來注目。他是張豐猷。我到中山大學任教後，有一天理學院院長張宗仁來找，談的不是校務，而是圍棋。張院長之子就是豐猷，學棋未久就展露天分，因此院長希望我能做他老師，開發他的潛力。當時我學校與棋

協兩頭忙碌，無法勝任，但答應幫他另尋名師。我想到棋力人品俱是上乘的陳伯謙。我這著棋下得妙，豐猷拜陳伯謙為師後，棋力突飛猛進。後來王立誠看到他的棋，願意收入門下。豐猷準備在臺灣磨練一年後就赴日學弈。

## 國家棋院

文建會郭為藩主委在高雄全國圍棋大賽閉幕典禮上又提到國家棋院，表示已在策劃中。

文建會支持圍棋，大專賽和全國賽都撥款贊助，和我直接接觸者，最高層級是卓英豪處長。我想如果能與郭主委有面談機會，或許有更大的計畫彼此可以合作。但我人微言輕，必須借重林海峰國手的名氣。所以只要林國手回國，我就會以感謝支持的理由，陪同他到文建會拜訪郭主委。主委原來不懂圍棋，幾次拜訪後逐漸對圍棋產生興趣，談話內容從日常寒暄轉到推行圍棋的理念。主委稱讚圍棋界團結，全國賽辦出口碑。我則趁機提出國家棋院的構想。

我認為日本與韓國推行圍棋有成，在於設立棋院統籌職業與業餘圍棋發展。日韓的棋院屬民間財團法人性質，如果我們能以國家為後盾成立棋院，更能有效整合民間與官方資源，齊心發展圍棋。我又向郭主委建議：圍棋是傳統文化，也是藝術，我們已經設立了國家劇院與國家音樂廳，何妨也設立國家棋院。

郭主委覺得國家棋院的構想值得研究，請我提出一些具體方案。他在 81 年全國賽宣布此事。到了十月，文建會與中華棋協簽約，撥下二十萬經費，委託棋協專案研究「日韓棋院及職業制度」，作為策劃國家棋院的參考。主委於高雄再提國家棋院時，研究報告正在撰寫中。

研究工作我交給秦世敏與周可平。秦世敏對日本棋界了解甚深，加上精通日文的蘇正德協助，可以勝任日本部分。周可平是職業棋士，曾在韓國棋院學弈，負責韓國部分，不做第二人想。秦周部分完成後，由我整合，再加入一章臺灣圍棋發展歷史，讓讀者有所比較。

研究報告完成後，文建會經過審查，提出了一些修正意見，我大致照辦。但是其中有關臺灣圍棋部分的一則，令我啼笑皆非。我在報導國內圍棋組織時，先介紹中華棋協，然後介紹中國圍棋會與應昌期基金會。文建會希望我更正排序，將棋協擺在最後。打聽之下，原來在審查期間，應昌期基金會有人神通廣大，看到了報告，不滿排序在棋協之後，向文建會提出抗議。我不認為需要修改，提出申覆：1. 棋協為國家認可，代表棋界之人民團體，其他為私人所屬財團組織。2. 棋協對棋運影響力遠大於其他團體，與文建會合辦全國大賽足資證明。3. 以成立年資排序無法反映棋運現實。這事提到棋協理事會討論，翁明顯認為表達善意，修改無妨。我雖不堅持，但不願親自動手，就交由許饒和執行。

研究案在 82 年二月結束後，我正期待文建會下一個動作，郭主委卻高升為教育部長，離開文建會了。繼任者未延續他的政策，國家棋院的構想終究是曇花一現。

我在祕書長任內，得到文建會大力支持，大專賽與全國賽都能辦出空前盛況。一些前瞻性的理念，像開辦青少年圍棋師資訓練班、規劃國家棋院等，也都得到認同與贊助，只可惜如此密切的官民合作關係之後不復再現。

## 板蕩職棋

棋協成立，力圖表現，爭取民心時，應昌期主導的職業

棋界卻有巨變動地而來。

棋協開工的那個春節，有幾位職業棋士一時興起，在中國圍棋會會所打麻將。應昌期知道了，勃然大怒。本來這事罪不及死，告誡一下，下不為例即可。應昌期卻將全體職業棋士判處「死刑」，宣布停辦「品位賽」以及三大新聞棋賽。職業棋士沒了比賽，一下子就失去收入來源，連沒打麻將者都遭波及，一時人心惶惶。三個月後應昌期大概氣消了，中國圍棋會召開董事會，宣布恢復三大棋賽。但是《民生報》不同意，認為一項比賽不能說停就停，說辦就辦，既然停了就不恢復了[7]。看來報社對應昌期的任性也有意見。「名人」、「國手」恢復比賽，周咸亨卻成末代「棋王」。遭此打擊，周此後竟與頭銜絕緣。

另一個更早的打擊來自 77 年的「應氏杯世界圍棋賽」。臺灣人主辦的世界賽竟然沒有一個本土棋士代表。應昌期把中華臺北三個名額全數給了旅日棋士——林海峰、王立誠與王銘琬。有職業棋士表示，就算棋力不如，自己的孩子總要照顧，至少給一個名額。不給目標教我們如何努力向上？其言也悲。

80 年第十八屆「名人賽」，陳長清從彭景華手中奪回名人，正準備衛冕。豈料在三月的頒獎典禮上，應昌期又無預警地宣布，挑戰賽改成擂台賽。這是十八年前林文伯「一日名人」事件的翻版。不同的是陳長清不再吞忍，拒下擂台賽。九年前「棋王賽」時陳長清因薪資事罷賽，已被應昌期視為搞蛋分子。應曾在頒獎場合說陳長清能奪冠是手氣好，形同羞辱。陳長清不願配合比賽，他樂得趁機取消其名人頭銜。本來選手拒賽，主辦方如此處置，也算合理。但處罰波及另一比賽就有「趕盡殺絕」的意味了。陳長清另一個頭

銜——「國手」也因名人賽罷賽而被取消。挑戰者林聖賢因此兵不血刃就取得進入職棋第一個頭銜。更「好康」的是本屆國手賽獎金本來是二十萬，應昌期特意加倍成四十萬。國手賽開辦時獎金為十萬，十年後增為二十萬，才過一年就再加倍，此舉明顯是應昌期要氣陳長清，並宣示：聽話的才有糖吃。聽到這件事，我終於了解「有錢人就是任性」這句話的意思。

應昌期出錢辦比賽，卻屢遭忤逆。難怪他要抱怨：「我出錢有錯嗎？」出錢無錯，他錯在大老闆心態，不懂得尊重別人。他朝令夕改，固然令人不悅，但只要事前多溝通，尊重對方立場，事情多有轉圜餘地。拉高姿態，「順我者生，逆我者亡」的行事風格，只會招致更激烈的反抗。

陳長清罷賽後，圍棋會正式發布處罰：禁賽兩年。其實陳長清早就不想待在這個沒有尊嚴的舞台，這個處罰跟我的撤段事件一樣，只是主事者「造業」後撐起的遮羞布。兩年禁賽期過後，有人代表圍棋會勸說陳長清回歸，他的回答簡短五字，鏗鏘有力：「不食嗟來食」[8]。我對陳長清不為五斗米折腰的風骨欽佩不已。他從此退隱，不問棋壇是非。英年早退，乃是棋壇莫大損失。

走筆至此，又想起一樁舊事。許多年前，日本當紅的青年棋士福井政明七段來訪，想與我們頂尖棋士切磋。我方派出陳長清應戰。棋會幹事認為手合應是受先，但是陳長清希望分先下，為表示尊重對手，由他持黑棋。福井同意了。這一局棋陳長清發揮得很好，完勝。福井搖搖頭，要求再下一局，並主動拿了黑棋。結果還是陳長清獲勝。兩局我都在場觀戰。事後我向應昌期建議，分先能連勝兩局，表示我方實力有所突破，應該獎賞陳長清，以示鼓勵。但他無動於衷。

他可是在公開場合說過，臺灣的棋力三十年內趕不上日本。

## 應氏杯

《民生報》石敏副社長接受訪問，談到臺灣的職業圍棋制度，認為：「本來就是在一種很勉強的情況下產生的，因為應先生的堅持，而提早出現。」[9] 他指的是臺灣尚未建立堅實的群眾基礎，就發展了職棋。我倒認為應昌期選擇的時機並沒有錯，問題在於他後來的心思被計點制規則盤據，以己心為師，離開了群眾，遑論建立群眾基礎。

應昌期一心一意想把計點制規則推銷到全世界，日本圍棋作家勝本哲州替他出了一個主意：舉辦一個高獎金的世界比賽，故步自封的圍棋大國才會採用計點制。於是應昌期宣布舉辦「應氏杯世界職業圍棋錦標賽」。他的出發點或許是為了推行規則，對於圍棋世界化卻有極大貢獻。臺灣要辦世界賽的消息一出，日本人覺得沒面子，就在應氏杯籌備期間，搶先舉辦了「富士通杯」世界賽。而在應氏杯後，各種世界賽也紛紛出籠。

號稱棋界奧林匹克（四年舉辦一次）的應氏杯於 77 年八月舉辦。此時的世界圍棋大勢已非日本獨霸，韓國和大陸都已崛起，指標人物分別是曹薰鉉和聶衛平，世界賽的出現正是時候。

應氏杯是國際盛會，主人應昌期卻滿心希望把冠軍獎杯留在自己家裡。他的首選是林海峰，其次是聶衛平。林海峰打進四強，但負於曹薰鉉。最後是聶衛平與曹薰鉉決賽。曹薰鉉打入決賽，韓國人卻不太高興。主因是受邀參賽十六名選手中韓國只有一席，與美國、澳洲同級，韓國人覺得被貶低了。加上比賽時間、地點始終無法確認等，令韓國棋界大

感不滿。於是韓國企業界集資四十萬美元（與應氏杯冠軍獎金同額）要給曹薰鉉，請他罷賽。但曹薰鉉沒有答應，表示參賽不為獎金，只求與聶衛平一較高下。罷賽風波雖得以平息，過程中，毫無關係的林海峰卻遭池魚之殃。

原來韓國人鬧罷賽時，應昌期的備案竟然是以林海峰代替曹薰鉉出戰。林海峰已淘汰出局，豈有再度出場之理，當然不會同意。據說應昌期很生氣，還對林海峰說：「你不下的話，從此不要叫我應伯伯。」[10] 一年後，翁明顯辦「中環杯兩岸交流賽」，林海峰應邀到上海下了一盤棋，應昌期又生氣，說：「我叫他下他不下，別人叫他下就下。」之後甚至下令《圍棋》雜誌將林海峰除名。所以《圍棋》雜誌連續兩期旅日棋士戰績表上不見林海峰之名 [11]。

應氏杯決賽期間，或許是太希望聶衛平勝出，主辦方對曹薰鉉有意無意出現一些不友善舉動。第一局在杭州下，曹薰鉉獲勝。然而賽事一結束，主辦人員就一哄而散，曹薰鉉夫婦被丟在現場，無人安排機位返國。不得已輾轉乘坐火車經上海赴廣州，託人取得香港簽證，再乘交通船去香港，買到機票回到韓國，如此折騰了一星期 [12]。二、三兩局轉戰寧波，主辦方又以端正坐姿為由，不許曹薰鉉在對局中盤腿。

三局結束後，戰火在新加坡重新燃起。居於一比二劣勢的曹薰鉉連下兩城，捧回冠軍，成為韓國的民族英雄，也大大振興了韓國的棋運。有人認為曹薰鉉得勝是因為聶衛平赴賽途中誤飛泰國，生了一場病所致；更多人認為他遭到無禮對待，激起了鬥志。

四年後第二屆應氏杯又起風波。起因於應昌期邀請兩位大陸旅外棋士——江鑄久與芮迺偉參賽。大陸「中國圍棋會」立刻表示反對，他們認為為了維護國內棋手權益，不能

同意外方指定海外中國棋手參賽，希望應氏基金會能尊重中方立場。應昌期卻強硬表示：「我決定的事絕不更改。」又說：「我請客吃飯上什麼菜，客人怎能干涉。」[13] 後來雖派沈君山到大陸協商，但沈與大陸的協議被也被應昌期否決[14]，雙方終究無法取得共識。81 年六月，應氏杯舉辦前一個月，應氏基金會宣布取消聶衛平等大陸棋手參加資格。

　　沒有大陸棋手參賽的應氏杯最後由韓國的徐奉洙得冠。應昌期希望中國人得冠的願望一直無法實現。應氏杯前四屆冠軍都是韓國人，直到第五屆才由中國選手常昊上台領獎，但應昌期已經辭世，無法目睹。

## 國際接軌

　　富士通杯、應氏杯等世界賽相繼舉行，在圍棋國際化的趨勢中，中華棋協也努力與國際接軌。

　　我們是新成立的組織，先要設法讓國外人士知曉我們的存在。這一點我很快發現是過慮了。中國圍棋會幹事吳仁，在日本《圍棋年鑑》中報導臺灣圍棋組織時，對棋協一字不提。但是隻手無法遮天，許饒和副祕書長到日本時，大枝部長會邀請我們合辦女子圍棋賽，顯示日本棋院對棋協已非陌生。林海峰國手經常參與棋協的活動，回到日本，與好友閒談，自然也會提起棋協名號。79 年七月，國手好友，負責海外事務的工藤紀夫九段率團來臺訪問，林晉章理事長與他見面，發現他對臺灣棋界的發展相當清楚。十月，大枝及日本棋院新聞部長伊藤誠，韓國棋院海外事務負責人金寅，及立力閣公司（出版圍棋書籍）負責人安鈴二，聯袂來訪，洽談合作事宜。由此可見，棋協已經打開對外門戶。

　　80 年，張栩與林子淵赴日深造，由棋協向日本棋院出

具同意書，證明了棋協在臺灣的代表地位已被承認接受。

日本自 68 年開辦「世界業餘圍棋賽」後，臺灣選手一直由中國圍棋會指派。後來圍棋會舉辦「十傑賽」，獲得首傑者即為代表。中華棋協成立後，中國圍棋會私人財團組織的身分是否適合選拔國手就遭到質疑。棋協既然是政府認定代表棋界的人民團體，自然認為應有國手選拔權力。不過，選拔單位必須是設於日本的國際圍棋聯盟（International GO Federation, IGF）一員，其選手資格才會被承認。棋協必須先加入 IGF，才能爭取選拔權。

工藤和大枝來臺時，棋協都表明加入 IGF 的意願，也遞交入會申請書。他們雖口頭應允協助，促成其實有困難。依 IGF 規定，每一個國家只能有一個會員代表，臺灣的名額早先給了中國圍棋會，若棋協加入，圍棋會勢必退出。日方即便認為棋協比較有代表性，礙於情面，也不願意對圍棋會下逐客令。所以這事不了了之，一直拖到二十年後，才獲得解決（見〈海峰棋院〉章）。

79 年底，棋協同時接到了兩份國際賽邀請函。一是日本舉辦的第一屆「國際業餘男女混合賽」（雙打賽），一是洛杉磯中華圍棋會舉辦的「中華杯國際圍棋賽」。洛城棋會的陳之誠與張南旋與我友好，來邀不意外。至於日方之函，棄中國圍棋會而就棋協，還真令我受寵若驚。據說有林海峰居中推薦，但我未求證。

## 中環杯兩岸交流賽

大陸圍棋崛起後，兩岸也開始大規模，正式的圍棋交流。開風氣之先的，當屬「中環杯兩岸交流賽」。先是美國中華圍棋會長陳之誠牽線，經過《中華圍棋》雜誌總編陳憲

輝奔走聯絡，與大陸棋界達成交流協議，再由中環公司董事長翁明顯贊助全部經費，組成一支十二人（臺灣職棋四人，旅日棋士四人，業餘二人，少年代表二人）隊伍，在 79 年十月前往大陸五城市，與當地棋手交流比賽。

業餘與少年代表在「海峰圍棋中心」比賽選拔。我與葉練銘入選業餘代表。但因比賽全部行程超過半個月，我不便向任教的中山大學請假，就放棄資格，由程清江遞補。少年代表是張栩與林子淵。臺灣職棋由陳長清、周咸亨、彭景華、林聖賢代表，正是當時最強陣容。旅日職棋為鄭銘瑝、鄭銘琦、楊嘉源與郭求真。

由於大陸方面派出二軍應戰，中環隊轉戰五城市，戰績是三比二。林海峰還特地從東京飛來，在上海場比了一局。我後來看陳憲輝、馬西屏等人的報導，覺得這趟圍棋之旅頗有趣味，可惜未能參與。

中環杯第二年又辦了一屆就功成身退。

## 琉球交流

在我學生時代有位「琉球本因坊」下地玄忠來臺訪問，棋力很強，能與我方一線高手抗衡，我留有印象。

80 年十一月，「中琉文經協會」轉來琉球圍棋協會函件，邀請棋協派出四人參加在那霸舉行，慶祝健康文化節的「Suntopia 國際圍棋賽」（Suntopia 是贊助廠商名）。主辦者很大方，參賽四人的機票與食宿費用全數招待。因為時間短促，來不及公開選拔選手，就由理事長指定兩位高段棋士──程清江和我，再從理事中選出柯天德與陳澤裕。這兩位都能說流利日文，方便我們與日本棋友溝通。我們此去，除了比賽，還希望與琉球棋界加強互動。

比賽場地設在面臨海洋、風景優美的「宜野灣體育館」。我和程清江參加五—六段組。這組報名超過百人，每三十二人分成一組，共有四組，單淘汰，一天五場決勝。日本的業餘比賽不發獎金，獎品也只是象徵性的，價值不高；凡是參賽者都可得到一份紀念品。對日本棋友而言，最值得爭取的，應是五—六段組冠軍可以得到日本棋院免費贈予的六段證書。但是如果只得到亞軍，一半的證書費要自付。日本棋院的六段證書費，大約臺幣五、六萬元，對臺灣棋友而言，即使只是半價，恐怕也難以接受，這是中日圍棋文化不同之處。

　　比賽開始前我發現與程清江被編在同一組，這下麻煩了。如果我們都下得很好，一路殺到決賽，就會有一人要得亞軍，不得不出三萬元，領取證書，這可真是為難。老實說，拿到日本棋院證書對我們意義不大，何況還要付出一筆可觀的證書費。但是主辦單位熱情招待，拒絕領證就是不給面子，絕非為客之道。大概是因為我想得太多，第一局就一個失神而輸棋被淘汰了。這下子問題倒是解決了一半。我過去看程清江那盤棋，很「不負責任」地跟他說要努力奪冠，為家鄉爭光。當然我也不忘提醒他得到亞軍的後果。

　　程清江不負「我」望，連戰皆捷。其中有一局勝來不易，對手局後跟他說：「我是琉球第一高手，你贏了我，往後你沒有障礙了。」果然程清江得到了冠軍。單刀赴會，大概他也很得意吧，把決賽譜登在雜誌上作為紀念。

　　我雖退出戰局，卻得到閒暇，可以仔細觀察日本人是如何舉辦大型的圍棋比賽。這場比賽有五百人參加，因為在體育館舉辦，不見擁擠。日本人守規矩，遵從主辦單位指示，一個口令，一個動作，人員的流動井然有序。令我驚訝的是

五百多人早上參加開幕式，選手不斷被淘汰，到了下午閉幕時，在場人數卻不見減少。關鍵在於「賽外活動」。第一場賽事結束，半數選手被淘汰，但是他們沒有離開會場。體育館另一個角落，主辦單位請來了趙治勳作大棋盤講解。他很投入，不斷與觀眾互動，把沒比賽的人都吸引過去。到了下午，又有本島請來的多位職業棋士下多局指導棋。棋開百局，對局或觀戰，人人有事做，難怪人潮不散。

日本的業餘比賽不設獎金，比賽經費多用於聘請職業棋士講棋或下指導棋，讓活動多了嘉年華會的氣氛，我認為值得借鏡。嘉義市邱義和醫師，熱心辦比賽，有一次問我獎金會不會給得太少，因為他擔心獎金少比賽的人就不會多。我趁機建議比賽加入職業棋士指導棋的活動，他聽進去了。

體育館比賽完畢後，柯天德理事率隊拜訪琉球圍棋協會理事長白石武治，晤談甚歡，相約兩地互訪交流。次年七月，柯天德帶領一隊臺中與臺北棋友組成的聯軍再度造訪琉球。

## 中華棋院

中華棋協借理事長公司一角辦公已逾一年。棋協業務不斷擴大，前來洽公人多，辦公處只有一張辦公桌，客人連坐的地方都沒有。為了推展業務，換地方辦公已是刻不容緩。再說，棋協是一個圍棋組織，有個地方可以下棋，也是理所當然。一則會員有聚會之所，聯繫感情，向心力得以增強；二則可以舉辦比賽，或開辦圍棋教室，作為推廣活動場所。總之，棋協需要一個辦公和類似棋社的地方。

在 78 年底的會員大會中，已有人提出設立直屬棋院和教學中心的議案。但成立棋院需要大筆資金，茲事體大，理

事長裁示交由理事會研議。我私下和幾位常務理事王祖鵬、翁明顯等交換意見，大家都認為成立棋社有其必要。我考慮到開棋院容易，維持卻有困難，勢必要有賠錢的準備。若由棋協出面募資，到時虧損，反而會拖垮棋協。因此我建議由我們幾個有意願的人出資做股東把棋院弄起來，交由棋協經營，但盈虧都由股東們自行負責，與棋協無關。大家認同我的看法，就委由我先找合適地方，再研議下一步驟。

我到處打聽，但一直找不到適合的地方。有一天父親與幾個朋友聊天，我正好在座。座中有位許塗堆先生知道我在找房子後，表示他在復興南路二段有一間房子空著，可以租給我。那是一棟大廈的二樓，鄰近大安捷運站，地點很好。我問房子大小，竟有一百坪大。我想這房租每月最少要十萬，棋院是難以負擔的。我把困難告訴了許先生。沒想到許先生說他欽佩我做公益的傻勁，他雖然不懂圍棋，也願意出點力。他說房子讓我們使用，棋院股東算他一份，就以租金充作股金。我說這樣子股份不好算，你也太吃虧了，棋院預期要虧本，你的租金是拿不回來的。他說你們好好經營，租金的事等棋院有盈餘再說。我不了解許先生與棋界素無淵源，為何如此慷慨相助。我不敢說他是被我推行圍棋的熱忱感動，只能引用流行話，說他是佛心來著。

就這樣天降貴人，我免費找到一個地點絕佳、空間超大的地方。回報股東們，皆認為是不可思議的機緣。如此一來，棋院不開也不行了。翁明顯、王祖鵬、陳富陌、我，以及後來加入的陳漢彬，大家量力入股，湊集一筆開辦資金。我找來小高（高武煌）規劃空間及裝潢。設計費方面，我當然會要求小高犧牲一點。「中華棋協直屬棋院」（簡稱中華棋院）就在 80 年二月開張了。

中華棋院除了辦公室，有一弈棋廳及兩間教室，最多可容納一百人下棋，相當氣派。棋協終於有了一個體面的家。接下來是經營的問題。

　　棋院與一般棋社一樣，以棋友入場費（或茶資）為主要收入來源。然而棋院扛著棋協招牌，理應成為一家模範棋社。現時棋社有一些遭人詬病現象，我想加以改革。一、棋社時常有人吸菸，汙染空氣。因此棋院規劃為非吸菸區。公共場所禁菸在現代已是常態，不過棋社禁菸在當時還屬創舉。二、有的棋社通宵營業，產生一些社會問題。中華棋院訂於晚間十點打烊。三、棋院只開放下棋，禁止打牌。四、棋院不鼓勵下彩，但小彩助興則不予禁止。有的棋社若不下彩找不到人下棋，但我相信物以類聚，不下彩的人增多，不下彩的風氣自然養成。事實證明，到中華棋院下棋者絕大多數是不下彩的。

　　另外，我想把棋院發展成圍棋教學中心。棋院一開張就成立圍棋教室，除了青少年班，還有成人班。棋院由陳萬生擔任經理，負責經營。由於青少年圍棋教育市場潛力大，我想找一個專業人士協助他，把教室做起來，為棋院增加收入。

　　79 年秋有一位年輕的吳小姐到學校找我，不是為教學相關事，而是要求幫忙排解一件牽涉棋界的糾紛。原來當時高雄興起青少年學棋熱潮，吳小姐不會圍棋，卻也跟幾位棋友合資開了一家圍棋教室。後來她懷疑其他股東侵害了她的權益，聽說我在圍棋協會任職，就上門求助。這種類似家務的事我不好干預，只能請我認識的股東棋友妥善處理。我因此認識了吳小姐，知道她在《中國時報》旗下的「時報廣場」工作，善於辦理團康活動。我正在直屬棋院開辦青少年

圍棋班，就問她有沒有興趣到臺北幫忙主持。她說她不懂圍棋。我說會做文宣、辦活動，把圍棋班炒熱，才是我需要的能力，師資或是課程規劃會有行家幫她打點。她被我說動，不久就辭掉工作北上。得此助力，青少年班就於三月招生開班。

　　吳小姐善於溝通，點子多，很快把圍棋班帶動起來。她辦親子圍棋，讓家長與小朋友一起上課，又利用暑假辦小棋士圍棋生活營。這些活動後來都有別的教室仿效。眼看前景可期，我也深慶得人之時，吳小姐卻因受不了招生的壓力，在一年後辭職回鄉了。失此人才，棋協的圍棋班就欲振乏力，只好收起來，把教室租給熊波迪，由他經營「熊老師圍棋教室」。

　　棋社的經營也不理想，偌大的空間只聽到稀稀疏疏的棋聲，顯得非常冷清。我向經理陳萬生建議辦比賽，炒熱一下氣氛。他認為辦比賽需要有人贊助。我覺得比賽可以自助，就貼出告示，徵集二十名棋友，報名費每人一千元，輪番對戰，報名所得兩萬元就作為「贏者全拿」的冠軍獎金。告示一出，不久就報名滿額，絕大多數是段位棋士。此賽可以吸引人，原因有二。一是以棋力決定手合，許多棋友平日想找高棋討教，不方便開口，參賽後跟高棋下棋變成權利，而且可以連下十九盤，何樂而不為？二是比賽時間不固定，參賽者可以相約適合時間，或是在棋院碰頭時對戰。沒有時間限制，提高了參賽意願。我是發起人，當然也要下海參賽。經過兩個月，比賽順利結束。我是冠軍得主。我把獎金拿出來宴請所有參賽棋友，成功地做了一次公關。

　　程清江六段（當時）住家鄰近中華棋院，時常來捧場，也帶來一批門人。程清江常跟弟子們下指導棋。按理說，被

指導者進步空間大，被讓子數會與日俱減，程門卻是反其道而行。不論怎麼下，弟子總是不敵，被讓子數有增無減，眾弟子只能讚嘆師父武功蓋世。我忍不住對程清江說：「下讓子棋都是徒弟進步，哪有師父變強的道理？你莫非練了『吸星大法』，把徒弟的功力都吸為己用？」

程門弟子中有一位張自強，對師父執禮甚恭。其實他的年紀比我都大，在弈園時期我就已認識。他是陸軍退役，人稱「小陸軍」，為人豁達爽氣，與棋友聚，常扮演開心果角色。我跟他下棋喜歡逗他，兩軍在右下角廝殺時，我故意把目光放在別處，他就會疑心我在角上落子只是虛晃一招，其實另有所圖。所謂疑心生暗鬼，他往往因此自亂陣腳，引得我哈哈大笑。他看我殺得兇，就說我是「暴力門」，因為鄉音重，說成「玻璃門」，嚇得我趕忙糾正。

張自強後來得了腦瘤，必須開刀。醫生告以成功機率不高，孤家寡人的他就在開刀前安排好後事。他把住屋捐給教會，手中百張股票則捐給中華棋協。手術後，他變成植物人，待在醫院裡，五年後辭世。他的股票由退輔會監管，但是過了十多年，仍以各種理由不願交付棋協，完成張自強的心願。

（後記：本書寫作完成，等待付梓時，有關單位終於將股票交與棋協。依當時股價，棋協等於得到兩百多萬善款。）

我與陳萬生雖然努力經營，棋院仍然處於虧損狀態。臺北有多家棋社，維持本來不易。每家棋社大致都有一群常客作為支撐班底，中華棋院的班底則仍在形成中，我相信假以時日，收支平衡的目標是可以達成。話說回來，當初成立棋院目的，原本不是為了賺錢，即使虧損，股東們仍然希望繼

續經營。所以當棋院資金告罄，大家就義無反顧地增資，總共有兩次。如此增資是有去無回，大家心知肚明，卻無人退卻。我記得我貢獻了約六十萬元，其他「大」股東則超過百萬以上。第二次要增資時，股東們聚集開會，有一位棋友管文雄捧了十萬元前來，說要認股。我告訴他：「若想投資，萬萬不可，這是穩賠不賺的。」他卻說：「我知道你們的狀況，我就是來跟你們一起賠的。」大家一陣感動，鼓掌歡迎這位「慷慨就義」的新股東。

這位管先生任職於稅務單位，並不是有錢人，只因喜歡下棋，認同棋協的努力，就默默參與奉獻。81 年時他也曾低調地捐贈五萬元給棋協。若非我在此披露，我相信長年跟他在棋社下棋的棋友都不知他的義舉。

中華棋院經營兩年後，入院棋友逐漸增加。由於許饒和主持的海峰圍棋中心結束營業，班底棋友轉過來，中華棋院收支已可平衡。此時我覺得不好意思再免費使用許塗堆先生的房子，應該要付租金或還給他。王祖鵬建議，棋院營運既已上軌道，我等應功成身退，交由專業人士接棒。後來許饒和入股，成為最大股東，原股東股份剩下不多，王祖鵬等轉贈給棋協，我的部分更少，不予處理，任其虧空，自動消失。許饒和接手後，在復興南路與信義路口一棟大樓四樓租得一處，繼續以中華棋院名義營業。舊址回歸原主。後來棋協收回直屬關係，中華棋院歸私人經營，屹立至今。

我對許塗堆先生免費將屋子租予棋協的佛心永遠感念。許先生是長輩，與他接觸，一直以先生稱呼之，多年後，回憶他的善舉，居然記不起他的名字。問了當年有關係者，也都不知。回到舊址，屋主已換，也無從查訪。後來一位建築師朋友幫我調到建築物使用執照存根，在其中文字看

到許塗堆之名，方才憶起。我若不能藉本書表彰這位貴人，將是此生一大憾事。

## 中華棋道

中華棋協的運作需要一份刊物配合。一則方便傳達資訊，一則作為與棋友溝通橋梁。《圍棋天地》停刊後，《圍棋》是棋友唯一精神食糧。但該雜誌並非公正媒體，有關棋協的消息與活動都刻意不報導。《民生報》是文化與體育報，報導棋界動態時，卻見大小眼。我將該報 81 年全年的圍棋新聞做過統計分析 [15]，報導應昌期基金會的比例是 55%，本會消息只占 6%，差距甚大。棋協雖然發行會訊《棊》，但內容單薄，只有棋訊，沒有棋譜，難以吸引一般棋友閱讀。棋協成立半年後，曾加入《圍棋天地》團隊的蘇治灝找我聊天。這段時間他生意做得不錯，有力量回饋棋界，想要辦一份圍棋雜誌。我當然樂觀其成，也答應協助。

78 年五月，蘇治灝獨立出資的《中華圍棋雜誌》創刊。主編是方離開《圍棋》總編輯職位的陳憲輝。雜誌 16 開版面，90 頁，印刷精美，可謂圍棋雜誌中的勞斯萊斯。雜誌立場公正，對臺灣兩棋會活動皆有報導。棋協辦的活動比較多，占的版面因此相對較多，終於得到媒體公平的對待。一些《圍棋》不願刊登的消息，像圍棋會幹事干擾國手賽、林海峰被除名等事件也得見天日。批判性的文章當然也在刊登之列。我個人也曾數次投稿。

然而《中華圍棋》出刊一年後就出現脫期狀況，到了次月才以兩期合刊方式補足。這是出版期刊的大忌。之後相同狀況又出現數次，顯然雜誌社在財務方面出了問題。到了 81 年五月，雜誌停刊，力撐三年，已屬不易了。

在《中華圍棋》最後一次脫期時，棋協會訊《棋》也已停刊，我正煩惱要如何維持資訊管道時，「理藝出版社」的林聰源及時救援。

林聰源是清華大學數學教授，課餘對出版業有興趣，在新竹開了兩家出版社。一家出版數學書籍，一家就是理藝，專門出版圍棋書。七〇年代之後，熱心鑽研棋藝的棋友大概很少沒讀過理藝的書。林聰源大量將日本棋書翻譯出版，韓國與大陸的棋書在他們崛起後也有引進。由於價格低廉，出版速度又快，對於普及圍棋與提升水平有巨大貢獻。張宗仁教授帶兒子豐猷到大陸磨練時，就有大陸棋友拿出理藝的目錄，希望他幫忙取得全套上百本書籍。

棋協成立之初，跟新竹棋會互動良好。我也認識了林聰源，邀請他擔任理事。81 年初我找上林聰源，想請他幫忙處理會訊停刊後續事宜。他聽完我敘述，只沉默了幾秒鐘，就說可以替棋協辦一本雜誌，接替原來的會訊，至於經費，完全由他個人吸收。我知林聰源有出版社做後盾，在編輯和發行方面有其方便，但辦雜誌說什麼都是一筆大開銷，這點我是有經驗的。想不到他一肩承擔，讓中華棋協意外生出一份機關刊物，真是天降奇兵了。

《中華棋道》（我建議的刊名）於四月創刊，24 開，112 頁，甚有規模；正好接上《中華圍棋》，維持了棋協對外發聲的管道。我除了提供資訊，徵稿、編輯、發行等所有業務完全由林聰源一手包辦。他雖擁有出版社，但我想能動用的人手不多，以致編輯部分時有錯誤。國策顧問曹聖芬對棋協一直很關心，中華棋院開張時曾捐款表示支持，中華棋道發刊後又特別來信指正編輯缺失，令我汗顏。但我深知編者的辛苦，不敢責備。

《中華棋道》依然不能擺脫訂戶不足的宿命，開辦後自然一路虧損。林聰源卻從未向我求援，甚至訴苦。他行事低調，不作闊談高論，只是默默耕耘，將每期雜誌準時出版。《中華棋道》發行了三年，直到民國 84 年才功成身退，由《棋道》接手。

十年後，我在「海峰圍棋基金會」任職，常率團前往日本棋院交流。當時理藝公司因翻譯棋書產生一些版權問題，我曾順道幫他與日方業者交涉。99 年三月，我又率團，林聰源本欲隨行，卻因故改變計畫，前往菲律賓旅遊，臨行前交代我團一棋友到「日本棋院」代為購書，準備日後翻譯出版。誰知我團出發當天就從該棋友處聽到噩耗，林聰源在菲律賓發生意外，與世長辭了。哀慟之餘，我特別要求棋協召開特別理監事會議，明令褒揚林聰源對棋界的貢獻，並追贈名譽七段。我也在《棋道》上撰文紀念他與棋界的一段緣分。

林聰源過世後，理藝公司不再出版新書，逐漸從人們的記憶中淡出。

## 東洋證券杯來臺

大約是 80 年七月，突然有韓國棋院代表到直屬棋院拜訪，正好我在，出面接待。韓國人會找上門來，表示中華棋協已有國際知名度，令我驚喜。更令我意外的是韓國代表前來，並非只是禮貌性拜訪，而是來商談大事的。

原來韓國有個「東洋證券杯圍棋賽」，想來臺舉辦，要求我們協助。東洋證券杯本是國內賽，由於韓國出現曹薰鉉與李昌鎬等世界級高手，第二屆比賽就邀請大陸選手參加，到了今年第三屆就擴大成國際賽。果然李昌鎬不負眾望，打到決賽，而另一位出線者正是林海峰。兩國頂尖高手對決，

讓比賽變得很有看頭。因為選手有林海峰，主辦者希望五局比賽的前兩局在他家鄉舉行，這是對林海峰表示敬意，也順便向臺灣棋友介紹李昌鎬，宣揚國威。

韓方希望我們成為協辦單位，協助尋找比賽場地、安排比賽事宜、舉辦大棋盤解說、聯絡媒體、炒熱比賽氣氛等。國外比賽辦到臺灣，這並非第一次。78 年日本「十段賽」第二局就移師臺北，開啟了日本人到臺灣辦比賽的例子，當時是林海峰挑戰趙治勳，協辦者是中國圍棋會。韓人師法日本，為何不循例找有錢的中國圍棋會或應昌期基金會幫忙？這是我心中的問題，當然不能啟口，免得失禮。我猜想是第一屆應氏杯時雙方存下芥蒂，因此韓方不願意與應昌期打交道。

國際賽來敲門，這是很大的面子，也是打知名度的機會，中華棋協當然要接案。只是多出一筆不在預算內的龐大經費要如何解決？我找財務長翁明顯商量，他很豪氣地把預估的30萬經費完全承攬，這個案子就在理事會輕易通過了。

九月中，東洋證券杯第一局在臺北「來來飯店」開賽。賽前我應邀在《中國時報》撰文，為比賽擊鼓。當時林海峰五十歲，正是棋藝成熟時期，而他的對手李昌鎬只有十五歲，就站上國際比賽擂台，因此成為此賽最大亮點。有棋友回憶，四、五年前李昌鎬曾以青少年選手身分來臺比賽，表現並未引人注目。孰知回韓後，他拜曹薰鉉為師，一番調教，竟然脫胎換骨，志學之年，即能與前輩爭霸。國際賽來臺，會下棋的李登輝總統特別在賽前召見林海峰與李昌鎬。

比賽進行中我代表協辦單位在現場照料，穿梭於比賽室與研究室之間，還要招呼採訪記者，相當忙碌。與兩位選手近距離接觸，處理比賽第一手訊息，強烈的參與感倒是讓我

忘掉了疲累。為防止觀戰棋友湧入現場，我特意將大棋盤解說安排在距離飯店不遠的《中央日報》大樓，由彭景華與林聖賢主講，吸引許多棋友到場。

第一局林海峰旗開得勝。兩天後，李昌鎬扳回一城。東洋證券杯的臺北賽局圓滿落幕。我對李昌鎬穩中帶強的棋力印象深刻。比賽回到韓國後，李昌鎬三局兩勝，捧走了冠軍杯。十七年後，李昌鎬再度來臺參與第六屆應氏杯決賽。他的對手是新秀崔哲翰，結果崔勝出。李昌鎬前後角色易位，驗證了後浪推前浪的歷史鐵則。

## 聶衛平訪臺

大陸棋手聶衛平在四屆「中日圍棋擂台賽」創造十一連勝的記錄，帶領大陸圍棋站上世界頂峰，大陸棋界授予「棋聖」封號。第一屆應氏杯世界賽時應昌期曾寄予厚望，青眼有加。但兩人關係到了第二屆應氏杯時卻完全翻轉。由於大陸對應昌期邀請之海外棋手參賽有異議，協調不成後，集體罷賽，應昌期憤而將聶衛平列為不受歡迎人物。

81 年九月，臺灣的「展望文教基金會」邀請聶衛平來臺訪問。聶衛平希望藉此機會與應昌期見面，冰釋前嫌，但愛恨分明的應昌期打出「三不」政策：不接待、不會見、不許踏入應昌期基金會大門。這下子應氏基金會董事長，又是聶衛平好友的沈君山著急了。「棋聖」來訪，臺灣棋界無人接待，豈非太失禮？不得已向我求援，希望中華棋協能出面接待。

有此機會，棋協當然是高舉雙手，熱烈歡迎。我與展望基金會磋商後，敲定了聶衛平訪臺十二天的行程。

九月十六日，聶衛平抵臺。第二天一早，他就到中華棋

院拜會。林理事長與棋協幹部在場歡迎，並由黃弈昀小朋友（熊波迪公子）獻花。棋聖聽說小朋友已有五段棋力，主動跟他下棋。展望基金會人員提醒他，馬上有會見行政院長郝柏村行程，他還是興致勃勃地下了二十分鐘。棋雖未終局，我還是記了棋譜，給小朋友做紀念。（弈昀後來也赴日學弈。）

聶衛平抵臺後，礙於應昌期的政策，沈君山無法為他安排圍棋活動，只能帶去參加橋牌比賽，還自嘲說是「談牌不談棋」。兩天後，聶衛平在故宮博物館對面的「玉山莊」與林聖賢授先下了一局棋。這是唯一一場中國圍棋會協辦的活動，前來觀戰的棋友不少，但圍棋會工作人員並未出現，只有沈君山在現場擔任解說，總算對棋聖朋友有點交代。

隔天是星期日，棋協為聶衛平安排了一場一對十指導棋活動，地點設在太平洋百貨公司的「文化會堂」。被指導者都是小朋友，棋力在初段左右。其中張懷一後來成為職業棋士，潘崑鈺是旅日棋士潘善琪之妹，後來也赴日學弈。聶衛平要小朋友自己決定受子數，有的擺四子，有的擺五子。十張棋桌排成橢圓形，棋聖站在中間，將近三個鐘頭，不停繞場，體力負擔很大。結果只有張懷一贏了一目棋，其他都輸了。過程中，我看到有的小朋友敗勢已定，就會勸他投子，免得棋聖過於勞累。

臺北活動告一段落後，我安排了中南部行程。除了旅遊，我想讓聶衛平看一看棋協的草根力量。首站到達臺中，臺中圍棋協會以晚宴熱烈招待貴賓，不過沒有安排圍棋活動。我把重頭戲擺在高雄。

在高雄我還是安排了棋聖多局指導棋，地點在愛河旁的國賓飯店。這次我找來的對手，棋力比臺北場的強很多，所

以只安排五局。除了老將呂怡德六段（二子），其他四位小朋友有三人日後都成為職業棋士：林至涵五段（二子）、張豐猷四段（三子）、劉耀文初段（四子）。這五盤棋只有劉耀文受四子贏了。

指導棋結束後，高雄市圍棋協會宴請棋聖。高雄縣、屏東縣與臺南縣市圍棋會負責人也都應邀作陪。大家歡迎聶棋聖來訪，都製作精美禮物餽贈，像高雄市送金盾，屏東送銀盾，高雄縣送金鍊，充分表現南部人的熱情。席間，聶衛平問我：「應昌期基金會跟棋協有何不同？」我答：「應昌期勢力集中在臺北，我們友軍遍布臺灣，你一路南來，應已見識，這是標準的『地方包圍中央』。」

拜應昌期三不政策之賜，中華棋協接待了第一次來臺訪問的聶衛平，我也有幸與他建立了友誼。由北向南的行程安排相信也讓他對棋協有進一步的認識，有助於日後我們與大陸的交流。

## 餘波

聶衛平在臺灣下了兩場多局指導棋。有位曹姓棋友（姑隱其名），不知何故，都來鬧場，生出許多事端，即使聶衛平已經離開臺灣了，依然餘波盪漾。

這位曹棋友我在弈園時代即已認識，後來旅居美國，多年不見。聶棋聖在臺北下指導棋時，他出現了，說是專程從美國前來，希望與聶衛平下棋。指導棋是專為青少年棋手安排的，不說這位老兄資格不符，也沒有他想下就可以下的道理。我好言勸說，他還是吵鬧不休，不得已動用保全請他離開。到了高雄，活動即將開始時，曹棋友又來了，還是吵著要跟棋聖下棋。大概是怕我又叫保全，他語帶恐嚇，作勢

要打人。在我與他拉扯之時，聶衛平來了，問我發生何事。我說：「此人未經安排，強要與你下棋，我不允許，正要趕他。」聶衛平說讓他下無妨，我無奈，只好在會場多擺一盤棋。聶棋聖要曹棋友自己擺子，他只擺了三子。他的棋力我可以讓四子，卻如此自不量力，我是又好氣又好笑，但也懶得說破。果然這盤棋他被殺得潰不成軍，中押大敗。

　　這位老兄來鬧場，還得遂所願，我身為活動主持人，心裡很不是滋味，覺得沒面子，也對不起棋聖。我不明白，這位棋友專程從美國回來，以粗暴的方式入場，不畏眾人恥笑，就是要與聶衛平下棋，所為何來？不過事情既已過去，我想趕快忘記。不料故事竟然還有續集。

　　高雄活動當天沒有記者在現場採訪，因此沒有見報。然而一個星期後，《民生報》卻刊出一則新聞，說是有一位曹姓棋友，不滿聶衛平低貶臺灣圍棋水平，特地從美國趕來，要替臺灣棋士出一口氣。結果兩人在高雄對陣，他受二子，僅以一目惜敗。我見此則假新聞，真是啼笑皆非。臺灣棋壇人才濟濟，居然需要美國棋友代討不平，而且謊報對局消息，欺騙社會大眾。我感到不解的是：《民生報》這種大報是如何得到這則假消息，而且可以不經查證，事過一星期才登出來。這則新聞不但損害報社令譽，聶衛平如果看到，我還擔心他會以為是我散布的。我不想追查假新聞原委，只去函報社，告知實情，並要求更正。出乎意料，報社居然不理不睬。我沒有辦法，只得向監督新聞行業的「新聞評議委員會」提出申訴。該會調查後判定報社違規，要求報社於十五天內登報更正。報社與我聯絡，還想私了，經我堅持，才登出更正啟事。一個是非分明、有關新聞從業道德的事件，堂堂大報事後還意圖免責，令我感嘆。

多年以後，我再遇這位曹兄，問起當年鬧事原由。他有點輕描淡寫地說當時精神狀態不穩定，才會胡來。但我相信其中另有隱情（包括報社發假新聞那一段），我也曾聽到一些傳言。不過事過境遷，再探索也無意義了。

## 筆耕

西諺云「筆強過劍」。過去我辦《圍棋天地》，下筆千言，多為批判當道，意圖振聾啟聵。成立圍棋協會後，依舊提筆，但不做劍，只作鋤頭，努力耕耘圍棋這塊園地，期盼有朝一日能見開花結果。

78 年，「中央文化基金會」為發揚固有文化，製作拍攝一系列中華文物影集，其中有圍棋，片長三十分鐘。棋協提供人力物力，協助完成。我負責撰寫劇本。片中除了介紹圍棋，也敘述中華棋協推行圍棋的理念。

79 年四月，內政部社會司為加強家庭教育，推行親子圍棋，撥款六萬元獎助棋協編印圍棋文宣小冊。我以「圍棋：中國人的智慧遊戲」為題，撰寫小冊內容，介紹圍棋下法和歷史。文字完成後，還請美工每一頁都配上 Q 版插圖。內政部的贊助款都用於美工設計和印刷，我無稿費可領。小冊還有英文版，也是我執筆。我特意把圍棋翻譯成 Wei-chi，不用從日語轉來的 Go，凸顯這是中國人發明的遊戲。

大學同學楊人凱任《時報周刊》總編輯，想為周刊增添知性內容，以一頁版面（八開）開闢了圍棋與橋牌兩個專欄。他很快想到我。79 年十月，《時報周刊》出現由我主稿，名為「圍棋陣線」的圍棋專欄。在我下方正是橋牌欄。專欄可容納五百字左右的訊息。因為讀者設定為不懂圍棋也有興趣閱讀的一般大眾，內容涉及圍棋掌故、軼聞，以趣味

性為主。專欄原先規劃由我出面向棋界人士邀稿，空檔再由我執筆。武俠小說名家諸葛青雲就曾來稿。但這個策略施行幾期就發現成效不彰，邀稿往往費時又費力，又有截稿時間問題，就變成我個人專欄。反正我熟悉圍棋事物，古往今來有說不完的故事，信手拈來，即使是每週交稿，也不感覺有壓力。

專欄持續了一年多，我出產了五十篇作品。但是我主動向楊人凱總編表示要收攤了。原因是我知道專欄閱讀率不高，我不願成為專欄中的黑羊，拖累朋友。《時報周刊》每三個月就會針對所有專欄作一次閱讀率調查，把結果寄給作者。很不幸的，每一次的調查，圍棋和橋牌欄成了難兄難弟，兩欄輪流作閱讀率最低的爐主。我想楊總編顧及與我的交情，拉不下臉叫我撤欄，但是一定有來自上層的壓力，所以我自行告退，免得他為難。追根究柢，圍棋與橋牌是小眾文化，應該是不適合出現在《時報周刊》這類的雜誌吧。

在我為《時報周刊》寫專欄時，《中國時報》也找上我，為其副刊寫作「圍棋91」專欄。這個專欄以報導棋壇即時訊息為主，不定期刊出。自80年八月起至十二月，只維持了四個月。

## 棋界分裂？

棋協成立三年後，81年六月，內政部表揚中華民國圍棋協會為優良社會團體，並發給獎金四萬元。我與王祖鵬代表前往領獎，內心很多感觸。我想很少社團能像棋協一樣，一年到頭不停地辦活動，而且能把全國棋界動員起來。參加會員大會，負責監督協會運作的內政部專員，就不只一次讚揚棋界能為推行圍棋的共同目標，團結在一起。我想也很少

社團能在短短幾年內做出成績，得到政府認同與贊助。所以我們得到表揚，應是實至名歸。回想成立之初，不乏有人認為棋協不過是反對應昌期人士的集結，出來鬧鬧事，發洩情緒而已。但他們應該已經看清，我們是來建設，不是搞破壞的。

棋協成立，棋界生態無疑產生巨大改變。過去中國圍棋會是棋界龍頭，現在出現了競爭者。照理說，多一個組織出來推行圍棋，應該是好事。但是在有些唯恐天下不亂的媒體人眼中，這正是炒作新聞的題材，所謂「棋界分裂」的說法就出籠了。

棋協成立後，立刻辦了「大專杯」圍棋比賽。當時《新生報》的「新生杯」圍棋賽也是針對大專生。《民生報》報導大專杯消息，卻冠上「棋協露面，棋界分裂」的標題，好像在說棋協是為了搞分裂才辦此比賽。

馬西屏是《中央日報》資深圍棋記者，也被分裂說迷惑。他在一篇文章中說棋協是「反應」勢力的結合，把不會下圍棋的林理事長都打上標籤[16]。他跑新聞大概只跑應氏基金會，沒有注意到棋協做了哪些事。他不曾採訪過我，一些我沒做過的事卻加以報導。例如他說：「棋協成立後出版《棋道》雜誌，極盡批應之能事。」[17]這是不做功課的妄言。《棋道》84年才創立，我早已不是棋協祕書長。或許他指的是《中華棋道》，但不管是哪本雜誌，棋協人員和我都已不在其中批評應昌期，這是可以查證的。我早就認為把棋協作好，照既定理念行事，就是對應昌期最有力的批評。

另外，馬記者說圍棋協會成立後，「圍棋界人士紛紛選邊站，造成我國圍棋發展最黑暗時期。」[18]把推行圍棋說成有如政治鬥爭，未免言重。他的老闆曹聖芬先生是中國圍棋

會董事，但也支持棋協，不但捐錢，還應邀出席各種活動。曾任中國圍棋會會長的王昭明先生，在「全國圍棋大賽」時特別提詞嘉勉選手，這個墨寶現在還保存在棋協辦公室裡。你說他們有「選邊」嗎？他們看見的只有圍棋，哪裡有什麼邊？

棋協的心態是做好分內的事，無時間，也無氣力做口舌之爭。我們把中國圍棋會或應昌期基金會當作競爭者，認為大家只是以不同的理念爭取棋界的認同。不過話說回來，棋協出現後，應昌期方面以不友善態度對待也是事實。這一點，馬大記者全無報導。大致上，圍棋會視棋協為叛亂集團，不承認其合法地位，甚至有視而不見的鴕鳥心態。棋會幹事吳仁在日本《圍棋年鑑》中故意不提棋協存在就是一例。棋協發行段位證書，同時也承認圍棋會證書，但圍棋會卻不願互惠。有段位棋友參加圍棋會比賽，主辦人見他持棋協證書，就要他降級到級位組比賽。棋協 78 年舉辦茂榜杯時，圍棋會不但告誡旗下職業棋士不可參加，還將舉辦之十傑賽安排在同一天比賽，意圖干擾。棋協想要跟應氏基金會購買計時器，該會卻言明，只要是棋協出面就不賣。

《圍棋》84 年八月號以棋協舉辦之「中環杯」比賽作為封面。馬記者以兩會握手言和為題，大書特書，認為該期雜誌「將是中國圍棋史上『歷史文件』」。[19] 事實上，棋協機關雜誌《中華棋道》81 年創刊後，對手舉辦「十傑賽」、「應氏杯」等皆有大篇幅報導，算不算歷史文件？當年一些圍棋記者處理圍棋新聞厚彼薄此的態度，我可是點滴在心頭。

## 卸下重任

　　棋協作出好成績，當然是林晉章理事長領導，所有成員上下一心，共同努力的結果。林理事長雖是棋界新兵，但他誠懇認真的領導風格，一開始就贏得人望。他不把職位當作虛銜，出錢也出力。理監事開會從不缺席，能夠了解問題，並以務實態度設法解決。當上議員後，儘管忙碌，他依然熱心參與。棋協活動辦在中南部，也必前往。他尤具親和力，帶領棋協上下和睦共事。理事長任期是兩年，林理事長得到大家擁戴，任滿後，順利連任。

　　到了 82 年，理事長任期已滿，依法不得再連任。棋協召開會員大會，選出翁明顯接棒。翁明顯自棋協成立以來擔任財務長一職，捐輸最多，最具熱忱，乃是眾望所歸之不二人選。

　　我擔任了兩任祕書長，也到功成身退時刻。過去四年，我發起創立棋協，然後努力規劃活動，開拓人脈，爭取資源，如此勇於任事，只望能為棋協建立永續經營之根基。然而無役不與，事必躬親，也讓我疲累加身。同時，我把大量時間投入棋協事務，我的教學本業已有所耽擱。我又於80 年九月接下系主任職務，更無暇他顧。所以我向同仁表明，暫時退出棋協，除了卸下祕書長職務，也不擔任任何理事或監事。也就是完全放空，回歸山林去也。

　　我在祕書長任內，不停地辦活動，最擔心的是財源。所以我極力向政府機構申請補助，文建會贊助全國大賽就是我自豪的業績。此外我也設法利用棋協這塊招牌增加一點收入。中華棋院開業後，我知道常務理事楊志南從事木業，就請他利用公司設備製作圍棋盤，特別打上中華棋協監製等字

樣，希望能增加銷路。這款棋盤就放在棋院賣，也利用會訊和《中華棋道》推銷。我記得大約銷出五百片。中華兒童棋院最捧場，買了兩、三百片。當時比賽流行瑞士制，但比賽表格不容易製作，我就設計一款綱目清晰的比賽表，大量印刷，販售給主辦比賽者。每張索價五十元，還註明說這是公益價。

當時兒童圍棋開班者眾，我腦筋又動到這上面。中華棋院未開前，棋協有些比賽在仁愛路的「仁愛棋社」舉行。主持人楊先生是藝術家，我請他設計一個代表棋協的商標（logo），然後向參與中華棋院「青少年圍棋教室」連線者遊說，凡是通過棋協檢驗標準的圍棋教室得以掛出這張代表棋協認證的標誌。得此認證，將有助於招生。持證者當然也須適度地回饋頒證的棋協。我又推銷級位證，用以檢驗學生學習成效，棋協則收取每張二十元的規費。我推銷的對象包括中部的教學大咖秦世敏和黃文儀，以及新竹的葉練銘。秦黃兩人無法配合，倒是葉練銘很幫忙，前後貢獻了數萬元給棋協。

棋協在進入二十一世紀後比較沒有財務的壓力，一方面有段位證書穩定的收入，一方面業務已有不同，不用辦比賽，開銷減少，因此任事者可能無法想像我當時的辛苦。新任理事長翁明顯是過來人，又是企業家，對棋協財源必有更好的規劃。他延攬了三位企業家：許作鉬、黃曉楓、何信仁，擔任副理事長，顯然是著眼於此。

翁理事長聘請許饒和擔任祕書長，陳萬生與秦世敏為副祕書長。人事的擴充顯示棋協已從開創期進入發展期。

執行祕書蘇秀雄在我卸任後，也離職了。四年來，雖然薪水微薄，他總是任勞任怨。離開後他立刻找到待遇更好的

工作。過去他為我父親工作，父親待他好，他很感恩。我始終認為他是為了報恩，而到棋協來幫我的。

## 注解

1. 《圍棋》，73 年 5 月號，頁 19。
2. 這一段心路歷程，見於陳憲輝專訪林晉章〈承襲父業的林晉章〉一文。《中華圍棋雜誌》，78 年 11 月號，頁 86-87。
3. 同上。
4. 《棊》（中華民國圍棋協會會訊），78 年 1 月，頁 2-3。
5. 同上，頁 5。
6. 〈資訊廣場〉，《中華圍棋雜誌》，78 年 7 月號，頁 24-25。
7. 馬西屏：《圍棋風雲錄》（新竹：理藝出版社），90 年 8 月，頁 53。
8. 此事為陳長清親口告訴作者。
9. 〈人物專訪—石敏〉，《中華圍棋雜誌》，78 年 8 月號，頁 26-28。
10. 江雁：〈林海峰被除名風波始末〉，《中華圍棋雜誌》，79 年 5 月號，頁 54-55。
11. 同上。
12. 此事由曹薰鉉親口向美國中華圍棋協會會長陳之誠道出。見陳之誠：〈應氏杯風波背後迴響〉，《中華棋道》，82 年 4 月號，頁 127-128。
13. 程曉流：〈應氏杯風波背後〉，《中華棋道》，82 年 1 月號，頁 7-27。
14. 同上。

15. 楊泰雄：〈民生報的圍棋新聞分析〉，《中華棋道》，82 年 4 月號，頁 3-8。
16. 馬西屏：《圍棋風雲錄》，頁 237。
17. 馬西屏：《圍棋風雲錄》，頁 238。
18. 馬西屏：《圍棋風雲錄》，頁 236-237。
19. 馬西屏：《圍棋風雲錄》，頁 236。

第十二章　海峰文教基金會

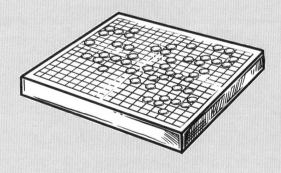

我卸下棋協重擔後回歸本業，將心力置於教學和學術研究。但我也沒有放下圍棋。週末從高雄回到臺北，有空會到棋社下棋。我最常去現由許饒和主持的中華棋院，與高森男六段對弈最多。過去四年，忙於推展棋協會務，難得安下心來下棋。現在有機會調養生息，也恢復棋士身分，享受下棋的樂趣。一些小比賽也樂於參加，記得還得到一、兩次冠軍。

三年前兩岸圍棋藉著「中環杯」進行交流，我放棄了前往大陸一觀的機會。離開棋協後，或許是心情放鬆，我興起到大陸一遊的念頭。有一位在直屬棋院認識，圍棋與象棋都下得很好的姜榮富，跑大陸甚勤，在上海結交不少棋友。82 年暑假，我在姜榮富帶路下前往上海，生平第一次踏上大陸土地。當時上海繁華未現，與十餘年後再度造訪所見，實有天壤之別。我還怕在外頭吃壞肚子，三餐都在住宿的五星級飯店處理。我跟著姜榮富走訪了幾處下棋場所，認識了參加過世界業餘賽的李家慶，與當地好手也有交流。不過我到大陸主要目的是旅遊，透過棋友介紹，找到一位導遊（他們叫地陪），除了上海，我還到南京、杭州等地到處觀光。後來李家慶到臺灣觀光，上海棋友組團來臺交流，我都參與接待，都與此次上海行結下的緣分有關。

## 回復段位

棋協降低段位標準後，升段人數逐漸增加。當時業餘最高段位設定在六段。有人建議，一些比賽成績優異的業餘棋手應該直接贈予六段位，作為指標。棋協認為有其必要，在82 年成立一個審查小組，推薦十八人獲得六段資格。我過去有新聞棋戰績，也得到一張六段證書。應昌期撤銷我的三

段，引發軒然大波。十餘年後我終於取回屬於我的榮耀，不再有人戲稱我為「史上最強一級」。瞻前思後，不無感慨。

## 回到棋協

中華棋協在翁明顯擔任理事長後，棋協得到企業的奧援，陸續推出大比賽，為棋界帶來活水。兩位副理事長何信仁與許作佃分別贊助「中華棋協選手權戰」與「永大杯全國圍棋精英賽」。這兩個比賽都是職業業餘混合賽，尤其永大杯冠軍獎金高達三十萬元，展現兩位企業家的企圖心。翁理事長不甘示弱，隔年也推出「中環杯全國圍棋爭霸賽」與「中環杯兩岸圍棋賽」。一連串的比賽讓棋協聲勢壓過競爭者中國圍棋會。

許饒和擔任祕書長，卻與翁明顯理念不合，半年多後掛冠求去，改由副祕書長秦世敏接任。秦世敏為人隨和，又老於世故，善交際，出道未久即擁有廣大人脈，我任祕書長時就想延攬。當時他主持「彰化奧運村」兒童圍棋教學，收入甚豐，我不便開口請他到棋協寒酸之地工作。翁明顯卻能夠說動他，殊屬不易。據秦世敏回憶，當初肯就任，不是因為棋協答應給予一份月薪，因與他之前收入不能相比，而是以為一星期只要從彰化到臺北，工作幾天即可。未料棋協事務繁忙，必須全力投入，原本的教學事業也被迫放棄。秦世敏犧牲個人利益，到棋協擔綱，他的能力受到歷任理事長肯定，在職近三十年，成為「永遠」的祕書長。

翁理事長一任屆滿後，因事業忙碌，選擇退居二線，由許作鈿接棒。許作鈿不懂圍棋，上任後才開始學習，卻有企圖心，成為發展棋協的功臣，可說是棋界貴人了。他在一次偶然機會認識周咸亨，因而踏入棋界。擔任理事長後，旗下

的「永大社會福利基金會」成為棋協的後盾，對棋界的捐輸在歷任理事長中首屈一指。

我離開棋協已有一陣子，對其運作的關心卻不曾間斷。在 86 年許理事長再任時，經秦世敏遊說，我回到棋協。我不想參與決策階層，就擔任監事一職，與棋協保持一份有點黏又不太黏的關係。

## 周俊勳與張栩

棋協展現新氣象之時，職業棋壇也進行了世代交替。新星周俊勳以十五歲之齡，在 83 年奪下第二十一屆「名人」，之後到名人賽停辦為止，連霸十六屆，建立了周氏王朝。與周俊勳同年的張栩在十歲時赴日，在林海峰門下學藝，弱冠之年就脫穎而出，陸續獲得本因坊、名人、棋聖等七大棋戰頭銜。或許是他們鋒芒早現，我與這他們初識的場景，至今印象清晰。

留學歸國後的一天晚上，我到板橋「秋龍棋院」去拜訪老友陳秋龍。職業棋士中，秋龍與我交情最篤。記得二次出國前，秋龍結婚，我到板橋喝喜酒。因不勝酒力，還從相當高的禮台上失足摔下。我在棋院中見到一位英氣勃勃的小朋友，秋龍告知名喚周俊勳，年紀雖小，棋力很強，一流業餘棋手授二子，至今無人能勝。厲害小朋友我見過不少，很高興又有棋才出世，我當然下場試他身手。那盤棋我雖然贏了，但我確知此子必成大器。

周俊勳的父親周炎山為人隨和，棋力也有四、五段，常帶著兒子到棋社下棋，我很快跟他熟稔起來。他見到我總是笑容可掬，還伸出大拇指比讚。我不知這是稱讚我，還是他特殊打招呼的方式，也就跟著比出大拇指回應。之後在任

何場合碰頭，我們都很有默契地同時比出大拇指，時常引來旁人注目。周俊勳棋藝迅速提升，除了個人天分，周爸爸長年帶他到大陸拜師學藝，居功最偉。每逢比賽場合，周爸、周媽都會到場，全家出動加油。我在地方與全國賽與周俊勳對過局，只覺他越來越強，勢不可擋。有一次在嘉義比賽，我利用征子有利，強吃他幾顆要子。我知對手一定會設法引征，提醒自己要小心應對。果然他在征子方向落子，我正判斷來意時，有位臺南棋友蔡拔山從旁走過，熱情出聲跟我打招呼。我招手回應，卻忘了棋盤上風雲正緊，隨手一應，對手立刻跑出征子，我頓時大敗。局後我怪蔡拔山打招呼時候不對，要他請酒賠罪。

大約在認識周俊勳之時，我也認識了張栩。有一次晚間我到西門町，路過睽違已久的遠東棋社，就走進去看看。在靠近櫃檯處，有一個年約七、八歲的小朋友正在對弈。他專注的神情立刻吸引我，就坐在一旁看了一會。棋桌前方牆上掛著一台電視機，正在播放《楚留香》連續劇。那時此劇很熱門，我在看棋時目光有數次被吸引過去。不過跟我坐在同側的小朋友卻一直低頭看棋，從未分心。我被這種專注力感動，就起身到櫃檯問主持人，才知他叫張栩。我還問他有沒有老師，頗有收徒之意。聽到已有陳萬生在教他之後，我才打消念頭。

中華棋協在成立之初即已注意到，除了周俊勳與張栩外，棋界還有不少新苗冒出，便與許饒和主持的「海峰圍棋中心」合辦了一個業餘高手對小棋士的擂台賽，給小棋士磨練機會。我也有上場對弈。小棋士有張栩、林子淵、潘善琪、王唯任等，他們後來全部到日本發展。記得我和一位小棋士下完棋，對他某一手棋有嚴厲的批評，他的母親不忍小

孩受責，跟人抱怨說：「楊老師對我小孩很嚴格，對張栩卻沒意見。」其實是張栩當時已經很強，我不覺有指導資格，自然不敢給予批評。

## 棋道·詰棋

《中華棋道》發行三年，林聰源獨力扛起棋協機關雜誌的大旗，已感力不從心。他見棋協財務穩定，就向秦世敏祕書長表示，階段性任務已經完成，希望有人接手。秦世敏於是籌劃創辦新雜誌。他的人脈廣，又有許作鈿理事長支持，很快以募資入股方式籌足一筆經費。84 年七月，《中華棋道》停刊三個月後，《棋道》亮麗創刊：16 開，126 頁，比中華棋道闊氣許多。棋協終於擁有一本不論是規模，還是內容，都勝過《圍棋》的機關刊物。全國各地的棋社、圍棋班都來登廣告，日益增多的各地比賽都藉《棋道》散布訊息，在網路尚未發達的年代，《棋道》成為棋界交流資訊的橋梁。

《棋道》籌備期間秦世敏前來邀稿。我想起有一些個人創作的詰棋題，存貨還不少，正好拿出來刊登。每期四題，從易到難，連續登了一年十月。也因為有發表機會，我對詰棋創作興趣更高。

說到我的詰棋創作，要回溯到四、五年前。有一段時間我不想出門與人對局，就把時間用來做詰棋。棋友都知道，做詰棋是練基本功，培養死活感覺與細算能力。我的棋沒老師教，功夫是靠打譜加自己揣摩而練出來的。但因沒蹲過馬步，一直覺得自己的細算能力與死活基本功有待加強，就想到做詰棋來鍛鍊。過去做詰棋是零零散散地做，現在則是整本詰棋書一口氣做完。做完一本，就另外找書繼續做。題目

做多了，對一些詰棋常出現的棋形熟悉起來，就試著自己創作題目。開始時試做簡單題目，漸漸也能做出較難的，就這樣培養出創作詰棋的興趣。下棋或觀棋時遇見可能作為題目的棋形，我也會記錄下來加以研究。

我創作的胃口越來越大，想創作有趣又有難度的題目。由於難題盲點較多，容易失題，需找人試答，才會發現錯誤。因此每有作品，我就到棋社找段位棋士試答。有的人樂於接受挑戰，在解答過程中幫我發現問題，也有的人怕傷腦筋，看見我在棋盤上擺題目就避之惟恐不及。總之，經過作題、試題、改題的過程，我完成許多道我覺得有發表價值的題目。沒想到除了對弈，圍棋還可以帶來創作的成就感。

在《棋道》登出作品後，我更熱衷創作，幾年下來，累積了數百題。我開始有出版一本詰棋書的想法。

在臺灣，發行圍棋雜誌注定要虧損，《棋道》也難逃宿命。初期基金即將告罄時，秦世敏只能召集股東要求增資。大家在臺中開會討論，股東都願意增資，把雜誌辦下去。最大股東許作鈿理事長卻豪氣表示，眾人不必再捐輸，增資事由他旗下的幾個公益基金會分攤即可。就這樣，《棋道》發行了二十年。老牌的《圍棋》，縱有應氏基金會的支撐，終究不敵競爭，於 98 年停刊了。《棋道》在 104 年停刊時，損益已接近兩平。網路興起，平面媒體被取代才是停刊主因。所以從棋史的角度來看，它是一本成功的雜誌，也可能是唯一的一本。

## 海峰文教基金會

棋協走上穩定發展之路，我正欣喜可以逐漸淡出棋界之時，棋運又出現一位推手。他是我過去的戰友林文伯。他對

圍棋發展的視野與決心將我推回棋界。

林文伯於 64 年得到「冠軍」與「名人」賽雙料冠軍後，離開棋界，努力創業。73 年他投資一家新成立的半導體封測公司──矽品精密工業公司，並且加入經營階層。以他經營管理的長才，十年之間將矽品從一家小公司帶領成為國際級大廠。他感念兩大比賽獎金曾幫他創業，而圍棋的薰陶也啟發他經營企業的理念，因此在創業有成後，思考著要如何回饋棋界。

84 年間一次聊天機會中，林文伯跟我提到回饋棋界，以及成立一個圍棋基金會的構想。不久我們再見面，他已有更成熟想法。他說設立基金三千萬由他個人捐助，但基金會成立後的運作必須由我幫忙。「我出錢，你出力」，這簡潔卻重逾千鈞的六個字從他口裡吐出，多年後仍在我耳邊迴響。這是一個無可拒絕的召喚，我只能再度紅塵。

林文伯希望我擔任執行長一職，實際負責基金會的運作與規劃。我有創立中華棋協的經驗，自信可以勝任。但我教職在身，無法擔任全職，只能兼差。我跟林文伯表明，既是兼差，就不用支領薪水，願當義工。他認為如此太過虧待，至少要發給我一點車馬費。這點我同意了。

林文伯認為基金會要迅速打開知名度，必須由林海峰國手出面領導，才有號召力，才能吸引更多企業捐助。我在棋協創立時期與林國手有很好的互動關係，因此由我做聯絡人，敦請國手出馬。一如既往，林國手樂於幫忙，但要他擔任董事長一職，則因人在國外，恐怕無法分身，感到有些為難。後來林文伯親自到日本遊說，國手終於首肯。基金會因此定名為「海峰文教基金會」。林國手不只掛名，還捐助了一百萬元加入基金。基金會成立後，很快得到國內外棋界的

認同，國手名號發揮了影響力。

　　林國手答應出馬後，林文伯敲定董事會人選。除林海峰、林文伯外，有曹興誠、宣明智、侯貞雄、李正明等知名企業界人士，除宣明智外，三位都是棋友，有一陣子時常在曹公館聚會下棋。此外，沈君山、許作鈿和我等也以棋界代表身分列名董事。

　　人事底定後，主管機構教育部於 86 年十二月中旬批准基金會成立案。「海峰文教基金會」即於次年一月二日下午假臺北凱悅飯店舉行酒會及記者招待會，宣告成立。選擇這個日子也是配合林海峰國手來臺時間。酒會當天，嘉賓雲集，不在話下。開場過後，我走上講台，做我執行長上任第一件工作：報告基金會成立經過及成立後的工作計畫。

　　在草擬工作計畫之前，林文伯和我已有共識。他認為基金會剛起步，必須按部就班，穩紮穩打。從國內圍棋發展現狀看來，應該先從業餘圍棋下手，以普及圍棋人口為重點，經過一段時期後再考慮發展職業圍棋。目前業餘圍棋已有中華棋協在推動，為避免工作重疊，浪費有限資源，基金會應扮演互補角色。也就是說，我們要與棋協協調，一些棋協辦得已有成效的活動，例如「全國圍棋賽」，我們就不重複舉辦，而一些較冷門、經費較不易籌措、乏人推廣的活動，就由我們接手或開辦。我與棋協祕書長秦世敏商議後，決定大專、女子、長青（老年）三個領域的推廣活動，以後就專由基金會來辦理。這就是我所報告基金會初期的工作重點。

　　大會嘉賓中最令我感動的是曹聖芬先生，從我辦《圍棋天地》到成立中華棋協他都一路支持，此刻也不例外。基金會成立並未對外募款，他仍然捐助三萬元共襄盛舉。

　　酒會過後，照例要有圍棋活動。林海峰國手在現場作大

棋盤解說，楊嘉源、楊嘉榮兄弟與棋友下一對多指導棋。就在這種棋樂融融的氣氛下，基金會正式上工運作了。這個場景與十年前中華棋協成立之時非常相似，不過我的心情卻是兩樣。當年篳路藍縷，總有一份前途未卜的忐忑心情；如今基金會應運而出，有成功的企業為後盾，資源無虞，願景可期，我躬逢其盛，自有一股期待與歡欣之情。

## 永大杯

海峰基金會成立後，中華棋協許作佃理事長似乎是為表慶賀之意，以旗下基金會名義，在 87 年舉辦了一個「永大杯圍棋業餘選手權賽」，冠軍獎金四萬元。就業餘賽而言，算是很高檔了。我自從棋協祕書長卸任後，久已不參加比賽。如今重回棋協，又在海峰基金會任事，心情有所轉變，就報名參加永大杯。比賽在中華棋院舉行。

中華棋院自復興南路遷出後，改由許饒和在信義路另起爐灶，棋協也在鄰近處租下一個不到三十坪的空間作為辦公處。永大杯比賽時中華棋院應該還是直屬棋社身分，所以棋協的比賽在此舉行。

比賽獎金高，自然高手雲集。我閒時有在中華棋院練棋，棋藝沒有生疏，一路過關斬將，得到了冠軍。我拿出獎金，在棋院附近餐廳擺了一桌，宴請棋院的棋友。

這是我在國內正式比賽最後一次獲得冠軍，值得記上一筆。

## 海峰棋院

海峰文教基金會從籌備到成立，只花了短短幾個月的時間，來不及尋覓一個適當的會所。所以成立時將會址權宜

登記在臺北松江路，林文伯旗下一家公司所在。基金會成立後，林文伯就積極覓屋，最後砸重金買下敦化南路二段凌雲通商大樓九樓。全樓層空間有三百坪，將之切成兩半，一半作為矽品相關企業辦公處所，另一半則歸基金會使用。

　　林文伯將基金會部分的裝潢交給我處理。我找到裝潢中華直屬棋院的「小高」高武煌。他的設計風格樸實簡約，適合基金會的氣質，加上是自己人，設計費可以優待一點。高武煌也替基金會設計了會徽。這個以山海意象交疊，展現氣勢的會徽一直懸掛在基金會入口的門廳上。小高相繼為中華棋協與海峰基金會兩大圍棋組織設計會徽，足以留名棋史了。

　　裝潢完成的會所，除了辦公間，還有廣闊的弈棋廳，可供舉行比賽或相關活動，因此命名為「海峰棋院」。林海峰董事長親書海峰棋院四字，裱框後懸掛在會客廳中。後來又將四字浮雕，貼於棋院外牆上。棋院訪客多會在牆下留影紀念。

　　我一心要把海峰棋院打造成高雅與氣派的弈棋場所，決定特別設計棋桌。當時為了添購家具，我與小高多次到五股的大賣場尋找。有一次看見一個餐桌，喜歡其造型，就請小高略加修改，設計了一個沉穩又顯大方的棋桌，請木器廠大量製造。有了好棋桌，當然要配上好棋具。我認為好棋具在日本比較容易找到，因此只要有機會到日本交流，就會與執行祕書楊寶甘到日本棋院採購棋盤與棋子。現在棋院比賽用的厚實棋盤與貝殼棋子都是我們分批從日本帶回來的。記得有一次棋具數量相當多，回國過海關時，被懷疑有漏稅問題，差點被查扣。就在我們向海關人員解釋時，同行的周俊勳走過來。那時周俊勳剛獲得 LG 杯世界賽冠軍，「紅面棋

王」成為風雲人物，海關人員認識他，見他與我們是一夥，就立刻放行了。

基金會成立一年後，海峰棋院舉行了啟用典禮。董事長林海峰特地從日本回來主持，還將老師吳清源也請過來。吳大師已是八十六高齡，看起來還是精神矍鑠。我生平第一次與傳奇近距離接觸，感到無比榮幸。

很湊巧的，棋院與我住處只有半街之隔。我交通方便，待在棋院的時間也變長了。我在居處附近走動，著裝通常是Ｔ恤加拖鞋，夏天則配短褲，以清涼為要。但是如果要到棋院，就得換裝。因為我認為棋院必須維持莊重高雅的氣氛，進入者在服裝上就不可隨便。因此我為棋院設下不成文的服裝禮儀：上衣必須有領（排除Ｔ恤），不得著短褲、拖鞋。記得有棋友到棋院找我，因為服裝不符規定，門口接待人員不讓進入。後來通知我，我才到門外與他交談。就算是好友也不能破例。

我在棋院的工作主要是規劃和主持活動，執行細節則交由執行祕書楊寶甘處理，與我在棋協祕書長任內事必躬親相比，勞逸大有不同。楊祕書利用晚上時間到大學修習日文。基金會與日本棋界交流頻繁，多虧她的日語能力，工作才能順利進行。

## 開工

基金會成立第一天就是開工日。即使沒有棋院辦公，依然按表操課，開始趕業績。設定的工作是推動大專、女子、長青三項業餘比賽。

### 大專賽

　　我先從容易辦理的大專賽入手。大專賽原來由中華棋協主辦，經過協商，由基金會接手。我在棋協辦理的第一個比賽就是大專賽，再辦當然是駕輕就熟。依照過去模式，我先找合作學校。輔仁大學有熱衷圍棋的潘純新教授帶領學校圍棋社，之前也有合作經驗，自是首選。基金會的處女秀就在輔仁大學順利完成。對於基金會工作人員而言，這算是一次在職訓練，培養辦比賽經驗。

　　輔仁大學圍棋社有潘純新教授輔導，協辦大專賽時，學校行政配合度高，場地或人力問題容易解決，因此辦得成功。其他學校就沒有如此優勢，即使有意願協辦，時常會有變數產生，讓主辦方很困擾。所以後來我們決定與臺灣大學與政治大學合作，大專賽輪流在兩校固定舉辦。一來我們可以就近提供資源；二來，可以培養圍棋社同學辦賽經驗，甚至傳承下去。基金會主辦大專賽十六年，只有兩次是離開臺北地區舉辦，一次在臺南成功大學，一次在高雄中山大學。這當然與我在南部教書，方便輔導有關。

　　大專賽辦到後期，因為參賽人數不斷增加，大學場地不夠容納，必須租借劍潭海外青年活動中心。我們也安排中南部參賽學生在劍潭中心住宿。同學們白天比賽，晚上在中心還有同樂晚會可參加。我不免要吹噓，說這是五星級的大專圍棋比賽。

### 女子賽

　　十年前中華棋協創立時，林海峰國手已提示要提倡女子圍棋。當時風氣未開，也乏人贊助，舉辦女子圍棋比賽一直是空中樓閣。如今時機成熟，第一屆「全國女子圍棋公開

賽」在海峰棋院設置完成後舉辦，國手的心願終於實現。

由於青少年圍棋比賽已盛行，一般女子棋士不乏競技舞台，我們舉辦比賽的目標在於提升女子圍棋的水準，所以參賽者限定為段位棋士。為了鼓勵臺北地區外的選手參賽，還特別發給車旅補助費。第一屆比賽只有二十四人參加，說明臺灣的女子棋運是剛起步。後來人數逐年增加，到了第七屆，已超過一百人，第十屆兩百人，第十七屆三百五十人，女子賽已然成為女子棋運發展指標。前六屆比賽都在海峰棋院舉行，到了第七屆，場地已無法容納，必須外移了。參賽者很多是青少年。我聽到有陪賽家長說：「『女子賽』開辦後，提升了女子學棋的熱忱，大家努力拚晉段，以便取得參賽資格。」

第一屆女子賽舉辦後，我希望打鐵趁熱，在宣傳方面加強力道。等不及第二屆比賽來臨，我找了臺中市圍棋協會協助，在 89 年四月於臺中加辦了一場「全國最強女子邀請賽」，邀請公開賽前十名選手再度競技。為吸引媒體注意，我突發奇想，要求棋手和工作人員在比賽時全著古裝亮相，藉以彰顯女子弈棋之美。由於古裝可以租借取得，大家都樂意配合。比賽當天，選手著鳳仙裝、旗袍等各式古裝亮麗出場，我和秦世敏頭戴瓜皮小帽，扮成員外，工作人員簡麗華則穿上了格格裝。秦世敏因為身高，我還笑他走路姿態有點像殭屍。我們三人過街到會場時，引來許多路人側目。這場別開生面的比賽果然得到媒體報導，達到宣傳效果。

女子賽採瑞士制，選手一天要賽五場。瑞士制比賽常有人連敗後，中途棄賽，擾亂了整體賽程安排。女子賽卻無此現象，從首屆起選手們就建立起一個不計名次、賽完全程的優良傳統。原因除了女子選手比較遵守規矩之外，與任意棄

賽者以後會被禁賽也有關係。

　　女子賽除了帶動女子圍棋風氣外，最大的貢獻是成為造就女子高手的搖籃。國內說得出名字的女棋手，無一不經過女子賽的洗禮。歷屆冠軍日後多成為職業棋士，如張凱馨、謝依旻、黑嘉嘉、俞俐均等。因為這個原因，日後海峰基金會轉而發展職業圍棋時，女子賽也不考慮停辦。

### 長青賽

　　女子賽開辦次年，第一屆「海峰杯長青圍棋公開賽」登場。中華棋協曾在 80 年首度舉辦專屬年長棋友的長青賽。因資源不繼，比賽只辦了兩屆。現在由基金會接手，我們決心要擴大規模，而且長遠地辦下去。我當初看見社會老齡化趨勢，認為圍棋是適合年長者的休閒活動，所以舉辦長青賽比一般的圍棋賽多了一層社會福利的意義。我很欣慰這項初衷得以實現。

　　基金會舉辦長青賽大致延續初始的構想。一、為了配合重陽敬老的習俗，比賽都在重陽節左右的週末舉辦。二、參賽者必須年滿五十歲以上。比賽依年齡，不依棋力分組。50-65 歲是壯年組，66 歲以上則列入長青組。後來因為壯年組報名者眾，50-55 歲者另設青壯組。三、同組者依局差對局，每段差或級差為三點，超過六點授一子。另外，我也新增一些體貼的安排。一、長青組選手除了局差外，要比較年齡，每差一歲由年少者貼給年長者半點，最多貼到八點。二、青壯組下五局，壯年組下四局，長青組下三局。這是針對不同年紀者體力負擔不同而做的規定。依照年齡貼點，表達對年長者的敬意，最能彰顯長青賽的意義，我自認是得意的創舉。

長青賽另一特色是得獎率高。三十二人成一組，比賽成績只要全勝就算冠軍，一敗為亞軍，二敗季軍，因此同組會有多人得獎。長青組只要下三場，得獎最容易。每次比賽總有上百個獎杯頒發出去，頒獎時台上站滿領獎者。我是比賽主持人，需要一一頒獎，還要合影留念，同樣的動作反覆做個不停，整個頒獎程序超過一小時，這算是最辛苦的一項工作了。這種幾乎人人有獎的設計，目的是讓參賽者放鬆心情，不用太計較勝負。我也與棋協商量，制定優待的升段辦法，讓參賽者容易升段，作為一種獎勵。如此一來，長青賽升段者與在一般比賽升段者棋力自然會有差距。我曾提醒長青賽升段者，這段位「只可自怡悅，不堪外博彩」，免得升了段位，虧了錢包。有一位棋友，長青賽升到六段，覺得上達了。然而跟一位年輕六段下，卻是屢戰屢敗，還被降級讓子，輸了不少錢。我聽他抱怨後，笑他不聽警告，自討苦吃。

　　第一屆長青賽借用大安區公所舉行，超過百人參賽。由於比賽不收報名費，供應免費午餐及點心，得獎容易，又有紀念品可拿，「好康」多多，很快在長青棋友間建立了口碑。第二屆起長青賽報名人數激增，很快超過兩百、三百人。當人數到達三百五十後，主辦方只能停止接受報名。所以後來長青賽的老鳥們就會互相提醒，注意比賽日期何時公布，以便及早報名。

　　為了讓臺北地區以外的年長棋友也可以參與，第一屆起就委託高雄「中山圍棋研究會」協助辦理南區比賽。第四屆起又請臺中市圍棋協會辦理中區比賽。北區的比賽在星期六舉行，隔天再舉行中南區的比賽。這樣安排是要讓我這主辦方代表能夠前往主持。不過中南區同日開賽，我還是分身乏

術，於是找秦世敏分擔，一中一南，輪流前往。臺灣高鐵於96年通車後，臺中或高雄都可一日往返，讓我免除不少舟車勞頓。有一年我到高雄主持比賽，當時中華棋協創會的常務理事林慶雲律師為義大集團處理一件法律案件，我幫了一點小忙，他就以十張「義大世界」旅遊券捐助比賽，讓高雄棋友意外得到一份大禮（旅遊券價值一萬元）。

在長青賽時常可以遇見認識多年，卻久未碰面的棋友。曾任郵政總局局長的王威就是其中之一。郵政局有不少棋友，常到棋社下棋，因此結識。王局長退休後，常在新年期間與棋友社的老員工聚餐，有時也邀請我上座，閒聊棋壇舊事。忝為比賽主持人，我總會在開賽前到賽場遊走，看見老朋友打招呼是一大樂事。有人說長青賽根本就是一個同樂會。許多棋友每年報名參加，目的是與老友相聚。有一年我在大會手冊寫主辦單位的話，特別改寫杜甫詩句，以「正是圍棋手談時，重陽時節又逢君」來描述這種氣氛。

比賽中我感覺最動人的畫面是長青組高齡棋友專注弈棋的神情。歲月在形貌上留下了痕跡，但他們仍然有一顆年輕躍動的棋心。第一屆比賽，曾任紡拓會主委，高齡九十的趙諒公就精神奕奕地參戰。後來有一位九十多歲的吳之楨也在家人陪同下，年年參賽。有一屆比賽，我們特別挑出九十歲以上的選手，予以表揚，還特地打造一塊刻有「棋心不老」四字的獎牌致贈。

我們也關注選手的健康，比賽時一定聘請專業護士駐場，若參賽者健康有問題可隨時照顧。在我的記憶中，需要護士緊急處理的狀況很少發生，她們只是一旁待命，最多的工作是幫長者量血壓。我們也曾聘請按摩師父在場提供按摩服務。如此溫馨的比賽，長青杯是絕無僅有。

長青賽舉辦時，林海峰國手只要人在臺灣，一定會到會場跟選手打招呼。來了多少次，已無法詳數。倒是有兩位貴賓，難得蒞臨，棋友一定留下深刻印象。第三屆比賽（91年），高人氣的市長馬英九現身，上台致詞，引發一陣驚喜。馬英九不會下棋，但對棋界似乎不陌生，96年周俊勳結婚時他還當證婚人。

　　另一位貴賓是吳清源大國手。第四屆比賽時，吳清源與林海峰、張栩，一門三代，連袂返國（見〈海峰棋院〉章），我把握這千載難逢機會，邀請他到會場與棋友見面。大家心儀的大國手一出現，現場還真感覺有祥光普照，瑞氣千條的氣氛。大國手親切地跟棋友打招呼。有一位與大國手同是九十高齡的趙光漢，有點激動地說他五十年前與大國手對弈過，兩人還高分貝地互祝長壽，大家無不動容。

　　長青賽辦了幾屆後，發現得冠者都是老面孔。為了不讓少數人專美，從第六屆起，加辦了「長青十傑賽」，凡是在長青組或壯年組得過兩次冠軍者，改為參加本賽。

　　海峰基金會在97年開辦職業比賽後，因為資源分配考量，曾考慮停辦長青賽。但是長青賽一路辦下來，社會福利的意義已是大於比賽意義，站在照顧年長棋友的角度，林文伯董事長不忍叫停。十多年下來，我主持比賽，從黑髮變成了白髮。我在106年從海峰棋院退休，赫然發現已具備參加長青賽長青組的身分。於是我從主持人變成了參賽人。不過我是直接參加「長青十傑賽」。得獎時我站在台上，又從頒獎人變成了受獎人。

## 應昌期時代結束

　　棋界強人應昌期於86年辭世，留給世人一個未能普及

的計點制規則。或許有人要問：「後應時代的應氏基金會及中國圍棋會在臺灣棋界要扮演什麼角色？」答案其實很明顯。國手賽在 86 年後熄燈，三大職業棋賽只剩名人賽。品位棋士失去舞台，生計發生問題，主事者卻沒有任何補救措施，只任其自生自滅。應昌期對臺灣棋界早無感情，應氏世界杯不給本土棋士參賽名額已見端倪。應氏基金會由應昌期之子應明皓繼承，他在大陸做生意，基金會作業移往大陸發展，成為大陸棋界的贊助者。臺灣棋壇雖然還有中國圍棋會在運作，但影響力式微，應昌期時代實質已宣告結束。

應昌期是臺灣圍棋史上一位重要卻最具爭議性的人物。中國圍棋會在臺復會，他出錢出力，貢獻甚多。五〇年代弈園名手比賽多由他贊助，《圍棋》雜誌也由他支持才能長期發刊。他從銀行退休後，成為成功的企業家，對棋界捐輸更多。他為棋會購置會所，舉辦新聞棋賽。周至柔下台後，他掌握棋會大權，成立應氏圍棋文教基金會，又創立臺灣第一個職業棋士制度。

應昌期為棋界立下不可磨滅的功績，所得人望卻呈兩極化。有人對他讚譽有加，也有人反戈相向。應昌期本人都曾抱怨，他出錢出力，卻有許多人反對他。不知是個性使然，還是事業成功後，心性有所改變，應昌期是以霸者姿態領導棋界。他以經營企業的態度處理圍棋事務，追求效率，令出必行，不容違抗；以己心為師，一意孤行，既有規制說改就改，又不喜溝通，也不顧慮當事人權益。時常跟在應昌期身邊跑新聞的記者形容他的個性是寧折不彎[1]。有此個性，犯錯就不肯輕易回頭，反而會以錯養錯，棋界許多糾紛，由小變大，由此而起。

研發計點制規則是應昌期自許的最大成就，也成為他棋

史地位的轉捩點。之前，他是一個單純的圍棋推廣者，廣受尊崇。之後他全心全力推廣新規則，但過於投入，忘了凡是新的觀念都需時間來消化及接受，欲速則不達的歷史鐵則，何況這套規則仍有討論及修改的空間。他急急如律令，強迫推銷的作風立即引來反彈，也讓人覺得他重規則甚於棋道，未免本末倒置。面對反對聲浪，應昌期雖然顯現「雖千萬人吾往矣」的霸氣，卻只能築起深溝高壘，自絕於棋界公意之外。在眾多關於計點制負面的評價中，應昌期對棋界的貢獻反而被人忽略了。

計點制在國內推廣未竟全功，應昌期就砸下重金，舉辦「應氏杯」世界圍棋賽，企圖藉此舞台向外推銷。這一招並未奏效。但是激發圍棋大國檢討不合理規則與舉辦世界賽的風潮，應昌期於有功焉。

就在應昌期努力推廣計點制時段，韓國與大陸的圍棋實力迅速提升，趕上了日本，進而爭逐世界龍頭地位。然而臺灣方面的發展，雖不至於原地踏步，卻可用我方剛起步，對手已絕塵而去來形容。進步慢，就是退步。關於這一點，我不見主導職業制度的中國圍棋會有何作為。應昌期有魄力、有點子，卻不及於此，只能說他是把心思過於集中於計點制上了。

臺灣棋士的競爭力跟不上世界潮流，導致應昌期也灰心起來，把注意力轉移到大陸。聶衛平、芮乃偉等大陸棋士成為他的新歡。基金會的資金也陸續轉往彼岸，贊助當地圍棋發展。臺灣職業棋士制度從此失去關照。臺灣職業棋士制度是應昌期一手創立，竟然成為棄嬰，可謂為德不卒。我認為這是應昌期一輩子推行圍棋最大的敗筆。

職業棋界是應昌期最能著力之處，但他無功自退。業

餘方面，他的影響力也是江河日下。中華圍棋協會經過多年努力，已是人心所望，海峰基金會加入，更是推波助瀾。青少年圍棋興起後，比賽人口激增，各地爭相舉辦比賽，頗有百花齊放之勢。《棋道》每期都要以二十頁左右的篇幅登載比賽訊息及辦法，可見一斑。這些比賽在審定參賽者段位資格時，都以棋協頒發的證書為準；採用的規則也是棋協認定者。計點制規則與中國圍棋會證書只適用於應氏基金會舉辦的少數比賽。

說到段位證書，中華棋協與中國圍棋會曾經有一段角力的過程。棋協成立後，中國圍棋會宣布不承認棋協證書。應氏基金會舉辦比賽，持棋協證書者須先繳費換證才能參加。對於這種不友善的舉動，棋協不以為意，轄下各項比賽都承認圍棋會證書。後來，在秦世敏祕書長任內，有青少年學生家長向棋協檢舉，其子女持有四段證書，在參加比賽時卻連級位者都下不過。棋協展開調查，發現該生所持證書是由中國圍棋會頒發的。又發現有某青少年圍棋教師向學生收取大筆金錢，保證短期內棋力可以從初學升到四段。這位教師很顯然與圍棋會有串通之嫌而濫發證書。此事經棋協理監事會討論，認為破壞形象，不利圍棋推廣，因此通過一項議案，從此不承認中國圍棋會段位。

由於全國絕大多數的比賽以棋協證書為準，中國圍棋會證書形同虛設。張昭焚任中國圍棋會會長後，與棋協關係修好，棋協同意持有其證書者可以換證。不過到了109年，棋協鑑於管控業餘最高段水平之需要，照會圍棋會將七段位排除於換證之列，其餘不變。

## 臺灣棋院

海峰文教基金會之創立，代表圍棋公益事業已有新一代企業家接棒。林文伯之後，中環公司創辦人翁明顯在 89 年出資成立了「臺灣棋院」。翁明顯比林文伯更早投入圍棋。他全力協助成立中華棋協，也擔任過一任理事長。我可以說，早期的棋協，由於他的支持，才能度過重重荊棘。他在公司發展成國際大廠後，萌生更大的願力發展臺灣的圍棋。接下應昌期放棄的園地，他成立臺灣棋院的目的就是要發展職業圍棋，以爭取世界冠軍作為願景。

相較之下，翁明顯似乎跨出了比林文伯更大的一步。其實林文伯也有雄心，與翁明顯並無二致。只是他認為願景非一蹴可幾，按部就班，逐步實現才是王道，所以他成立基金會，訂下先業餘後職業的工作順序。翁明顯或許看見業餘圍棋根基已固，發展職業圍棋正是契機，這也顯示他樂觀進取的個性。

我跟林文伯與翁明顯分別下過不少盤棋，對於兩人的棋風相當了解。從棋風可以看出弈者的個性，涉世較深的棋友都明白此理。我與日本的武宮正樹有幾次近距離接觸，發現他為人爽朗大方，難怪發展出「宇宙流」的棋風。林海峰個性沉穩，與他「二枚腰」的棋路也相符。林文伯謹慎踏實，下棋時步步為營，寧可拉長戰線，等待機會，也不輕易放手一搏。翁明顯屬開朗大氣型，下棋時當斷則斷，主動求戰。他勇於接下職棋這根重擔，顯現了霸氣個性。

說到棋風與個性的連結，我對半導體業聯華電子公司董事長曹興誠留有印象。海峰基金會成立後，棋力不弱的曹董對圍棋熱衷了一陣子，還舉辦了「聯電千禧杯」圍棋賽（見

〈海峰棋院〉章）。他住處離海峰棋院不遠，有時會號召棋友到家裡下棋，來者多為企業界知名人物。我跟隨林文伯幾度赴會，以觀棋居多。有一次林海峰也應邀過去下指導棋。曹興誠受四子，依我判斷是不好下。曹董雄才大略，在業界素有「梟雄」稱號，下起棋來也是虎虎生風，完全無視眼前大敵。落子志在吃龍，儘管屢試不成，也不見有銳挫氣索神態，讓我見識到梟雄本色。

三月間，「臺灣棋院文化基金會」舉行成立大會，我應邀出席。董事長翁明顯在致詞時許下十年內帶領臺灣棋士登上世界賽舞台（進入決賽）的願望。中華棋協理事長沈君山隨後表示，應昌期基金會成立時也曾表達過同樣的願望，但沒有成功，反倒那時水準與臺灣差不多的南韓如今已躍居圍棋強權。這番話似有所指。林文伯與翁明顯兩人都是參加比賽的棋士出身，比應昌期更有草根性，也更有熱忱。最重要的是他們提倡圍棋不擺高姿態，不帶私心，能夠尊重棋士，從善如流。兩位新世代企業家相續成立基金會，帶領棋界告別威權時代，開創新局，思前望後，我的感觸很深。

臺灣棋院聘請資深職業棋士陳國興為執行長。又聘請周俊勳、陳永安等十一名隸屬中國圍棋會的品位棋士為第一代的職業棋士。這算是挖角，也算是認養。不論如何，嗷嗷待哺的職業棋士得到了安置。但不是所有品位棋士都有此待遇，比賽成績較差者不在聘任之列，只能另謀生路。臺灣棋院也仿照日本棋院，招收青少年院生，培養後起的職業棋士。這個措施很快有成效，不滿一年，十二歲的蕭正浩脫穎而出，成為史上最年輕的職業棋士。之後棋院也栽培出林至涵、陳詩淵等優秀棋士。

職業棋士陣容組成後，接下來就必須搭起比賽的擂

台。翁明顯原來有贊助中華棋協舉辦職業業餘混合的「中環杯」，臺灣棋院成立後，順勢收回自辦。另外，棋院與緯來電視體育台合作舉辦「CMC（中環杯）職業圍棋電視快棋賽」。這是一項創舉，也是一項突破。電視台能夠播放圍棋比賽或相關節目，對於推廣圍棋是一大助益。我任職於棋協或基金會時都動過腦筋，但都無法促成。陳水扁擔任總統時，我曾由與執政黨有淵源的蘇治灝引薦，拜訪公視總經理李永得，希望公視能開闢圍棋公益節目，但無結果。日韓大陸等都有電視台播放圍棋節目，背後是否有政府贊助不得而知。臺灣的民營電視台則完全生意考量，想要播放者須先購買時段，節目也需自製。時段費用一集（三十分鐘）就要數十萬，一般人是無法負擔的。臺灣棋院能夠把圍棋搬上螢幕，值得喝采。電視快棋賽維持了八年，更是不易。

## 臺北市圍棋文化協會

　　臺北市為全國性圍棋組織匯集之地，長久以來卻沒有專屬臺北地區的棋會。曾有棋友于晉謨籌組臺北市圍棋協會，邀我參與，但半途而廢。臺灣棋院成立前一年，棋界出現一位女將劉儷琳，出面邀集熱心人士，組織成立「臺北市圍棋文化協會」（下文簡稱北協）。她認為臺北既是圍棋之都，不能沒有一個組織帶動地方活力。她邀請中華棋協創會會長林晉章擔任理事長，自己則低調地擔任副理事長，實則扛起工作重擔。林晉章重作馮婦，以連任三屆市議員的豐沛人脈，協助舉辦多場大型活動，讓北協很快打出響亮名號。

　　劉儷琳原是一位單純帶著小孩到圍棋教室學棋的家長。她先是認識圍棋教師，如「長清」的單家平，「棋聖」的程清江等，之後就逐漸對棋界事務感到興趣。她發現圍棋

對陶冶小孩心性有極佳的影響，就愛屋及烏，加入了推廣行列。協會籌備期間，她邀請我到先生所開公司共商大計，這是我們相識之始。我發現她很積極、超熱心，不論出錢還是出力，都一馬當先往自己身上攬。很快她成為團隊領袖，大家都願意聽她指揮。我知她對我客氣，還特別跟她說：「推行圍棋時，有用到我的地方，不要當我是前輩，不好意思開口。就當我是傀儡，可以任意指使做事，絕不推卻。」

　　北市棋協成立後積極興辦比賽。首先在臺北市立體育館舉辦「臺北市青少年圍棋賽」，吸引了 1,200 人參賽。連同家長，整個體育館內擠滿了人。比賽進行時，主辦單位另在館內舉辦一場與賽者家長相談會，由我主持，回答有關青少年學棋的種種問題。這比賽辦得成功，市政府教育局樂得繼續贊助，參賽人數也不斷成長，到了 91 年已達 2,500 人。每逢比賽日，體育館外必然交通大亂，館內則是人擠人，寸步難行。我一向不喜歡到人多的地方湊熱鬧，但圍棋比賽是例外，每年都到場觀禮，看見推行圍棋有成果，即使成功不在我，心裡總是很雀躍。

　　在北協之前，臺北已有一個由國際獅子會贊助的青少年圍棋賽。這是熱心推行圍棋的陳丕仁四段在擔任獅子會300A3 區總監時所推動的。因為我父親也曾加入獅子會，與陳丕仁結識，所以他是父執輩棋友。近年來他也參加長青杯比賽，我對他並不陌生。獅子會青少年賽之後由北協承辦，參賽人數也與「臺北市青少年賽」一樣，屢創新高。92 年一月，寒流來襲，市立體育館的比賽卻是熱潮洶湧，創下3,600 名選手對弈記錄。有人說這應是世界記錄了。

　　兩場大型比賽，一在年初，一在年中，把臺北棋壇炒得火熱。比賽時程如此接近，主辦單位和工作人員也忙翻了。

有辦比賽經驗者都知道，青少年比賽最麻煩，從報到、比賽到頒獎，每一個環節都可能出現亂象；加上上千小朋友到處亂跑，會場亂哄哄，極難管理。裁判加上工作人員超過兩百人，人員管理和比賽流程如無事前縝密規劃，隨時會失控。這一方面我就很佩服劉儷琳及其工作團隊。四、五千人的比賽，他們都能處理得有條不紊，一氣呵成。也因為他們累積了豐富的工作經驗，聲名遠播，外地每有大型比賽，都會來請求支援。整個團隊動員移駕外地，可謂棋界奇觀了。

93 年，北協又接下一場名為「中華世紀超級杯」的圍棋賽。由於報名超過五千人，再度刷新記錄。賽後《棋道》將高段位組優勝者頒獎時頭戴皇冠、手持權杖的照片作為封面。但是這場看似盛大輝煌的比賽，竟然包藏一場圍棋史上首見的大騙局。有一個詐騙分子，打著「中華世紀多媒體」公司名號，與北協接觸，表示願意出資贊助大型比賽。熱心圍棋的劉儷琳不疑有他，率領團隊展開工作。直到詐騙者將高達百萬的報名費取走，消失無蹤，而他支付辦理比賽各項費用的支票全部跳票，大家才發現這是一場騙局。但是比賽作業已經啟動，劉儷琳沒有叫停，默默將費用一肩扛下，讓比賽辦完。勝利者風光上台領獎，卻不知台下工作者的辛酸。劉儷琳不願張揚此事，連我都是事後才知情。臨危不亂，忍辱負重，對她，我是越發敬重了。

棋界的詐騙事件後來又有一樁。這次是以出版為幌子，引誘棋友投資，然後捲款潛逃。經過這些教訓，秦世敏祕書長說中華棋協與外界接洽贊助事宜時，已建立一套防詐機制。

劉儷琳身形瘦小，卻有超強工作能力。沈君山接任中華棋協理事長，立即延攬她負責對外事務，推動國際交流活

動。她與聶衛平及泰國蔡緒峰建立良好關係，臺灣棋界與這兩地的互動因此更加順暢。她也擅長主持活動，海峰基金會舉辦女子賽與長青賽時，司儀一職都由她擔綱。她在台上的風采甚至超過擔任主席的我。

## 日本職業大賽來臺

海峰基金會成立初期，與日本棋界交流頻繁，前所未見。這應與基金會有林海峰的人望加持有關。交流事宜透過林海峰牽線或聯絡，不但容易促成，也讓日方有親切感。同時，臺灣旅日棋士出頭，不斷躍上爭奪頭銜的舞台，主辦者為了造勢，就將部分比賽移到臺灣。要找協助機構，海峰基金會自然是首選。因此，處理交流事宜，也是我的重要工作。然而我不懂日語，難免有不便時候。過去我學過日語，但半途而廢。為了工作需要，再起學習念頭，跟楊寶甘借了錄音帶，自學了一陣子，終究無以為繼。還好楊寶甘從淡江大學日語系畢業，跟日方溝通就靠她了。

### *王座賽*

促使日本職業大賽來臺，王立誠的功勞最大。基金會成立，正逢他的巔峰期。87 年奪取「LG 杯」，首獲世界冠軍。89 年獲得「棋聖」，登頂日本第一。同年再獲「春蘭杯」，世界第二冠。90 年獲得「十段」。這段期間，日本大賽來臺，他都是固定主角。

王立誠在 84 年從趙治勳手中奪取「王座」，這是他第一個七大賽冠軍。次年失去頭銜。兩年後又挑戰奪回。88 年時他再度衛冕，挑戰者正是當年衛冕失敗的趙治勳。衛冕戰第一局在東京，趙治勳拔得頭籌。第二局安排在臺北。協

辦國外比賽，我有東洋證券杯的經驗，跟日本人共事則是第一次。當然我很快注意到日本人注意細節，凡事「龜毛」的文化。

十一月中，王座賽第二局在臺北麗晶飯店舉行。依照慣例，比賽前一晚要舉行所謂「前夜祭」，選手、貴賓、媒體記者及工作人員齊聚一堂，在宴會中完成開幕典禮。臺灣大比賽的開幕沒有如此隆重，通常是在比賽日舉行簡短儀式，隨後就開始比賽。古代戰士在出征前會舉行宴會，目的是先放鬆，隔日再拚命，就不知日本的前夜祭是否為古俗遺風。前夜祭是歡樂的氣氛，這一場則有點不一樣。不久前臺灣發生了九二一大地震，受災最嚴重的南投正是王立誠的故鄉。主辦比賽的日本棋院為表示慰問之意，特別將這場儀式定名為「賑災祈福暨日本第 47 期王座戰第二局前夜祭」，並捐出三百四十萬日圓給震災受害者，由紅十字會代表接受。由於有這段情分，後來日本發生福島核災時，林文伯也以海峰棋院名義，捐出兩千萬日圓給日本棋院，算是回報。

王立誠不負眾望，取得勝利。回到日本後，又連勝兩局，成功衛冕。趙治勳所向披靡，唯獨碰到王立誠，戰績特別差。王立誠父親王文保有他的完全對局記錄，曾經跟我說，日本所有高手中，立誠最不怕趙治勳。果如其言，後來王立誠的「棋聖」也是從趙治勳手中奪來。

王座賽對局二日後，海峰基金會召開董事會，順便幫王立誠辦慶功宴。董事長林海峰、為《碁週刊》擔任棋局解說的楊嘉源都出席了。另一位具董事身分，引人注目的是沈君山。他在六月輕微中風，後到大陸復健一陣子，聽說臺北棋會熱鬧，就趕回來了。會後，王立誠、楊嘉源、陳永安三人到海峰棋院檢討王座賽棋局。我一旁聽講，亦有所獲。

### 棋聖戰

　　90 年一月中旬，日本「棋聖戰」與「理光杯配對賽」連袂來臺舉辦。兩個比賽連續在同一個週末舉行，協辦的海峰基金會非常忙碌。首先登場的是「棋聖戰」。此戰是日本第一大比賽，採七戰四勝制，冠軍獎金四千兩百萬日圓。因為獎金高，過去藤澤秀行登上「棋聖」寶座後曾說，一年只要贏四盤棋就可以了。王立誠去年奪取棋聖，今年是衛冕者，主辦棋賽的《讀賣新聞》特別把第一局安排在臺北，表達對「棋聖」的敬重。挑戰者是韓籍趙善津，88 年時獲得「本因坊」，旋於次年被王銘琬奪走。此番他覬覦更大目標，但我認為王立誠正處巔峰，衛冕機率高。

　　《讀賣新聞》找海峰基金會協辦，而非有職業棋士建置的臺灣棋院，我認為與上次辦王座戰，我們已經建立了口碑有關。日本職業第一大賽駕臨，我們首要是幫它做好宣傳。比賽前一天，我在中山北路的老爺酒店，與棋協理事長沈君山共同主持一個記者會，向媒體介紹這場賽事。

　　老爺酒店也是比賽場地。一鄰之隔的晶華酒店（原麗晶改名）是前年「王座戰」場地，比較氣派，也有更大的空間舉辦大棋盤解說之類的活動，是我中意的場所。賽前《讀賣》人員到臺北勘查場地時，卻挑了老爺。原來老爺酒店雖然規模較小，卻是日本旅客喜歡投宿之地。在此辦比賽，還真可以感覺到一股日本風味。日方選此場地，其工作人員可能更覺自在。

　　比賽前夕照例要在酒店內舉辦前夜祭。我看了出席貴賓名單，這慣常的開幕式，因緣際會，竟然成了一場武林盛會。日本棋壇三大頭銜擁有人，棋聖王立誠、名人依田紀

基、本因坊王銘琬齊聚臺北。王立誠是比賽人，依田是《讀賣新聞》大棋盤解說人，王銘琬則是 NHK 電視解說人。林海峰擔任比賽裁判，楊嘉源擔任現場大棋盤解說，當然也出席。更令人驚豔的是吳清源大國手也隨林海峰過來，可惜是次日才到。意外的貴客是大陸中國棋院院長陳祖德。他率領八位大陸企業家與大學教授來臺參加「兩岸名流圍棋賽」。林海峰與依田也是三天後配對賽的主角。

接下來是延續兩天的對戰。第一天開始比賽前十分鐘，工作人員與媒體記者可以進入比賽室，兩位對弈者正襟盤坐，然後持黑者落下第一手，這是記者拍照的時機。之後，立會人（裁判）就下令清場。比賽進行中，我這協辦者甚為清閒，跟一般關心戰局的棋友一樣，只能靜待結果。這種比賽，對局室之外會設置一間研究室，供臺日職業棋士檢討棋局。如果我想掌握第一手對局情報，就會到此盤桓，順便與棋士們做點公關。

比賽通常到第二天才會結束，大棋盤解說也就安排於比賽次日下午在酒店大廳舉行。管理好會場是我的工作。當天前來聽講的棋友很多，把不是很大的廳堂幾乎擠爆。楊嘉源是解說人。一個小時過去，棋局尚未結束。林海峰是立會人，為了透氣，短暫離開比賽室，也加入講解。後來王銘琬也來了。棋友得見大師風采，直呼賺到了。漫長的講解最後由陳永安接力。王立誠於終盤階段失誤，結果小敗。

王立誠首局雖敗，後來還是四比二衛冕成功。王立誠對付韓國棋手似乎特別有辦法。「LG 杯」擊敗劉昌赫，得到冠軍。最近三年也在大賽決賽連續擊敗趙治勳、趙善津、柳時薰等人。柳時薰繼趙善津於次年挑戰「棋聖」，但也鎩羽而歸。

王立誠與柳時薰在「棋聖戰」下到第五局時，意外地發生了一件關乎棋規與棋品的大事。在終盤只剩單官階段時，王立誠打吃黑棋六子，柳時薰只要接上，棋局就可終了。但不知是否一時失神，他竟然不理，到別處下單官。王正要提吃，柳卻要悔棋，因他認為棋已終局，不能再有任何吃子的動作。王立誠問裁判是否可以提吃，得到正面答覆。這盤棋本來是柳時薰優勢，被提吃六子後就逆轉了。局後棋界有人認為棋到單官階段，利用柳恍神而翻盤是勝之不武。其實按照規則，雖到單官階段，如雙方未同意終局，棋局仍屬進行中，叫吃不理，當然可以提吃。柳時薰只能怪自己大意。他發現不對勁後，想悔棋，又失風範。

　　王立誠回臺，告訴我他處理此事的心路歷程，以及媒體未報導的一面。那盤棋，在問題未發生前，柳時薰已經有悔棋動作，王隱忍未予糾正，但心中已有芥蒂。最後看見柳又要悔棋，忍不住就向裁判提出抗議。他問我的看法。我認為在雙方未同意終局的情況下，提吃是合理合法的。對手身為職業棋士，犯錯後不等裁判判決，應主動認輸，才是風度；想要悔棋，更是不該了。後來 99 年廣州亞運時，韓國選手朴廷桓與一位女棋士參加混雙賽，由於比賽採包干制（無讀秒，時盡敗），劣勢的韓國隊就在對手（中國隊）無棋處不斷落子，意在耗盡對手時間。這種做法，雖無規則禁止，但只想求勝，不顧弈棋品質，就有失高手風範了。那盤棋，中國隊提出抗議，棋局因而中斷。兩隊領隊開會協商後，韓方自知理虧，認輸了事。

　　我與王立誠在弈園時代認識。他在日本闖出名號後常回臺灣，除了公開的棋會場合，我也有機會與他在一些私人行程時見面。王立誠在臺期間，汐止的好友詹勝欽會陪著他到

處走動。兩人時常到「棋聖棋院」，與程清江和我等敘舊。詹也是熟人，大家無話不說。王立誠會應我們的要求，擺出最近下的棋，並敘述感想。有時王太太也一起過訪，大家小館餐敘，情誼更篤。程清江於 90 年時開設的棋聖棋院，就是以王立誠當時擁有的頭銜命名。

## 理光杯職業棋士配對賽

棋聖戰結束，但是基金會工作人員連一天的休息時間都沒有，因為配對賽次日就要登場，場地布置及賽前作業刻不容緩。所幸賽場在熟悉的晶華酒店，與老爺酒店相距不到兩百公尺，方便我們在棋聖戰進行時兩頭工作。

圍棋是兩人單打的遊戲，但有人認為雙打也很有趣味。應昌期時代就舉辦過雙打比賽。雙打在日本稱作 Pair Go，顯然有不少人熱衷此道，組成了一個「配對圍棋協會」，專門提倡男女配對的雙打比賽。該會自 78 年起舉辦「國際業餘圍棋配對賽」，但遲至 101 年才邀請臺灣組隊參加，後來又增辦「世界大學生圍棋配對賽」。海峰棋院每年配合舉辦比賽，選拔代表隊。記得前幾年辦選拔賽時，有不少男女選手互不認識，是由棋院楊寶甘協助搭配成對，才得以參賽的。我開玩笑地說：「小心亂點鴛鴦譜。」後來真有一對選手結成連理，寶甘無心成了月老，造就一段佳話。

配對圍棋協會把配對賽推廣到職業圈子，得到理光公司支持，辦了「理光杯職業棋士配對賽」。第五屆（89 年）舉辦時，林海峰與一位年輕女棋士大澤奈留美搭檔，打進了決賽。他們的對手是依田紀基與楠光子。主辦單位認為這是推廣配對賽的好機會，就委請海峰基金會協助，把跨年的決賽局搬到了臺北。

90 年一月中，透過媒體宣傳，配對賽盛大舉行。比賽場所是王座戰之地，不過當時的麗晶飯店已改名為晶華酒店。這是一場快棋賽，不在密閉的房間內舉行，而是安排在公開寬敞的宴會廳。觀戰者與對弈者相隔不遠，可以看見對局情況，一旁還有大棋盤現場講解。因是快棋，弈者每一手須在三十秒內落子。同隊兩人輪流落子，不得交談。由於棋局進行的節奏很快，觀戰者也有強烈的參與感。棋局進行中，不遠處有即時大棋盤講解，講者的聲音會傳過來。我曾懷疑對局者會不會受到干擾。其實對局者全神貫注在棋局，外界聲音再大，他們也聽不進。聚精會神，心無旁騖，正是圍棋的一種境界。

　　一如預期，前來觀戰者超過五百人，擠爆酒店現場。一邊是講究默契的雙打比賽，一邊是滿堂的觀眾，加上戰況即時講解，會場宛如舉行嘉年華會，與前一天棋聖戰靜肅的氣氛，真有天壤之別。

　　此賽還有一個大亮點，那就是林海峰家族全體動員。老師吳清源於前日抵臺，為的是擔任比賽裁判長。林海峰女兒林芳美是司儀兼翻譯，兒子林敏浩負責電視轉播聯繫工作。另外，大棋盤講解人是王銘琬與楊嘉源。日本圍棋配對協會貼心安排，將重要工作全由華語人士擔任，令人感覺格外溫馨。

　　此戰，林海峰一方落敗，未能奪冠。這應是到場觀戰棋友唯一的遺憾了。

### 棋聖戰再來

　　前度棋戰今復來，只見江山換新主。

　　王立誠在 91 年失去「棋聖」，結束霸業。然而一代新

人換舊人，張栩羽翼已豐，只待振翅高飛。他於 92 年獲得本因坊、王座，次年奪下名人。之後又攻城掠地，將天元、十段、碁聖收入囊中，七大賽只剩棋聖未入版圖。八年間張栩不斷站上決賽舞台，主辦單位卻未安排來臺比賽。到了 99 年張栩終於進攻最後的王城──棋聖，守城者是山下敬吾。主辦者《讀賣新聞》將第一局安排在臺北比賽。比賽場地仍然設在老爺酒店，似乎有意複製九年前的盛況。我再度處理協辦事宜，場地依舊，只是對局者已是新面孔。

這場巔峰之戰，當然要有大棋盤解說，藉以鼓動圍棋熱潮。由於酒店場地不夠大，我們特地租借了張榮發基金會的國際會議中心。中心就在總統府對面，場地夠氣派。但為了控制進場人數，我們製作了入場券，憑券才能入場。券上還特別提醒要穿著較正式的服裝入場。

棋聖戰的大棋盤解說當然要排出豪華陣容。林海峰、王立誠和王銘琬都專程回國擔任主講。另外，謝依旻也回來了。我還記得她十二歲得到「全國女子圍棋賽」冠軍時的模樣，現在已是囊括所有冠軍的日本女子棋王。有前輩們在前，她只擔任助講，卻也足以成為現場最大亮點了。

這盤棋張栩不負眾望，在家鄉父老面前獲得勝利。之後，他以四比一戰績挑戰成功，完成了「大滿貫」（七大賽都得到冠軍）偉業。林海峰多次得到六項棋賽的冠軍，卻與「棋聖」無緣，兩度戰上挑戰擂台，無功而返。這個夢想由弟子張栩完成，多少可以彌補遺憾。

### 最後的棋戰

張栩得到「棋聖」時，日本棋壇的新星井山裕太已經強勢竄起。這似乎是一位命定的接棒者，儘管張栩還年輕，棋

力也未見衰退，碰到他卻有節節敗退之勢。井山在 98 年和 100 年從張栩手中連續奪取了「名人」和「十段」，101 年十月，井山已是本因坊、天元、十段和碁聖四大頭銜加身，又來搶奪「王座」，真是來勢洶洶。這種彼長我消的情勢，令我想起林海峰與坂田的對戰。

主辦「王座戰」的日本經濟新聞似乎對臺灣特別有好感，將五戰三勝的前兩局比賽都設在臺灣舉行。第一局地點在晶華酒店，與上次王座來臺時相同。不過大概是同一地點不下二局的傳統，第二局就改到北投的一家日式旅館「日勝生加賀屋」舉行。

第一局比賽在月底的一個週四舉行，兩天後就接著舉行第二局。王座戰對局用時為三小時，一天之內可以分出勝負。不像棋聖戰每人八小時，要下兩天，王座戰的體力與精神消耗較少，選手休息一天後即可再戰，符合現代世界棋戰的節奏。

兩局比賽，我們只安排第一局的大棋盤解說。地點在晶華酒店四樓的宴會廳。講解陣容大致與棋聖戰那一場相同，有林海峰、王銘琬、謝依旻，還有國內棋士周俊勳、林至涵、劉耀文等，豪華不減。

基金會對於這種活動已辦得駕輕就熟，我因此有更多的空閒時間注意棋局的變化。第一局張栩在纏鬥中似乎有不少勝機，但都失之交臂，最後敗下陣來。我感覺比賽氣勢是傾向井山的。北投的一局，張栩也輸了。莫非井山真是張栩的剋星？

結果張栩丟掉「王座」。隔年，井山又來挑戰，把「棋聖」也搶走了。日本棋壇進入「井山時代」。王座戰之後，日本職業賽來臺成為絕響。主辦比賽的平面媒體，因網路興

起，趨於沒落，舉辦圍棋比賽的經費大幅縮減，我想是主要的原因。

## 臺日大專交流

臺灣與日本的大學生自 89 年起每年舉行圍棋交流賽。這個比賽是由林海峰國手的好友高阪節三提議的。高阪是日本「大學生圍棋聯盟」的領導人。他知道海峰基金會推廣大專棋運，就透過林國手，促成這個交流活動。比賽輪流在臺灣與日本舉行，分別由海峰基金會與大學生圍棋聯盟主辦。雙方各派五名選手（第一屆七名），其中一名女子，比賽三場。

第一屆交流賽由我方主辦，我擔任領隊。第一場在基金會舉行，第二場在臺灣棋院舉行。如此安排是讓日本選手了解臺灣圍棋發展狀況。第三場則特別移師新竹清華大學，一則因為清華是支持圍棋的大學；二則校長沈君山是棋界聞人，比賽當天巧逢他生日，正好以圍棋慶生。我方選手有林至涵、施懿宸、張凱馨等準職業棋士，實力超強，連勝三場。

日方領隊高阪曾留學美國，英文成為我們溝通的工具。隊員比賽，領隊也要較量。高阪棋力不弱，但不能勝我。下完棋，大概是為了緩和氣氛，他故意不認輸，直說我贏棋是因為有 homecourt advantage（主場優勢）。

日方主辦的第二屆交流賽是我印象較深的一次。比賽本來預定在十月，因為要等日本「大學生本因坊賽」結束，才能確定代表人選，拖到十一月底。此行需要一位翻譯，就請林海峰公子林敏浩以教練名義隨行。隊員有施懿宸、劉耀文等，實力強似去年。

到達東京後，日方安排我隊住在舊社區一家旅館。地點很清幽，旁邊是公園，很多銀杏樹飄落黃葉，別有風情。敏浩帶我們坐地鐵到新宿區一家飯店，林海峰夫婦及基金會林文伯董事長夫人已在等我們。林文伯要來給隊員加油，因為公務不及趕來，就由林夫人代表，請大家吃了一頓全蟹大餐。

　　第二天早晨進行第一場比賽，地點在日本棋院，這是我第一次拜訪這座聞名已久的圍棋殿堂。因為是星期六，沒有比賽，未能巧遇一些知名的棋士。比賽進行中，林國手及王立誠到場觀戰，臺灣棋院執行長陳國興剛好為參與「豐田杯」比賽一事來到日本，也過來看棋。林國手邀請我和國興到棋院旁的小咖啡館開聊。

　　今年日方陣容較堅強，正好與我隊殺得難分難解。第一場日方三比二小勝。用過午餐後，選手到我們住宿的旅館續戰第二場。林文伯已經抵達日本，特地趕過來加油。結果我方多勝一局，扳回一場。晚上，我和隊員到東京鬧區逛街。回到旅館後隊員卻不休息，與約好的日方選手挑燈夜戰，展現年輕人本色。

　　第三天沒有賽事，日方招待選手到迪士尼樂園遊玩。我則約了陳國興到王立誠家拜訪。我在日本與林國手或王立誠相聚，最有感觸的是所到之處，都有不少人認識他們，而且都以老師尊稱。可見棋士在日本享有很高的知名度和社會地位，令我這推行圍棋之人羨慕不已。

　　第四天早上進行第三場比賽，我方又以三比二獲勝。這是歷屆比賽雙方拚博最激烈的一次了。

　　臺日大專學生交流了六年。日方「大學生圍棋聯盟」因為贊助減少，財力不濟，比賽只好叫停。六年間我三次率隊

前往日本，得以趁機拜訪熟悉的旅日棋士。有一次林文伯還特別吩咐我把所有的旅日棋士都找來餐敘。濟濟多士，齊聚一堂，此情此景，令人難忘。

## 豐田杯事件

上文有提到豐田杯之事，我雖然不是直接關係人，因為涉及臺灣職棋的發展，卻非常關心。日本豐田汽車公司在101年舉辦「豐田杯世界王座賽」。這項國際棋賽卻未邀請臺灣選手。陳國興因此代表臺灣棋院到主辦的日本棋院表示抗議。日方的說詞是臺灣有兩個職業棋士團體：應昌期基金會與臺灣棋院，不知該邀請何方，結果是任何一方都不邀請。這當然是推託之詞。先前舉辦的富士通比賽，日本棋院就有邀請應昌期基金會出賽，陳國興表示，即使援例邀請基金會，臺灣棋院也能接受，不應完全將臺灣棋手排斥在外[2]。

我認為日本棋院的決定有政治操作的味道。臺灣表面是有兩個職業棋士團體，但應昌期在第一屆「應氏杯世界賽」後就形同放棄臺灣職棋，新聞棋賽相繼停辦，旗下的品位棋士也不再增加，任其自動凋零。只是不知是否為了面子問題，他未公開宣告職棋關門。鑑於過去他代表臺灣與國外棋院往來，儘管臺灣棋院已成立，國際賽的邀請函還是發給基金會。雖然取得代表權，但品位棋士逐漸老去，又未添新血，唯一能戰者是周俊勳（周加入臺灣棋院之前，具有品位棋士資歷）。因此每逢國際賽，不經選拔，周俊勳就是當然代表。如此便宜行事，不但對力爭上游的臺灣棋院職棋不公平，更無法在國際賽中展現臺灣職棋真正的實力。日本棋院對臺灣職棋發展並非不了解，不願認可臺灣棋院的代表性，乃是不願得罪應昌期，所以寧為鴕鳥。

豐田杯事件的結局也頗為荒謬。臺灣棋院採納了日本棋院的建議，從業餘名額爭取出賽。派出院生林宇翔到泰國參加亞洲業餘預選賽，出線後再到東京與國際業餘選手比賽，終於取得出賽權。臺灣棋院煞費苦心，兜了一大圈子，爭取到出賽。但如此委曲求全，日本棋院對於下屆是否給予參賽權，仍然不表態[3]。

　　應昌期基金會是臺灣職棋創始者，不甘放棄對臺灣職棋的話語權，其心情容易理解。但形勢比人強，終究需要面對現實。既然無心經營職棋，讓賢才顯大度。基金會後來採合作態度，收到邀請函後就委由臺灣棋院選拔代表。臺灣棋院的代表地位也逐漸被國際認同，成為國際賽邀請函的接收者。這是後話了。

## 日亞航圍棋之旅

　　日本亞細亞航空公司從 64 年起舉辦一項「中日圍棋友誼賽」。每年夏天該公司會招攬日本棋友，組團到臺灣觀光並與我方棋友友誼賽。為了增強吸引力，主辦單位會邀請旅日棋士如林海峰及日本職業棋士隨行。除了臺日棋友交流，臺日職業棋士也進行一場快棋賽及一對多指導棋。此賽原為中國圍棋會協辦，海峰基金會成立後也加入行列。這是兩會第一次在圍棋事務上合作。比賽原在忠孝東路的《聯合報》大樓舉行，後期則改在如圓山、喜來登等大飯店。比賽開放給臺灣棋友自由報名。我知道有些人，尤其是會說日語的老棋友，很熱衷，每年都報名。比賽結果，因為日方棋友的段位標準較鬆懈，儘管降段對局，我方大都以懸殊比數獲勝。不過這是純友誼賽，大家不計較。

　　我不會想要參加這種比賽，但會到會場走動一下，主

要是與旅日棋士及熟識的棋友打招呼。海峰基金會成為協辦單位後，到會場打點變成工作了。這個活動一辦就是三十五年，到 98 年才畫下休止符。如此長壽的活動，應當可以列入棋史了。

日方棋友像候鳥每年飛來，臺灣有些棋友認為來而不往非禮也，有意組團回訪。正逢日亞航成立三十週年，公司想辦紀念活動，就循中日友誼賽模式，找我們與中國圍棋會協辦「日本圍棋之旅」。這是一個五天四夜的行程，四天旅遊，一天到日本棋院下棋交流。由於觀光行程好，團費比一般便宜，報名參加者相當踴躍，六十個名額很快滿載。94 年一月，日本之旅成行。我與中國圍棋會會長張昭焚擔任領隊。

張昭焚出道比我略晚，與陳永安、陳秋龍等同輩，在弈園與他們下棋結識，但與我未曾謀面。據他說學業完成後，擱下了圍棋。事業有成後重拾棋子，還當上中國圍棋會的萬年會長。這次旅遊給了我們手談論交的機會。

因為圍棋之旅，我得以暢遊日本。到日本參加大學生交流賽時，足跡限於東京地區，時間也短；圍棋之旅則經過旅行社規劃，所到之處不是名勝就是古蹟，四天時間也足以大飽眼福。這算是工作之外的福利了。不過圍棋之旅辦了七次，我並沒有福氣每次參加。因為旅遊時間與我學校工作衝突，我只在 97 年與 99 年走了兩趟。

圍棋之旅雖然不是深度旅遊，但也不是走馬看花。不過去過哪些景點，現在印象都已模糊。倒是安排在日本棋院下棋一天的記憶依然深刻。

旅遊團四處觀光後，到了東京日本棋院，與日本棋友友誼對局。日方棋友以降兩段手合出戰，我方還是勝多輸

少。有一年，日方棋友中有一位岡本老太太，七段，排在第一棒。我從她的名字想到她是很早以前，日本第一屆業餘女子本因坊。我方排在第一棒的是秦世敏七段。按規定，秦世敏授兩子，我認為獲勝沒有問題。但我想對方是名人，又是業餘最高段，被讓兩子還輸的話，恐怕面子掛不住，對我們來說，也不是為客之道。於是我暗示秦世敏要手下留情。結果岡本女士贏了這盤棋。我排在第二棒，對手是位年輕的六段，也是授兩子。他顯然對這手合不服氣，擺出拚了命也不能輸棋的神情。結果也是我輸棋。這一場友誼賽，總成績我方大勝，讓我覺得輸掉這兩盤棋是恰到好處。

每次到日本棋院比賽，林海峰國手都會前來與棋友打招呼。有一年碰到他帶領日本職業選手到大陸比賽，不克到場，還特別請林師母代表前來致意。其他旅日棋士如王立誠、張栩也都會過來下指導棋。

身為臺灣的棋院負責人，我到了日本棋院，當然要四處觀摩。日本棋院位於一棟八層的大樓中。二樓的弈棋廳是友誼賽場所。一樓是展示大廳與圍棋教室。地下一樓是棋史展示間，在這裡可以看見許多珍貴的圍棋文物。除了這三個樓層，其他空間並不對外開放。但我很想參觀位於五樓的和式對局室，尤其是懸掛著川端康成「深奧幽玄」字幅的「幽玄之間」。每逢大比賽就可以在雜誌上看見在這個房間對局的照片，我總希望能一睹它的廬山真面目。王立誠幫我實現願望，帶我進了這個房間。我特別跪坐在日式棋盤前，以川端字幅為背景，拍了一張照片。

有一次王立誠帶我去參觀研究室。那天他有比賽，帶到後就離開了。房間裡只有我一人，我就盤坐在榻榻米上，享受一下氣氛。漸漸的有人進來了，應該都是職業棋士。他們

看見有陌生人，但不好趕人，就不理我逕自交談起來。不久又來了一個人，我看出是鼎鼎大名的坂田榮男。他看了我一眼，雖然沒說什麼，我卻坐不住了，趕緊起身，跟棋士們點個頭，溜之大吉。我想我如果會日語，跟他們解釋一下我是立誠桑的朋友，或許不會落得如此尷尬。

日本棋院的二樓有商品部，也是我喜歡流連的地方。每次總要買一堆棋書回來。那一陣子我愛做詰棋，買了詰棋書，回程飛機上用來打發時間。

圍棋之旅結束前的晚會有摸彩抽獎節目。最大獎項是日亞航提供的兩張臺北東京來回機票。第一年有一位涂兆榮棋友抽中機票，但是他正巧不在座位上，按規定，得而復失。第二年他又參團，竟然又抽中。這次他有在場，大家直呼：「該你的就是你的」。第二年我沒有帶團，事後才知道此事。海峰棋院星期三有棋會，見涂先生來下棋，我立刻向他道賀。

## ToTo 杯青少年圍棋賽

圍棋之旅有旅行社安排活動，不需我帶領，所以我不需每年參與。但是接下來在日本北九州舉辦的「ToTo 杯青少年國際圍棋大會」我就不能缺席，因為我必須代表列名協辦單位的海峰棋院在開幕典禮上致詞。大會在學校暑假期間舉行，我的時間正好可以配合，所以連續九年我帶領一群童子軍到日本參加比賽。

ToTo 是世界知名，製造衛浴設備的公司，總部在北九州的小倉市。公司贊助青少年圍棋，每年在小倉舉辦全國性比賽。後來擴大舉辦，邀請大陸上海、廣州等五城市派選手參賽。97 年起臺北得到邀請。受邀城市都有 ToTo 公司的行

銷據點，顯然是主辦者回饋消費者的考量。

每個城市可以挑選十五名十八歲以下選手（比賽辦法上寫的是 3-18 歲），依棋力報名不同組別。棋力最高 3-6 段組，最低 11-20 級組，包容性很大。看到比賽辦法後，我知這是交流友誼性質的活動，難怪不以比賽名之，而稱作圍棋大會。ToTo 公司很大方，選手的機票及食宿費用完全招待。

海峰棋院在了解比賽性質後，決定毋須經過比賽選拔，而是將名額分配給北中南三個兒童棋院，由它們各找五名選手。同時，走一趟日本，只是去比賽，未免無趣。我們決定將之擴大為類似圍棋之旅的活動。全部行程為五天，除了比賽，還有觀光。如此一來，青少年選手們除了以棋會友，還可以體驗日本文化，成為教育之旅，我認為更有意義。只是觀光部分的費用就要選手自行負擔了。

第一次的 ToTo 杯圍棋之旅在 97 年七月底成行，我擔任團長，楊寶甘是工作人員，其他團員除了選手，還有三位兒童棋院的教師、自費隨行的家長以及特聘的導遊。

在日本，ToTo 杯這類的活動除了比賽，還會邀請多位職業棋士來串場。除了下指導棋，還特別安排圍棋教學及職業棋士簽名等節目。知名棋士大竹英雄是九州出身，主辦單位特別請他擔任大會常任主席，其他像武宮陽光（武宮正樹之子）、女棋士梅澤由香里等都是常客，我與他們見面多次，彼此都熟識。97 年那次，林海峰有到場；另外一次，王銘琬也受邀出席。

比賽前一天晚上，大會主席大竹英雄會在一家懷石料理餐廳宴請工作人員，臺灣和大陸選手的領隊也會受邀列席。ToTo 杯的工作人員其實都是義工，由北九州棋界熱心人士前來支援。每年我都看見同一批人，彼此就熟識了。後來的

晚宴就變成老朋友聚餐，場面很熱絡。大陸選手來自五個城市，最常擔任總領隊的是曾任中國棋院院長的王汝南。我到大陸參加炎黃杯或其他活動時有數面之緣，算是舊識。王汝南的日語說得很好，與大竹交談無礙。我只會說幾句簡單日語，經常感覺有口難言。

大竹為人爽朗，又很健談，與他互動，雖有言語障礙，仍能感覺他待人的一份真誠。有一次他還跟我提到他與林國手的好交情，應該有愛屋及烏的意思吧。宴會後大竹意有未足，還要邀我續攤。我知他非酒徒，只是喜好小酌，卻不便奉陪，總是婉拒，他也不勉強。之後再來 ToTo 杯，我總會帶一瓶臺灣酒送他，算是回報他的熱情招待。

ToTo 杯比賽依棋力高低分為五組，但棋力界定各國不同，同組選手實力就有落差。有的選手分明是段位棋力，卻報名級位組。大陸選手特別有此現象，因此他們的成績最好。王銘琬有一次跟大陸選手下指導棋，對方可能認為他是日本人，聽不懂中文，在與一旁觀戰的同國人交談中透露：「他是大陸四段，卻報名級位比賽。」這種棋力低報案例，主辦單位並非不知，只是無從防範。我認為 ToTo 杯是以棋會友，總是告訴選手，只要注意棋品，快樂下棋，勝負就不必計較了。

比賽完畢後就是快樂的旅遊行程。參加圍棋之旅，足跡都在日本本州，ToTo 杯之旅則讓我有暢遊九州的機會。有些地方重複去過，記憶特別深刻。像太宰府的天滿宮，其中奉祀一位叫菅原道真的學者，其地位有如中國的文昌君，大考期間會有許多學生前來參拜。這位學者通漢文，還會下圍棋。這一點，導遊並不知道，是我後來翻閱典籍時發現的。有一年，我們走了一趟遠路到位於瀨戶內海的因島參訪，這

是棋聖秀策的故鄉，上面有一座本因坊圍棋紀念館。

　　我連續九年帶隊參加 ToTo 杯，直到我從海峰棋院退休。再過一年，這個充滿回憶的比賽就停辦了。北九州的義工團與我方建立了深厚友情，一度組團來臺訪問，我們當然熱情招待，一盡地主之誼。

## 下一個十年

　　本章敘述海峰文教基金會在創立後，前後大約十年，致力於推廣業餘圍棋的所作所為。這期間有臺灣棋院及其他圍棋組織加入，臺灣圍棋在後應昌期時代出現嶄新的局面。如何順應趨勢，為棋界做出更多更新的貢獻，正是海峰基金會下一個十年的課題。

### 注解

1. 馬西屏：《圍棋風雲錄》，（新竹：理藝出版社），頁48。
2. 見《中國時報》，91 年 3 月 20 日，劉黎兒報導。
3. 同上。

第十三章　海峰棋院

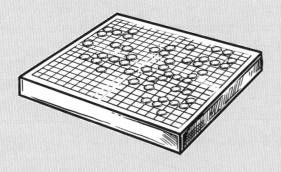

「海峰文教基金會」董事長林文伯旗下另有一個「培生文教基金會」，是為了紀念罹患唐氏症，英年早逝的胞弟林文進而設立的，其宗旨在贊助推展智能障礙者文教活動。我曾短暫擔任過執行長職務。海峰基金會成立九年後，林文伯考量自己同為兩個基金會董事長，決定將海峰基金會併入培生運作，以求基金運用及工作效率之提升。培生基金會下設「海峰棋院」部門，執行之前海峰基金會的工作。從此海峰棋院，如同日本棋院，除了是地名場所，更代表一個組織。我的工作性質未變，但職位由原海峰基金會執行長變成海峰棋院的院長。

　　在基金會組織變動的同時，我的教學生涯也面臨轉折。我在教育界服務前後近三十年，已具申請退休的資格。我正考慮是否再教兩年，到耳順之時引退，林文伯卻勸我不必猶豫，退下來正好為海峰棋院擔任全職院長。他又答應給我一份優渥的薪水。我做了將近十年的義工，海峰基金會的運作早已打下穩固基礎，是否再需要我全職投入，我自己是有疑問的。林文伯給我的待遇，我認為有報答我做義工的因素在內，這份情義令我感動。於是我在 95 年 8 月從中山大學退休。

　　很多同行在公立大學退休後繼續到私立大學任教，追求所謂「第二春」。我比他們幸運，退休後的春天就在一生所好的圍棋世界裡。從此不用再南北奔波，上班只是離家五分鐘的步行距離。生平第一次，圍棋與我的生活完全結合在一起。這也是我推行圍棋多年來，第一次領取酬勞。

　　基金會成立十年後，工作目標也面臨轉變時刻。我們協助中華棋協推行業餘圍棋，從全國各地每年有上百個比賽舉行可以看出成效。按照既定的規劃，現在是與臺灣棋院共同

推行職業圍棋的時候了。

　　周俊勳在 96 年奪得「LG 杯世界棋王賽」冠軍，成為本土棋士第一個拿到世界冠軍者。「紅面棋王」成為家喻戶曉的名號，奮鬥的故事更被編進小學生教材中，提升了職業棋士的社會聲望。九〇年代初期，日本電視動畫《棋靈王》引進臺灣，在華視播出，成為熱門節目。如同多年前林海峰鏖戰坂田所帶動的學棋熱潮，《棋靈王》也為臺灣增加許多圍棋人口。動畫所描繪少年進藤光與幽靈棋士佐為的故事也讓世人一窺職業圍棋的世界。此二事件為推動職業圍棋添加了薪火。

## 職業賽啟動：棋王賽

　　97 年初，林文伯董事長告知：欲投下重金舉辦一個職業圍棋比賽，交由我規劃。他的指令很簡單：挑戰制，七局決賽，獎金要最高。

　　我首先考慮的是比賽名稱。棋聖、名人等是大家熟悉的比賽名稱，日本首用，大陸和韓國的比賽也跟著採用。我想不便再炒冷飯，就決定以較有中國味的「棋王賽」為名。《民生報》曾經辦過棋王賽，是當時最大的比賽。但十年前已停賽，連報紙都已停止發行。如今棋王賽再現，頗有傳承意味。

　　我其次考慮獎金。目前獎金最高的是臺灣棋院舉辦的「天元賽」，冠軍獎金八十萬。我認為棋王賽是後來比賽，獎金應該更高，所以訂為一百萬。這沒有要把天元賽比下去的意思，而是利用新比賽堆高獎金，職棋之火才能燒得更旺。後來天元賽獎金加碼，棋王賽也跟進。如果說兩者在互比苗頭，絕對是良性的競爭。我個人很高興，能夠幫海峰棋

院點燃第一把火。

三月，臺灣第一個百萬獎金的職業棋賽開打。三十二名棋士參加初賽，優勝者八人打循環賽，決定誰是第一屆「棋王」。本賽另一個特色是打進循環圈者可以領到可觀的對局費（勝 2,5000，敗 15,000）。日本「名人賽」的循環圈因對局費高，打入循環圈被稱為坐上「黃金椅子」。本賽師法日本，林文伯特別言明，目的在給棋士基本生活保障，希望他們能心無旁騖，致力精進棋藝。

數月鏖戰後，周俊勳在看好下奪得「棋王」。繼 LG 杯冠軍，錦上添花。他於去年底結婚，這頭銜算是最好的結婚禮物了。

## 藝術獎杯

棋王賽頒獎典禮時，周俊勳獲頒一個相當特殊的獎杯，引人注目。這個獎杯其實是一件雕塑作品，由琉璃製成，與一般金屬製成的獎杯完全不同。作品呈現的是一隻人手，立舉向天，二、三指間夾著一顆圍棋子。整體造型優雅中透著一絲神祕感。

以雕塑作品作為冠軍獎杯是我的創意。我在規劃比賽時產生了獎杯藝術化的想法。一般比賽獎杯如果不是買現成的，就是請獎杯製作公司設計，但都難免制式化，流於庸俗。我過去參加比賽，得過不少獎杯。這些獎杯設計都很俗氣，金屬外表容易變質，失去光彩，引不起收藏的興趣。放在櫃子上展示，過一段時間我就會當廢鐵丟掉。有一次我參加比賽，得到一個獎杯，居然有不認識的棋友要向我購買。原來該棋友向太太請假參加比賽，沒有得到名次，卻想拿個獎杯回去做參賽證明。我對獎杯本不珍惜，當然很樂意出

售。因為有這些經驗，我認為獎杯做成藝術品，才會有收藏的價值，也更能凸顯比賽的價值。

　　我的立意雖佳，但是找人創作藝術獎杯可是問題。找一位成名的雕塑家，其作品價格必然很高，不好列入比賽預算。同時，設計人如果不會下圍棋，作品可能無法表現出圍棋特有的韻味，獎杯藝術化就失去意義。

　　我正在傷腦筋時，遇到了許博允。他是我到新疆參加「炎黃杯」時認識的（見〈百年新象〉章）。我知他是一家專門媒介知名音樂家來臺表演的「新象藝術」公司主持人，卻不知他是一位圍棋迷。在新疆旅途中，他與另一位棋友，無視車行顛簸，利用磁石小棋盤，一路對弈的情景，我印象猶新。我們認識後，除了圍棋的共同嗜好，藝術與音樂的興趣很快讓我們成為莫逆之交。他時常送票給我到國家音樂廳欣賞國際名家的演出。

　　我見到許博允，本來是想問是否有藝術界朋友，能為海峰棋院設計獎杯，但費用不能太高。他卻很豪氣地說，此事他可代勞，而且不收分文設計費。我知他是作曲家，想不到也有美術才能。我相信他不是隨便說說，當下把棋王賽作了簡介，請他構思一件能表達其精神的雕塑作品。

　　兩個星期後，許博允送來電腦彩繪的設計圖樣，就是周俊勳獲頒的那件手形琉璃作品。我認為別具匠心，頗能表現圍棋神韻，立刻請人開模製作。獎杯藝術化的理念，想不到如此順利實現。感謝好友的拔刀相助，讓我有「踏破鐵鞋無覓處，得來全不費工夫」的驚喜。

　　棋友許國裕正好開設一家琉璃工廠，獎杯就委請他製作。我跟許國裕熟，材料及製作費用當然會要求他優待。雖然如此，棋王賽獎杯的製作成本還是遠遠超過一般獎杯的預

算。我認為這是值得的。我總是告訴得獎者，這件作品，領獎當天捧在手心是一座獎杯，回家放在櫃子上就是值得珍藏的藝術品了。

海峰棋院接下來開辦的職業棋賽，也都請許博允設計琉璃獎杯。藝術獎杯成為海峰棋院比賽的特色。後來臺灣棋院「天元賽」見賢思齊，也請許博允設計了一個典雅的獎杯。照例，他也不收費。

## 中日精英賽

棋王賽方才舉辦，林文伯又交代我規劃一個「中日圍棋精英賽」。顧名思義，這是一個我方與日本棋士同台競技的比賽。過去臺日職業棋手對弈，多屬交流性質，正式在比賽中爭奪獎金，這應是頭一次。林文伯想藉此比賽測試我方職業棋士的實力。另外，目前圍棋最強勢的是大陸與韓國，我方要迎頭趕上，當先以日本為目標。所以舉辦這個比賽具有他發展職棋的戰略思考在內。

考量我方目前實力，我們設定日方參賽棋士為三十歲以下，沒有頭銜者。另外，旅日棋士為數不少，日媒稱為「臺灣軍團」，我們也要給予參賽機會。最後決定參賽者十六名：我方八名，日本棋士四名，旅日棋士四名。日方與旅日棋士的名額是按年度戰績挑選。旅日棋士中的佼佼者，王立誠與王銘琬因年齡關係，張栩則擁有大賽頭銜，都未能參與。

比賽要能辦成，首先要日本棋院同意配合。折衝聯絡的工作落在林海峰國手肩上，他兩地往復奔走，終於促成比賽於六月在海峰棋院開打。林國手當然是最合適的裁判長。

比賽是單淘汰制，對局時限每人一小時，屬於快棋

賽。一天賽兩場，賽程只有兩天就決定冠軍誰屬。如此短暫比賽，冠軍獎金卻高達六十萬，可說是 CP 值最高的比賽。

日方選手最引人注目的是十九歲的井山裕太七段，此時在日本業已嶄露頭角，連續打入大比賽決賽。本賽也不負眾望打入決賽，不料負於另一位中國籍的日本選手蘇耀國。井山終非池中之物，隔年就從張栩手中奪下「名人」寶座。井山在獲得頭銜前，因為戰績好，又獲得參加第二屆精英賽資格，但還是未能奪冠，或許是他不擅下快棋吧。

我方精銳盡出，卻未能打入決賽，可見與日方實力確有差距。不過第二年，陳詩淵打入決賽，雖不敵曾經擁有「天元」頭銜的河野臨，但已是突破。第三屆，周俊勳也打入決賽，對手是松本武久，終於摘下冠軍。那年，周俊勳處於低潮，各項比賽都不順利，精英賽的勝利讓他有如看見隧道盡頭的光，在領獎時流下了眼淚，觀者莫不動容。

第四屆比賽是令人印象深刻的一屆。為了讓高手參賽，我們把三十歲的年齡限制取消，所以日方來了高尾紳路、山田規三生等一線高手，旅日棋手王立誠和王銘琬也來了。強手環伺，我方卻有出色戰績。十四歲，甫晉初段的葉紘源爆冷贏了王銘琬。林至涵戰勝曾經擁有名人和本因坊頭銜的高尾紳路，更令人驚豔。最後由陳詩淵勝林至涵，得到冠軍。我方選手包辦決賽，證明這幾年來，臺灣職棋水準提升，已有進逼日本實力。

林文伯覺得精英賽已經圓滿達成任務，第四屆後就鳴金收兵了。

## 海峰杯

海峰棋院一年內開辦了兩個大比賽。林文伯意有未

足，次年又辦了「海峰杯職業圍棋賽」。這次他自己先想好比賽辦法，再告訴我去執行。

「海峰杯」規模較小（獎金五十萬），所以採用單淘汰制度，最後兩名勝者再下三盤棋決定冠軍。淘汰制的優點是賽程短。但是選手與誰對陣是依抽籤決定，有時兩位強者籤號相近，比賽初期就會碰頭，必有一人出局，到了階段決賽，就可能出現一強一弱的陣容，減少了競爭張力。林文伯希望避免這種情形發生，就想到依參賽者全年獎金收入來排名，以收入最高者排第一，收入最低者排最後。比賽時由首尾對戰，第一名對倒數第一，第二名對對倒數第二，依此類推。由於收入可以反映棋力，此法讓強者不致提早碰頭，提高了比賽的競爭性。

第一屆「海峰杯」於 98 年八月舉行，有六十四名棋手參加。最後由林至涵與陳詩淵決賽。林至涵 2 比 1 獲勝。林陳兩人常在海峰棋院下一手十秒的快棋，相互提攜，近兩年棋力進步飛快。陳詩淵曾在雜誌上表示，周俊勳的棋力比他強。但他到韓國受訓，平時又認真研究，顯然已追上差距。棋王賽第二屆起，陳詩淵四連霸，證明實力。林至涵也不遑多讓，一、三屆海峰杯得到冠軍。九〇年代後期，周俊勳的光芒漸退，陳詩淵與林至涵崛起。林立祥、蕭正浩、王元均等新秀也蓄勢待發。我看到了臺灣職棋蓬勃的朝氣。

## 中華職業圍棋協會

一連辦了三個職業賽，海峰棋院的經費支出大幅增加。海峰棋院隸屬培生基金會後，財務基礎擴大許多，但單憑基金孳息是無法應付棋院日漸增多的開銷，還需林文伯董事長從個人口袋挹注，金額相當龐大。因為林文伯是個低調

的人，數目我就不便說了。推動職業圍棋需要大筆資金，不能只靠個人，還需廣大企業界的支持。韓國大企業如三星、LG 等都出資舉辦世界比賽。日本也有富士通、豐田汽車等支持圍棋。但海峰棋院成立已有一段時期，在推行職棋的路上，除了有翁明顯的臺灣棋院互相呼應，還在殷殷期盼企業界的青睞。

我認為林文伯與翁明顯成立棋院，未如應昌期成立基金會一般，冠上自己的名字，當然是希望能拋磚引玉，引進外界更多資源。但他們是單獨出資的創辦人，棋院運作難免會有個人色彩的聯想，大企業可能因此不願錦上添花，替人抬轎。如果有一個由棋士組成、沒有財經背景的社團組織出面，或許比較容易得到企業的支持。就在此際，「中華職業圍棋協會」（簡稱中華職協）成立，推行職棋的另一條路出現了。

中華職協的成立要從臺灣棋院發生的一個「同意書事件」說起。

臺灣棋院成立後，每年甄選四名職業棋士，棋士人數不斷增加，管理方面因而出現了一些問題。有些棋士甚至對棋院管理階層的行事風格不滿，進而提出了批評。棋院為了加強管理，在 97 年二月提出了一份「職業棋士同意書」，明列多條行為規範，要求職業棋士簽署。這事引發棋士們強烈反彈。他們認為同意書中有言行不正或教學不力得被處罰等條文，不但箝制了言論自由，規範標準也牽涉主觀判斷，一旦簽署，等於將生殺大權交予管理者，頗有白色恐怖的味道。同時，棋院未與棋士溝通研究，就片面擬具同意書，又強勢言明在期限之前未簽同意書的棋士，將予取消棋士資格（後改為禁賽五年），讓棋士感覺不受尊重。以周俊勳為首

之十二名棋士，聲明為維護棋士尊嚴，拒絕簽署。他們都遭到五年禁賽之處罰。

我看到同意書內容時，真是倒抽一口涼氣。當年應昌期為了合法化對我的撤段事件，在事後補訂出「棋士違紀處罰辦法」，只要有所謂「反對圍棋會宗旨」者，棋會董事會就可撤銷其段位（見〈圍棋官司〉章）。現在臺灣棋院似乎重蹈覆轍，令人感覺威權之魂又復活了。我雖是局外人，但周俊勳等人的遭遇感同身受。不過，我具有海峰棋院院長身分，林文伯董事長未授意前，我是不便發聲，只能靜觀其變，希望事件有所轉圜。

周俊勳隨後在媒體一次訪問中表示，將組織一個公正、公平、公開的職業圍棋組織，為被禁賽的棋士創造舞台。同意書事件因此成為創立中華職協的契機。周俊勳等人手中並無資源，但憑著一股氣動手籌備成立職協。這時出現一位貴人。這人是日本籍的加藤惇一。加藤先生在臺灣經營許多事業，其中一家「友士公司」，經銷日本飲料及酒類。加藤喜好圍棋，以職業棋士彭景華為師，時常贊助「景華兒童棋院」的圍棋比賽。他為人謙和，尊師重道，因而與臺灣職業棋壇結下深厚情緣。彭景華也是拒簽同意書而被禁賽者，積極參與職協籌備工作。加藤知道了，就主動提供經費幫忙，也成為發起人。

中華職協於 97 年十二月宣告成立。主要成員為周俊勳等多位資深職業棋士，他們共同推舉加藤惇一為創始理事長。一個異國之人，而能擔任臺灣第一個職業圍棋協會龍頭，加藤先生真是臺灣圍棋史的異數了。

職協會址起先設在板橋一間房子內，每月的房租是一筆負擔。加藤就把他在忠孝東路的公司辦公室撥出一層，供職

協使用。職協成立之初，因缺乏資源，只舉辦研究會、磨練賽等活動。加藤理事長就在 100 年出資舉辦「友士杯十段賽」，成為職協的招牌賽事。

林聖賢和彭景華等資深職業棋士感念加藤長期對臺灣職棋的貢獻，特別訂製了一塊匾額贈他。但是他們想不到適當的題字，林聖賢就問我意見。我建議「功在職棋」四字，他們覺得貼切，就採納了。贈匾雖是老式，或許還帶點土氣，卻也適切地表達臺灣職棋對加藤的感激之意。

職協成立，海峰棋院當然是樂觀其成。林文伯認為職業棋士自立自強，以自身的魅力引進資源，職棋的路才能走得久遠，因此有意加以扶植。但職協是在臺灣棋院發生糾紛後成立，此時介入，恐怕給人不當聯想。當務之急是化解兩方的齟齬，於是林文伯出面斡旋及協調。翁明顯是明理之人，同意修改同意書，設立棋士會，保障棋士權益。98 年九月，周俊勳等十二名棋士在新同意書上簽字，在離開一年七個月後，重返臺灣棋院。

同意書事件落幕，棋壇恢復和諧。這是一個衝突中追求進步的例子。過去職棋領導人喜歡羅列條文，要求棋士遵守義務，卻忽略棋士也有應享的權利。同時，視棋士為公司職員的心態也讓棋士感覺未得到應有的尊重。臺灣棋院能夠聽到棋士的心聲，顯示臺灣的職棋發展，較之應昌期時代，向前邁進了一步。

職業棋士回歸後，海峰棋院與職協建立了密切的關係。「友士杯十段賽」從職協會址搬到海峰棋院來比賽，我感覺就像是棋院主辦的另一個比賽。十段賽也曾與棋院的比賽一起舉辦頒獎典禮。

如同中華棋協推展業餘圍棋，林文伯認為中華職協在

推展職業圍棋方面應當扮演重要角色。有這兩個協會成功運作，海峰棋院，甚至臺灣棋院，可以把主導地位讓出來，退居二線，扮演提供資源、贊助者角色。加藤先生兩屆理事長任滿後，林文伯和我一起加入職協。他擔任了兩屆理事長，一心要把職協潛在的功能發動起來。我則擔任常務監事，盡輔佐之職。

海峰棋院之後開辦圍棋道場、成立精英隊集訓、參加國際賽與外國棋士交流等活動，一律交由中華職協規劃辦理，海峰棋院成為贊助單位。若有企業贊助職業比賽，也由職協掛名主辦，海峰棋院成為協辦單位。

## 接近大國手

我在海峰任職期間，得到許多機會與國外大師級名手近距離接觸。印象最深刻者，除了林海峰，就屬吳清源大國手。

自從學會圍棋，吳大國手的棋藝就令我心儀。大學時期，日本誠文堂新光社出版兩冊《吳清源名局》，我託人購買。七〇年代世界文物公司出版十二冊《吳清源名局細解》，我也蒐羅俱全。對著書中棋局打譜研究，不知反覆幾回。

國手風範舉國仰慕，但吳清源與臺灣棋界的互動，在海峰棋院成立前居然寥寥可數。最早的一次在 41 年，他來臺接受中國圍棋會贈予「大國手」封號，又與神童林海峰下了一盤指導棋。之後林海峰赴日學藝，拜入門下。這是棋友津津樂道的一段棋史。林海峰得到「名人」後，回國接受圍棋會贈予的「國手」頭銜。他飲水思源，邀請老師觀禮。這是吳大國手第二次訪臺。下次再來時，就是三十年後了。

大國手兩次訪臺都與林海峰有關連。這份機緣，多年後又因海峰棋院而延續。海峰棋院於 88 年三月啟用，林海峰是基金會董事長，專程從日本回來主持啟用儀式，還請來一位貴賓，正是吳大國手，帶給棋院上下一陣驚喜。大國手此行目的，除了參觀以他弟子為名的棋院，也一識繼應昌期之後成立圍棋基金會的企業家林文伯。我為大國手介紹棋院設施，有機會與他交談。大國手人稱「二十世紀棋聖」，得瞻風采，何其榮幸。

　　兩年後，海峰基金會協辦「棋聖戰」與「理光杯職業棋士配對賽」在臺比賽（見前章）。吳大國手擔任配對賽的裁判長，再度來臺，與林海峰、王立誠、王銘琬、楊嘉源等會合，一時眾星閃爍，照亮臺北棋壇。但他為工作而來，無暇造訪海峰棋院。我在配對賽會場見到他，但未交談。

　　海峰棋院藏有幾把吳大國手題字的摺扇，其中之一題字是「壽而不老」。這當是他邁入高齡後的心情寫照。觀他自棋壇引退後仍孜孜不倦地研究「二十一世紀圍棋」，足證所言不虛。91 年時，大國手正逢八十八歲米壽（米字上下是兩個八，中間是十，代表八十八）。一月，弟子林海峰特別邀請他與夫人來臺旅遊，而且全程陪同。林海峰也與臺灣棋界商量好，要在一月九日，大國手生日那天，為他舉辦一場盛大的祝壽會。

　　五十年前，大國手在臺北中山堂與年僅十歲的林海峰下指導棋，後來更造就弟子揚威異國。在大國手生日當天，師弟兩人回到這個值得記憶之地，撫今追昔，感慨繫之。

　　當晚，海峰文教基金會、臺灣棋院文化基金會、應昌期圍棋教育基金會與中華民國圍棋協會等四大圍棋團體聯合在圓山飯店舉辦了一場「吳清源大國手八八華誕棋會」，代

表臺灣棋界向大國手表達祝壽之忱。在眾多小棋士高唱生日快樂歌聲中，大國手家人和林海峰夫婦共同吹熄蠟燭，切蛋糕，現場氣氛高昂。沈君山代表臺灣棋界致祝賀詞。晚宴後，一百七十六名小棋士對弈，組成八十八盤棋局，這是棋界特有的祝壽創意。

這場活動，在外人眼中，或許只是一場熱鬧的生日派對。然而其中含有的底蘊，卻只有棋界之人方能深刻體會。大國手與林海峰的師弟情誼，棋道之薪火相傳，此情此景，每每令我回味。

張栩在 92 年時獲得「本因坊」頭銜，開啟了王者之路。他的乾爹，臺灣棋院董事長翁明顯，邀請他回臺慶賀。張栩老師是林海峰，既然師以徒貴，就連師公吳清源一併邀請，三人連袂來臺。九月末，臺灣棋院在晶華酒店舉辦一場「圍棋之光」歡迎晚會，吳林張一門三傑，齊聚一堂，與數百位棋友互動，非常難得。

這場晚會主要是為張栩慶功。但是一門三代同堂，棋道傳承的意味更勝，如果以「薪傳」為名，更加貼切。這是我到場時的感想。

當晚主辦單位特別安排馬英九市長頒發榮譽市民狀給大國手。然而大國手竟然拒絕接受。雖然馬市長再三解釋，大國手仍以自己已入籍日本為由，堅不接受，場面一度陷入尷尬。其實外籍人士接受榮譽市民榮銜之例所在多有，大國手顯有誤會，當是主辦者事前溝通不足，導致一樁好意變調。會後，翁明顯與林文伯在飯店以大餐招待大國手，表示歉意。還包了一個大紅包，給老人家壓驚。

第二天海峰棋院舉辦長青賽，我們特別邀請大國手到會場參觀。這次我趁機向他請教，他所研究的「二十一世紀圍

棋」真義為何。大國手說過，新世紀的圍棋追求「六合的調和」。他跟我解釋六合就是上下及四方，代表宇宙。這些道理，我已有理解，只是從他口中說出，依然如雷貫耳。

大國手九十高齡，依然神采奕奕。日本人說下棋「得天壽」，誠非妄言。

大國手最後一次來臺是 98 年四月。他專為擔任第六屆「應氏杯」決賽之棋證而來。大概是因為決賽者李昌鎬與崔哲翰都是韓國人，應昌期基金會並未大張旗鼓地宣傳，而是把比賽設在後山花蓮，低調舉行。我沒有機會再見到大國手。

## 棋協與沈君山

我雖在海峰棋院任職，對於中華棋協的發展也極為關切。除了個人感情因素，也是工作需要。海峰棋院與棋協是夥伴關係，海峰棋院成立後，我回到棋協擔任常務監事，主要目的是在兩個組織間作為溝通的橋梁。

中華棋協自許作佃擔任理事長後，他以旗下的永大社會福利基金會作為後盾，棋協財務明顯轉好，業務推動更加順利。棋協除了舉辦「中環杯」與「永大杯」兩大比賽，又爭取到文建會補助，「全國圍棋大賽」再度舉辦。比賽之外，棋協組織及培訓國家少年隊，開啟新的工作方向。

許作佃兩屆任滿後，由剛卸下清華大學校長職務的沈君山接任。沈君山與聯電董事長曹興誠是棋友。他為學校募款，與曹董下棋，約定每贏一子曹董就捐一萬美金，結果募得臺幣一千五百萬。擔任理事長後，他又找上豪氣的曹董幫忙。聯電公司在 89 年（西元 2000 年）贊助棋協舉辦「聯電千禧杯」。冠軍獎金八十萬，創下臺灣高獎金職業賽的先

例。沈君山與聶衛平有好交情，棋協也藉此管道與大陸棋界建立良好關係。

我與沈君山也算是棋友。我們的棋緣要從弈園時代說起。那時他從美國回來任教，希望以美國本因坊身分取得中國圍棋會三段資格。棋會幹事蘇成章告以要參加比賽才能發給證書，沈君山則以沒有時間參加比賽為由要求通融。棋會就要他尋空去找三段棋士挑戰，能贏才給證書。於是沈君山到處找三段棋士踢館，每戰必勝，相當得意。有一天他在弈園碰到我，知道我也是三段，立刻下戰書，還說我是擋路的最後一塊石頭。不過他這一次踢到鐵板，被石頭砸到腳了。他輸了這盤棋，有沒有影響他拿到證書，我並不知道。

我卸下中華棋協祕書長職務後，常到信義路的中華棋院下棋。這段期間我和沈君山下得較多，對他的個性更有認識。他是政界與學界的大人物，下棋時卻完全沒有架子，相當平易可親。言談之間時常顯露童心，讓人覺得他是性情中人。他有一句「名言」：「贏棋要吹，輸棋要賴。」以吹噓表達贏棋的快樂，輸棋則不認帳，盡快忘掉，果真一片童心在棋枰。

沈君山的童心在與我鬥嘴時也顯露無遺。我在〈《圍棋天地》〉一章中提到與他鬥嘴比橋牌事，下棋時我們當然也會鬥嘴。他笑我被應昌期撤銷段位，我則笑他在應昌期基金會當空頭董事長，有名無權。他說聶衛平是他好友，我則譏他在人家出名後才去結交。有一次我們同時出席在《聯合報》大樓舉行的「中日圍棋友誼賽」，於開幕典禮後下了一盤棋。他勝了，很高興，說：「難得贏你一盤棋，要找記者在報紙上刊出棋譜。」我知他是得意之下想虧我，當然不甘示弱，就說：「刊出棋譜沒有問題，我還可以簽名背書，不

過這盤棋你有悔棋，也要標記一下。」他一聽，只好大笑兩聲，化解這有點尷尬的場面。原來我們下棋，悔棋是允許的。沈君山素有研究精神，下出有問題的棋，就會要求重新來過。因為是友誼賽，我樂得與他探討棋局變化。《聯合報》這局棋，他舊習不改，只不過未料到被我拿出來當作反詰的武器。

94 年，沈君山二度中風，住院治療。我去探視，見他精神還好，問他要不要找人下棋解悶。他希望對手是小孩，還特別指明，要棋力夠強，但是他能贏的。沈君山喜歡跟有天分的小孩下棋。他曾跟出國前的王銘琬七局大賽，收施懿宸為徒弟，張栩為義子，享受「師以徒貴」的感覺。我問為何要找能贏的小孩。他說小孩子進步很快，現在不贏，以後就沒機會了。即使在病中，沈君山依然不改幽默豁達性格。孟子云：「大人者，不失其赤子之心」，說的就是沈君山吧。

## 八段風波

沈君山任滿後，由何信仁接棒。何信仁是年輕的一代，對於推行圍棋卻比前輩還熱心。翁明顯任理事長時延攬他做副理事長，他馬上以經營的富聚公司名義舉辦比賽，後來又提供公司在臺中的房子作為棋協中區辦公室。何信仁曾任中國圍棋會會長，可見他推行圍棋沒有派別之分。我在中國圍棋會會所下棋時認識了何信仁的父親何智琪，知他是臺大畢業，就以學長稱呼之。我和應昌期打官司，他曾勸我息事寧人。我以臺大人只爭原則，不爭意氣回答。何信仁也是臺大畢業，變成我的學弟了。認識他是在成立棋協後。我和他一起兩次到大陸參加炎黃杯。北戴河那屆還分別獲得炎帝

組與黃帝組冠軍（見〈百年新象〉章）。他為人磊落大方，喜歡向高棋請教，我認為是歷任理事長中最接棋界地氣者。

何信仁於 97 年時兩任屆滿，棋協因無適當繼任人選，敦請許作佃回任。我繼續被會員選為常務監事。我對許作佃不會下圍棋，卻對棋界不斷貢獻，非常佩服，對於他的政策無不全力支持。然而一起八段事件，我破天荒地站在反對的一面。

當時棋協業餘最高段位已從六段升高到七段。棋協將一批參加比賽成績優異的六段棋士升格為第一批七段，之後的六段棋士則可以藉由比賽升段，棋協也特別為此舉辦一個「七段賽」。不過，有人還不滿意，希望能升到八段，就在棋協理事會議上提議設置八段位。許作佃贊成這個議案，理事會也沒有強烈的反對意見，就很快就訂出七段升八段辦法，並將所有現役七段自動升格為八段。

我沒有參加理事會，知道這個決定後，期期以為不可，就在理監事聯席會議中提出反對意見。我認為段位標準影響棋運，必須慎重處理。目前圍棋已經國際化，我們的段位標準應與國際同步，不能任意自訂。段位有如貨幣，其價值需隨國際貨幣價值而浮動，不能自外。大陸與韓國的業餘並無八段位，其五、六段還強過我們同段者不少。在大陸，省級比賽冠軍才頒五段，全國賽冠軍才頒六段。臺灣已有七段，但與大陸或韓國六段相比，似乎還略遜一籌，如果再自抬身價，顯然不妥。日本段位就因太浮濫，跟我方棋士對壘還需自動降段，這不是很有面子的事，我們難道要東施效顰？

許理事長不接受我看法，即使理監事中有表示支持我者，他也強力為之前的決定辯護。我認為他不是棋界中人，

無法理解此事的嚴重性。經過一段時間溝通無效後，我決定以較大的動作來進諫。我寫了一封信給理事長，聲明因無法接受八段案決策，即日起辭去常務監事一職，以示抗議。我在信中特別強調，除了這一案，我一向支持他，今後仍不改初衷。

不知是否受到我辭職的影響，八段案雖未改議，許理事長並未下令實施。至今棋協的業餘最高段仍停留在七段。

說到七段，我本人有段意外的經歷。我原來具有六段段位，棋協在頒贈七段位時，我依過去戰績，也具資格。不過，我未曾注意，未向棋協提出申請，還以為要再參加比賽才能升段。但是我久已退出比賽，因此多年來就以六段自居。直到寫此回憶錄時，我到棋協找資料，不經意地問秦世敏祕書長，他的七段位是如何獲得的。他說他是因過去比賽成績獲贈七段的第一批棋士。我問我也有戰績，為何不在列？原來是我未主動申請，所以遺漏了。經我提醒，當年就是打入兩大職業比賽，才會落到打圍棋官司，他立刻補發一張七段證書給我。這是一張遲到最少二十年的證書。

## 棋界發展

在九○年代，由於地方熱心人士舉辦的業餘比賽越來越多，幾乎每星期都有一兩個比賽在不同地方舉行，而且參賽人數少則數百，多則上千。形成這種現象的原因是圍棋人口增加，參賽人數成長。此外，主辦比賽者收取報名費，收入足以支付比賽費用，甚至還有盈餘，助長了舉辦比賽的風氣。在我學生時代，報名圍棋比賽是不需繳費的，比賽經費是由熱心機構或人士贊助，與現在自給自足的方式不同。這種轉變或許可視為一種進步。不過主辦者凡事量入為出考

量，甚至以賺錢為目的，也可能影響比賽的品質。

比賽增加，升段的機會也增加。很多棋手參加比賽的目的就是為了獲得段位證書。青少年對此尤其積極，一年升兩、三段者時有所聞。中華棋協是發證單位，證書發出多，收入也增加，不必靠外界捐款，就可維持基本的運作。由於辦比賽已有地方代勞，棋協在這一段期間除了辦理文建會贊助的全國大賽外，已逐漸轉型為服務比賽機構。各地辦比賽，多會向棋協大量借用棋盤棋子及計時器。棋協也協助海峰棋院舉辦長青賽及女子賽。此外，棋協的工作也轉向訓練青少年、培育師資及舉辦裁判講習等方面。

職業圍棋方面，臺灣棋院創立後，舉辦天元、國手、碁聖三個比賽；97 年後海峰棋院舉辦棋王賽、海峰杯；中華職協舉辦十段賽。競技的舞台紛紛搭建起來，就等棋手們一展身手。應昌期基金會唯一的職賽名人賽仍在舉辦，但只限品位棋士參加，將臺灣棋院培養的棋士排除在外。海峰棋院沒有門戶之見，只要具有職業棋士資格，一律歡迎參加比賽，所以也有品位棋士報名。

我印象最深刻的品位棋士是王學傳。他因年事已高，無法跟年輕棋士爭勝，雖然每賽必與，但往往第一盤後就淘汰出局。有人說他因少有對局機會，生活陷入困境，雖然只有一盤機會，但因有對局費，即便微薄，他也極力爭取。另一位品位棋士陳國興，雖已年過七旬，只要海峰有比賽，都會報名參加。雖然下不過年輕人，大多一盤就出局，我笑他是「陳一盤」，他從不以為意。有一次第一局過關，還特別跟我說現在是「陳二盤」了。玩笑歸玩笑，我對他老而彌堅的奮戰精神可是打從心底佩服。

107 年後，名人賽停辦，應昌期之子應明皓將基金會轉

往大陸發展。所謂品位棋士成為歷史陳跡。臺灣的棋運就由中華棋協、海峰棋院、臺灣棋院與中華職協合作推展。

## 圍棋道場

職棋要穩定而長遠地發展，一定要有一套良好的訓練計畫。海峰棋院在安排好比賽舞台後，對於職棋的規劃也進入訓練模式。

大陸與韓國的職棋能夠在十數年內就趕上日本，而且不斷培養新人接棒，維持強度不墜，他們的訓練方式早就受到注意，連日本都起而效法。據我觀察，大陸與韓國基本上採取集訓方式，除了有教練指導外，受訓者密集對局與局後集體研究是重點。實踐這種訓練的方式有二，一是設立道場，作為培育人才的搖籃。二是成立「國家隊」，集合精英棋手，密集訓練。

在大陸，圍棋道場多為私立，收費，有的還提供寄宿。有天分的少年會進入道場學習，以「沖段」取得職業棋士身分為目標。像北京的「聶衛平道場」與「葛玉宏道場」都號稱「職業棋手的搖籃」。以後者為例，已培養出百多位專業棋手。我聽說，大陸鄉下曾出現有圍棋天分的小孩，想到都市道場學棋，但家貧無力負擔費用，於是全村集資，幫他完成心願。

我利用到大陸參加圍棋活動機會，與秦世敏一同參觀過北京聶道場，以及規模較小，也是由職業棋士設立的鄭弘道場與汪見虹道場。相對於日本傳統培養職業棋士的院生制度，道場的訓練課程明顯更密集、更嚴格。韓國也有不少有名的道場，像權甲龍道場，曾培養出李世乭與崔哲瀚等世界級高手。我方職業棋士周可平、陳詩淵、張可平等都曾在韓

國道場受訓。可惜我未有機會前去觀摩。

　　向大陸及韓國取法，設立道場的聲音逐漸浮現。資深職業棋士陳秋龍在中華職協理事會中向林文伯理事長建議，在海峰棋院設立道場，得到與會者的認同。經過詳細規劃，海峰棋院先在 101 年試辦一個全日訓練的道場，發現管理上沒有問題後，就在次年正式招生。道場招收十五歲以下，棋力業餘六段以上，有志於職業棋士生涯的青少年為學員。學員從週一到週五，每天至棋院接受八小時的密集訓練。學員必須放棄正常的學校生活，改由利用晚上時間自學，完成國家規定的義務教育。受訓期間所有費用概由棋院負擔。

　　圍棋道場每年招收八位學員。由於報名者眾，還須經過比賽篩選。曾經有一位家長因為子弟未入選，拜託一位前輩棋士向我要求增加名額。這當然是無法應允之事。道場由周俊勳擔任總教練，另有三位職業棋士為專任導師。周俊勳多年征戰，年事漸長，轉跑道做教練，為棋界培育新秀，正是時候。他在大陸及韓國棋界都有人脈，指揮道場運作最為稱職。

　　道場雖然設置在海峰棋院內，但名義上是由中華職協主持管理。這是林文伯扶植職協成為發展職棋主力的規劃。之後成立精銳隊集訓也是交由職協管理，海峰棋院退居贊助角色。道場由周俊勳統籌管理。我在成立初期幫忙處理一些小狀況，道場管理上軌道後，就逐漸有置身事外的感覺。當然道場小棋士是未來的希望，我還是會到教室關心他們學習的狀況。前一、兩年，我跟學員較有互動，但後來每年新進的學員增多，雖認識卻往往叫不出名字。

　　道場學員除了在棋院練棋，也安排出國到大陸及韓國的道場進行短期的密集訓練。道場成立那年冬天，我即與周俊

勳帶領道場一批小棋士到北京葛玉宏道場交流訓練。

　　海峰道場在既有體制的束縛下，開創一個既要顧全義務教育，又可以全心學棋的環境，本來就有實驗性質。這個模式能否成功，甚至運用到其他運動項目，我想除了道場課程規劃的因素外，也與職棋的發展息息相關。如果培育出人才，其才能卻沒有發展的空間，之前的努力就是白費了。過去臺灣發掘了許多棋才，卻必須送去日本才得培育和發展。現在我們有機會將苗子留在自己家園培養，成長後的出路也須有所安排，才是有始有終。想到這一點，我覺得海峰棋院和臺灣棋院肩上的擔子真是無比沉重。

　　道場學員的終極目標是甄選上臺灣棋院的職業棋士。因此只要當上職業棋士就算畢業了，之後再憑自己努力更上層樓。在我注意觀察的幾年，學員的表現是很好的。修業時間雖不一致，有志成為職業棋士者，大致都能達標。第一期學員簡靖庭與賴均輔，現在已是職棋一線高手。賴均輔還成為第一屆聯電杯（109 年）冠軍。兩人因此在道場網頁上被列為榮譽學員。第二期有位林彥丞，我特別有印象。我到海峰棋院，走出電梯時，幾次看見他在棋院門口罰站，大概是調皮或是詰棋作業沒做好而受罰。這個小朋友，晉入職業初段後，即在 106 年韓國 LG 杯預賽擊敗曾是世界棋王的李昌鎬，差一盤就打入本賽。有此表現，過去一切受罰都是值得的。

## 精銳隊

　　有人認為，大陸與韓國棋手之所以強大，要歸功於「國家隊」的訓練方式。所謂國家隊就是徵召精英棋手，組成一個團隊，以密集對局和集體研究的方式加以長期訓練。這種

訓練的優點是棋手們集思廣益，相互提攜棋力，同時將即戰力保持在最佳狀態，隨時可以出征。一向堅守傳統的日本棋院，由於世界賽戰績低迷，也不得不起而仿效，也組織了國家隊。

在資訊時代，高手弈譜公開，容易取得，方便弈者學習，即使無師也能自通。棋藝上達需得名師傳授已不是絕對。古代日本有四大門派相互競爭，各家有所謂「祕手」，由師徒之間私相授受，但這些都是歷史陳跡了。現代人在啟蒙時期或許需要老師教導，但入門之後，自力學習，也不難成為高手。不過成為高手之後，往往會遇到學習瓶頸。此時高手們腦力激盪，相互切磋，或許是突破障礙，更上層樓的良方。這正是組織國家隊，施以集訓的原由。

周俊勳有一次在國際賽迎戰當紅的李世乭。雙方在角隅攻防，出現了常見的「大雪崩定石」。周俊勳平時與同伴共同研究過此定石，發現了一著新手，因而在比賽時當作祕密武器打出。李世乭雖是絕世高手，但第一次見到此著，應對不慎，就落了下風。周俊勳贏得此局，歸功於臺灣棋手戰前的集體研究。現代比賽時間短，布局時盡量不花時間，才有餘裕在中後盤細思變化。布局的套路或定石變化平時就要加以研究，存放在腦筋裡，比賽時才能迅速出兵，節省時間。日本棋手過去在布局階段即陷入長考，已經不適合現代比賽的節奏。某一次國際比賽，大陸棋手持黑棋時都使用同一陣勢布局，顯然是經過集體研究的套路，而非一時的默契。大家使用同一套路，目的也是爭取時間。由此可見，現代棋賽，即使是一人出戰，背後都有團隊一起發功。

集訓團隊冠以國家之名，除了表示受訓者具有國手實力外，也因為得到國家資源的挹助。大陸國家隊由中國棋院組

訓，中國棋院是國家單位，所需經費來自官方。韓國棋院雖不是官方機構，但其國家隊之教練薪水與訓練費用是由國家支付，所以集訓團隊也稱國家隊。海峰棋院見賢思齊，也想組國家隊，卻無法引進國家資源，只能自力救濟。相較於大陸與韓國，甚至日本，我們的政府隊對圍棋的關注算是冷淡的。因此我們擬定精英集訓計畫時，團隊就不便以國家隊來稱呼了。

104 年一月，臺灣版的國家隊——「精銳隊」組成了。這其實是兩支隊伍：「精英隊」與「新銳隊」的組合。精英隊徵集全年收入最高的八名職業棋士為隊員，正是一般國家隊的陣容。而在規劃精英隊時，我們想到既有集訓安排，不妨一魚兩吃，順便提攜新秀，於是組成新銳隊，以二十歲以下棋士為隊員。精英隊員每週一三五全日在海峰棋院集訓，新銳隊則每週五天。總教練為周俊勳。所有經費，如同圍棋道場，概由海峰棋院負擔。為了對外宣傳，我需要替精銳隊取個英文名字。因為不是國家隊，不能叫 National Team，就用 Taiwan Best Go Team 來稱呼。此名簡單易懂，或許有點自誇，但何嘗不是代表隊員們對於自我的期許。

精銳隊的訓練除一般對局與棋局研究外，與國外棋手交流也不能缺少。精銳隊甫成立，就邀請了旅日棋手王立誠、張豐猷、潘善琪等九人在新年期間回來切磋。日本的新銳棋手知道有這個活動後，表示有興趣與我方交流。我們就委託張豐猷居間聯絡，並擔任日方領隊。自 104 年起日本新銳棋手定期於一月期間來海峰棋院交流比賽。臺灣旅日年輕一代棋手許家元也常在隊中。

與日本交流同時，精銳隊也找上實力更強的韓國隊。104 年時海峰棋院曾邀請李映九為首的韓國棋手五人前來交

流。105 年，精銳隊到韓國參加 LG 杯預選賽，賽後順便留在韓國做短期訓練，並與韓國國家隊交流。107、108 兩年韓國國家隊前來海峰棋院，109 年起就改在網路上對抗了。

　　自 105 年起精銳隊與大陸展開交流。大陸好手如雲，我們交流的目標則是國家隊。精銳隊教練周俊勳曾在大陸自主訓練，一度是國家隊隊員，與大陸職業棋界有良好關係。有他出面交涉，國家隊總教練俞斌很給力，答應精銳隊到大陸訓練時派出國家隊交流。自 105 起連續三年，精銳隊於十二月間到達北京中國棋院移地訓練，108 年之行則延到次年一月。

　　精銳隊與日本隊交戰，成績是日方占優勢，但比數相當接近。不過對上韓國與大陸，就明顯不敵，顯示雙方實力有差距，我們有很多努力空間。當然，與強者對戰，勝利無法強求，領教對手長處，逐漸縮小差距，才是目的。林文伯為了讓我們的職棋追上列強，不惜投下重資，成立道場和精銳隊。他曾對我說：「該做的我都做了，接下來就看年輕人了。」每每思及他的用心，我對精銳隊交流的戰績都會特別留意，總是希望從中看到一點進步或成長的訊息。所以我看見 108 年精銳隊與中國國家隊交流的戰績是 36：44，較之107 年的 28：60，算是進步不少，不免高興起來。

## 放眼國際

　　職棋訓練有一個明確目標，那就是要讓我們的棋手站上世界賽的舞台。這不單是要展現訓練的成果，而是為了職棋進一步的發展。職棋發展需要有企業界的贊助，如果本身沒有競爭力，能見度低，就無法得到企業的關愛，因為企業界也希望利用職棋做宣傳，替自家產品打廣告。現在大力贊助

圍棋的企業家如林文伯與翁明顯，他們的企業客戶是公司，而非廣大的消費者，並不需要打廣告，之所以慷慨捐輸於圍棋，純粹是出於個人喜好。但這樣的熱心人士畢竟是少數，職棋發展需要更多企業的支持，尤其是過去與棋界未有淵源者。

周俊勳在 96 年時得到 LG 杯冠軍，這是臺灣棋士首度揚名國際，也在國內掀起了一陣圍棋熱潮。當時國內發展環境不夠理想，周俊勳卻能憑藉個人努力，爭得榮耀。之後海峰棋院加入臺灣棋院一起發展職棋，環境大有改善，但我們的棋手卻未能再創佳績。我想我們已有努力，只是大陸與韓國發展得更快，將我們拋在後頭，而我們只能勉力拉近與日本的距離。想要突破現狀，只能寄望我們的棋手能加倍用功，效法周俊勳，在國際賽上突破重圍。如此才有機會引進更多企業資源，進一步發展職棋。

目前國際比賽相當繁多，比賽制度也不盡相同。早先比賽採邀請制，由主辦方給各國參賽名額，臺灣通常只分配到一或兩個名額。後來有的比賽，像「三星火災杯」、「夢百合杯」等採開放制，先舉行所謂「統合預賽」，由各國選手，不論高低，自由報名，預賽勝出後就可參加本賽。這個制度讓即使實力不強的棋手也有機會到國際賽磨練。只是預賽不像本賽有對局費，所以旅行及食宿費用得由選手自行負擔。海峰棋院鼓勵所有職業棋士積極參與國際棋賽，爭取磨練機會。因此精銳隊員有意出國參加開放的國際賽，都給予補助，甚至由棋院組團前往，派專人打點比賽之外所有事宜。為了激勵鬥志，棋院還特別訂出世界賽獎勵辦法（95年）：打入本賽者獎 10 萬，八強 50 萬，四強 100 萬，決賽 200 萬，冠軍 400 萬。我想沒有其他國家的選手有此待

遇吧。

　　臺灣棋院董事長翁明顯，於 83 年擔任中華棋協理事長時，開辦「中環杯」棋賽，邀請中國棋士參加，這可算是臺灣第一次舉辦的職棋國際賽。99 年時中環杯改由臺灣棋院接手，改成國內賽。到 93 年，贊助的中環公司另外舉辦了「中環杯世界圍棋錦標賽」，邀請大陸、韓國與日本棋手競技。大陸棋手因政治因素無法成行，日韓都派出一線棋手與戰。我方也有林海峰、王立誠、張栩等助陣。比賽辦了三屆，由於大陸選手未出，韓國選手一枝獨秀。除了王立誠在第一屆獲得亞軍外，決賽者都是韓籍。這種狀況，我認為會影響贊助者辦賽的意願。畢竟贊助者以及棋友希望看見的是己方的選手上台領獎。記得臺北市政府籌辦全運會時，北市圍棋文化協會爭取將圍棋列入比賽項目，主辦單位就很現實地將己方獲得獎牌的機率作為評估標準。中環杯無法續辦，不令人意外。我領悟到，辦國際棋賽還是要講究實力。

　　林文伯也有過辦國際賽的念頭。他曾要我評估舉辦一次國際賽的費用。我粗估了一下，一千萬可以辦個小而美的比賽。但我也建議，我們辦國際比賽的時機尚未成熟，原因是我方棋手的競爭力還未達到國際水準。與其為別人錦上添花，不如將資源用於提升己身實力。職是之故，海峰棋院辦國際賽的心願，要靠眾職棋的努力，才有達成之日。

　　臺灣棋士參加公開國際賽，初期成績並不理想。蕭正浩與林君諺在 104 年打入「三星杯」本賽，同年陳祈睿也打入「夢百合杯」本賽，此外都鍛羽而歸。至於能夠直接參加本賽的選手，成績最好的是陳詩淵在 100 年的 LG 杯打進八強。101 年的「世界智力運動會」，臺灣職棋開始爆出火花，林至涵與林君諺分別擊敗當時中國等級分第一與第二的

陳耀燁與柁嘉熹。但之後又沉寂下去。直到 109 年，新生代棋手許皓鋐奮起，在「應氏杯」與「春蘭杯」兩大國際賽同時打入八強。臺灣選手的實力開始得到國際注目。

## 兩岸交流

大陸圍棋崛起，其發展過程有值得我們借鏡之處。由於語言相通，兩方棋界溝通管道順暢，與大陸加強交流，有利提升我們的棋力水平，因此也成為海峰棋院的工作重點。

### 圍棋聯賽

大陸推展圍棋之道，除了廣設道場和成立國家隊可供效法外，其團體聯賽制度也值得借鏡。所謂圍棋聯賽是由企業贊助者或圍棋俱樂部召集職業棋士，組成許多隊伍，輪流對陣，勝局較多一方得勝分，再依累積勝分決定團體名次。有人稱呼此賽為圍棋界的 NBA。大陸的圍棋聯賽規模很大，包含男子甲乙丙三級聯賽（簡稱圍甲、圍乙、圍丙）與女子甲乙級聯賽。男子三級聯賽加起來有五十多隊，女子有二十多隊，每隊隊員以平均五人來計算，總共約四百名棋士參與比賽。

如同美國的 NBA 籃球聯盟，棋隊業主找職業棋手簽約，成為隊員，並給予固定薪水，比賽成績好的還發給獎金。因為聯賽規模大，眾多職業棋士不但有棋下，也找到生計。在職業棋壇，一線棋士的收入來源是比賽獎金，但打不進比賽的棋士就必須靠著教棋，或其他相關工作，才得以維生。聯賽讓許多中堅棋士生活有著，就能夠繼續鑽研棋道，為金字塔結構的職棋築成厚實的底層。大陸圍棋能夠維持強大，我認為聯賽制度貢獻厥偉。

聯賽是個巨大的競技場。除了大陸高手匯集，各隊為了
強化戰力，也從國外禮聘高手助陣。像韓國的頂尖棋士都曾
分別為不同隊伍效命。連林海峰國手都一度披上貴州隊戰袍
出戰。在除了第一級的圍甲戰場，第二級的圍乙也有很多韓
國外援。有一次我看見李昌鎬名字也出現在圍乙陣容，有點
意外。後來想到，圍乙賽前兩名可升級到圍甲，最後三名則
要降級到圍丙，為了升級和保級，圍乙競爭之激烈不下於圍
甲，有一線高手在列並不奇怪。這一個高手雲集的競技場，
不論是為了磨練棋藝，還是為了揚名立萬，臺灣棋士都心嚮
往之。臺灣棋院於 97 年首次組隊參加圍乙，由林至涵、陳
詩淵、蕭正浩等出戰，但成績不佳，降入丙組。之後數年，
兩度升回圍乙，但都守不住城池，次年就降回丙組。看來我
方職棋實力在圍丙與圍乙之間，距離一流的圍甲距離甚遠，
有很大努力空間。

　　海峰棋院於 104 年組隊加入圍丙，臺灣棋院也於次年
組中環隊參戰。海峰棋院隊由精銳隊中第三代棋士林君諺、
楊博崴、陳祈睿、許皓鋐、簡靖庭等組成，中環隊則結合中
青二代棋士蕭正浩、陳詩淵、林立祥、林士勛等。105 年海
峰棋院又組織女子隊參加大陸圍乙聯賽。

　　我與林文伯曾經就大陸的圍棋聯賽交換過意見。他問
是否有在臺灣舉辦圍棋聯賽的可能。我認為可以試辦小規模
的比賽，就提出一個企劃案給他參考。我希望找到四家企業
冠名贊助，組成五人團隊，四隊組成一個小聯盟。比賽仿效
大陸聯賽，分主客場，各隊交叉對戰兩次。隊主不需付給隊
員固定薪水，但要負擔對局費及比賽獎金。我估計每家企業
每年贊助兩百萬元，小聯盟就可運作。林文伯與翁明顯所代
表的矽品公司與中環公司支持此計畫比較沒有問題，但要找

另外兩家企業參與就相當困難了。所以這項計畫只能束之高閣。追根究柢，乃是臺灣舉辦聯賽的環境尚未成熟。

## 金立手機杯兩岸圍棋冠軍爭霸戰

製造手機的金立公司是大陸圍甲聯賽的贊助商。董事長劉立榮是圍棋人，來臺時曾與林文伯友誼對局，兩局皆勝，可見棋力很強。金立公司在 100 年時開辦一個別開生面的棋賽——「金立手機杯世界冠軍爭霸賽」，只有一年內獲得過世界冠軍的中國棋手才能參賽，爭奪冠軍中的冠軍。這項比賽由北京清蘭弈通公司承辦。該公司主持人王煜輝曾是職業棋手，中環杯時來臺比賽過，與周俊勳交情甚篤。在他的奔走促成下，金立杯自 103 年起，改成「兩岸圍棋冠軍爭霸戰」，由大陸三位國際賽冠軍與一位臺灣高手代表參賽。海峰棋院積極支持本賽，還找了矽品精密與聯發科技兩家公司贊助。

103 年七月「兩岸圍棋冠軍爭霸戰」在圓山飯店開打。中國棋院代表王汝南率領大陸三位選手來臺：唐韋星（三星杯冠軍）、芈昱廷（夢百合杯冠軍）、柁嘉熹（LG 杯冠軍），臺灣由棋王賽冠軍王元均出馬。四位選手中，柁嘉熹最年長，不過二十三歲，芈昱廷與王元均都只有十八歲，證實棋壇已是年輕人天下。三天鏖戰下來，王元均雖強，卻過不了世界冠軍關口，三戰盡墨。我一旁觀戰，這結果雖在意料之中，仍然對於我方與對手的差距感到一絲震撼。最後，與王同年的芈昱廷三戰全勝，拿走了冠軍及 18 萬人民幣獎金。賽後兩天，四位選手特地南下臺中與高雄，與當地棋友下一對多指導棋，我則未陪同。

按照規劃，爭霸戰輪流在兩岸舉行。第二年比賽就設

在大陸貴陽市。賽事由王煜輝安排，我因此成為代表海峰棋院，純觀賽的客人。比賽於七月中在貴陽市凱賓斯基大酒店開戰。大陸冠軍陣容，除唐韋星不變外，其他兩人換成古力與柯潔，我方王元均衛冕「棋王」成功，依舊是代表。林海峰國手（比賽裁判）偕夫人，王元均及母親，同時也是臺灣棋院祕書長盧怡靜，精銳隊教練陳永安，海峰棋院祕書楊寶甘，中華棋協祕書長秦世敏及記者林英喆一行人與我同機飛抵貴陽。

古力是九〇年代中國最知名棋手，七次獲得世界冠軍。參加兩岸爭霸賽時，他已 32 歲，逐漸從一線淡出。但是六月時雄風再起，獲得「春蘭杯」冠軍，再度站到鎂光燈下。開幕式時，古力謙虛地說，現在年輕人出頭，他是來陪榜的。這非是我第一次見到古力。100 年左右，我到北京，與當地棋友餐聚，古力也出席。席間有人語出驚人地問，在場有誰知道劉曉波獲得諾貝爾和平獎一事。因為劉曉波是異議人士，被大陸官方囚禁，得獎消息也被媒體封鎖。我想在大陸公開談論此事或許是禁忌，因此不敢接話。我不知那位棋友是否會惹禍。一次簡單的餐會，卻因此事而留在記憶裡。

柯潔當年十八歲，看來有點嫩。他剛嶄露頭角，獲得「百靈杯」第一個世界冠軍。開幕式時，主持人問他比較討厭誰做對手，他回答無論對上誰都有機會贏，霸氣顯露無遺。兩岸爭霸賽後他就大爆發，到 109 時已得到八次世界冠軍，這是後話。

本賽王元均顯有進步，對戰世界冠軍終於開胡，贏了唐韋星。唐是貴州人，或許有地利優勢，連勝古力與柯潔，失去一局後仍然得到冠軍。

比賽過後，主辦單位安排遊覽黃果樹瀑布。我從景點回程時與隊友失散，又因無法使用手機聯絡，折騰許久，才與大夥會合，虛驚一場。貴州是苗人之地，主辦單位特以苗族風味餐招待。苗人好客，苗女有一套特殊的勸酒方式，我小心翼翼地推拒，就怕喝醉出糗。柯傑是小帥哥，被苗女灌了不少酒，終於醉倒當場。

　　爭霸賽第三年又回到臺北。比賽地點設在海峰棋院。大陸選手住在百公尺之隔的遠東飯店，交通很方便。三位冠軍是唐韋星、柯潔和新面孔時越。唐韋星三年都出賽，我看了他許多盤棋，感覺他接觸戰很厲害，常出現妙手。周俊勳從王元均手中奪下「棋王」，成為臺灣代表。林海峰仍然擔任裁判，聶衛平也特地從大陸飛來觀戰。

　　唐韋星重演上屆戲碼：輸給周俊勳，贏了兩位同袍，再得冠軍。他因此贏得「臺灣之友」稱號。聶衛平也在頒獎典禮上說唐韋星可以擔任兩岸親善大使。

　　這次參賽的四位選手也發揮愛心，各從獎金捐出兩萬人民幣，幫助臺東地區尼伯特颱風受災學校。

　　聶衛平與我算是老朋友了，與林文伯則是第一次相見。貴賓光臨，林文伯特別在他投資的「匠樂」餐廳設宴款待。這是一家高檔的日本料理，遇有棋界大咖自國外來，林董時常在此設宴招待。記得有一次我代表他招待大竹英雄九段，大竹覺得此間美食猶勝日本名店，讚不絕口。又不改他直爽本色，交代我下次若有機會再來臺，務必請他再來。聶衛平喜歡肉食，見有上好生魚片，一連點了好幾人份大快朵頤。

　　兩岸爭霸賽辦了三屆後，金立公司財務出了狀況，叫停。原來贊助的圍甲改由另一家手機公司華為接手。

## IGF 與 2010 廣州亞運

　　長久以來，圍棋被視為一種文化活動。古人以琴棋書畫合稱「四藝」，為傳統文人必備的文化素養，所以早先臺灣的圍棋活動屬於行政院「文化建設委員會」管轄。我擔任中華棋協祕書長時舉辦全國大賽，補助經費是向文建會申請的。時至今日，圍棋卻從文化轉出，列入體育項目。這種觀念的轉變我想是源自大陸。他們將圍棋視為一種技能的競賽，圍棋比賽因而列入體育競技項目。或許是有人認為文化較有地域性，而體育卻無國界，將圍棋變成體育項目，比較容易推廣，得到國際認同。94 年時，更有人將圍棋與象棋、西洋棋、跳棋、橋牌等一同列入所謂智力運動（Mind Sports），組成一個國際組織。日本在 71 年成立「國際圍棋聯盟」（International GO Federation, IGF），後來（95 年）就加入國際單項運動總會（General Association of International Sports Federation，後改名為 Sports Accord），成為會員。97 年第一屆「世界智力運動會」在北京舉行，99 年廣州亞運將圍棋列入比賽項目，我國政府也於 97 年正式將圍棋列入體育項目。我個人傾向於將圍棋置於文化的範疇，理由是以圍棋為體育強調競技性質，可能就會忽略其文化的內涵。不過站在方便推廣的立場，我是不便反對。

　　圍棋成為體育項目後，「體育委員會」（後改制為體育署）就取代文建會成為管轄單位。依規制，所有地方的體育總會也設立了圍棋委員會。但是這些委員會功能不彰。廣州亞運設立圍棋項目後，臺灣準備參加，在選拔選手和訓練方面，處理國際賽事的「中華奧會」還須依賴民間組織協助。

中華奧會需要在棋界找一個對口單位，中華棋協就成為不二之選。棋協成立二十年，推行圍棋有成，尤其它是社團法人，相較其他財團私人組織，更具草根性和代表性。不過，棋協承辦亞運國際賽事，如果具有國際組織會員身分，更有合法性。因此棋協加入 IGF 國際圍棋聯盟刻不容緩。

IGF 於 71 年由日本人士主導成立，隨著圍棋國際化，現在已有七十多國家成為會員。我在中華棋協成立之初就想加入，曾透過日本棋院管道表達意願。依 IGF 規定，每一個國家只能有一席會員代表，當時應昌期領導的中國圍棋會已早一步取得會籍，只有圍棋會退出，棋協才得入門。即使日方認定棋協比較有代表性，也因顧及情面，不願對圍棋會下逐客令，所以棋協的入會申請案只能不了了之。

由於廣州亞運來臨，棋協再度展開加入 IGF 的動作，主其事者為祕書長秦世敏，我則一旁協助。IGF 的組織結構與二十年前已有不同。大陸與韓國，因實力強，發言分量加重，美國與泰國則屬於新興勢力，如能得到他們支持，入會機率就提高許多。

美國圍棋會會長是臺籍的項義。項義在臺大比我高一屆，參加圍棋社，跟我做了棋友。他赴美求學，學成後留在大學教書。他沒有放下圍棋興趣，多年後成了美國棋界領袖。我與項義自大學後就斷了聯絡，直到美國棋會的副會長，一位美國人，到海峰棋會拜訪，我才知道他的上司是舊識。項義後來回臺，也曾到海峰棋院拜訪。老友見面，相談甚歡，之間提到棋協的 IGF 會籍問題，他正好擔任 IGF 副主席，答應全力協助。

泰國圍棋會會長蔡緒峰創立「世界華人圍棋聯合會」，與大陸棋界有良好關係，與中華棋協也有好交情。他曾送泰

國棋手到臺灣，由棋協代為訓練。泰國辦「亞洲大學圍棋賽」，棋協每年派選手與賽。世華會兩度在臺灣辦「炎黃杯」棋賽，棋協和海峰棋院是協辦者（見〈退與休〉章）。我到大陸天山參加炎黃杯，首度認識了蔡緒峰。後來我兩度帶選手到泰國參加大學賽，他都親切接待。炎黃杯來臺，他都出席主持。有這些互動關係，他全力支持棋協加入 IGF。

至於大陸，棋協成立後，雙方保持良好互動。雖然礙著應昌期的面子，但我和秦世敏判斷，大陸即使未便公開支持棋協，也不致反對。在這樣情勢下，棋協加入 IGF 有很好的機會。

97 年時 IGF 召開理事會。中華棋協趁機向會員國代表發送英文說帖。除了敘述棋協歷年來在臺灣推行圍棋的成果，也說明棋協是人民團體組織，各地有團體會員（分會），也是官方體委會承認的對外聯絡窗口，最有資格代表臺灣圍棋界。美國及泰國代表都在理事會中為我們發聲。項義為說帖修改文字，蔡緒峰則向理事們解釋臺灣棋界現況。

IGF 尚在斟酌期間，秦世敏勤跑大陸做公關。他兩度到中國棋院第一任院長陳祖德家中拜訪，請他協助。陳祖德是大陸圍棋崛起的第一代名手，我第二次到北戴河參加炎黃杯時有緣見過一面。我見他即席揮毫，寫出一筆好字，感覺他不但知棋，還具有古代文士風範，可謂現代棋士中的鳳毛麟角。陳祖德答應相助，當面就打電話給 IGF 輪值主席常振明（大陸企業家），請他處理。

棋協的入會案，因為卡著兩個臺灣席次不能同時存在的問題，一時還不容易解決。尤其請大陸友我人士幫忙一事還須保密，免得應昌期方面也有動作，橫生枝節。秦世敏見陳祖德之事還是事成之後才告訴我的。總之，案子折衝了兩、

三年，IGF 終於有接納之意。大陸方面提出一個兩全之策，即是在理事會增加一個特別席位給應方代表應明皓，而他原來代表的中國圍棋會席次就由中華棋協取代。

IGF 理事會在 101 年通過了中華棋協入會案。但是一直到次年，世界業餘大賽在東京舉行，IGF 同時舉行會員大會，我方代表秦世敏方受邀出席。大會正式宣布中華臺北與伊朗等幾個國家為新會員。大會還特別說明，中華臺北既是新會員，也是舊會員。這其中含意，走過這段艱辛入會歷程的人最能明瞭。棋協從我到秦世敏，奮鬥了二十多年，終於能夠成功加入 IGF。除了公關做得不錯，我想關鍵在於它是社團組織，又有政府支持，代表性得到認同之故。

應明皓過世後（108 年），特為他創造的席位隨之消失。中華棋協成為 IGF 唯一的臺灣代表。

中華奧會認定中華棋協為對口單位，廣州亞運圍棋選手的選拔與訓練工作自然落到棋協肩上。理事長許作佃擔任召集人，再委請三位棋界領導人：林文伯、翁明顯、張昭焚（中國圍棋會會長）組織選訓委員會。這是史上第一次國際體育賽事有圍棋，各國一定精銳盡出，爭取榮耀，我們當然也要派出最強隊伍。亞運圍棋比賽共設三個項目：男子團體、女子團體和混合雙人賽。委員會研商結果，以國內「四大天王」：周俊勳、陳詩淵、林至涵、蕭正浩為班底，另外徵召張栩與王銘琬兩位旅日棋士；女子方面，由黑嘉嘉與張正平代表，再徵召旅日謝依旻與王景怡，這是我們所能組成最強的陣容了。

選手決定後，依照計畫進行集訓。林海峰國手任總教練，陳永安為教練。每週集訓五天，三天在海峰棋院，兩天在臺灣棋院。集訓期間，有一次與選手們餐聚，為了勉勵他

們比賽奪牌，我開玩笑地說：「訓練期間吃東西要特別注意，免得招來厄運，要多喝『金牌咖啡』，嚼『銀箭』口香糖，要保健，可吃『十八銅人行氣散』，但千萬不能喝『拿鐵』咖啡。」翁明顯也附和著說：「對，就是不能『拿鐵』。」在場眾人皆會心一笑。

比賽結果，韓國大豐收，得到三面金牌，中國三面銀牌。日本男子團體獲銅牌，我們則在女子團體得到銅牌。以實力考量，我們的成績不算好，但可以接受。比較令人意外的是大陸一面金牌未得。得牌的四位女子選手與教練陳永安獲頒國光體育獎章與獎金。

圍棋在國際運動會中的地位並不穩固，廣州亞運因大陸是主辦國，圍棋得以列入，四年後韓國主辦的仁川亞運卻未見圍棋項目，107 年的雅加達亞運更不用說了。111 年的亞運在杭州，圍棋才有復出機會。

圍棋在臺灣運動會的際遇也類似。臺北市於 102 年主辦全國運動會，經過臺北市圍棋文化協會劉儷琳的奔走，列入了圍棋項目。但之後全運會在其他縣市舉辦，圍棋就消失了。

## 世界智力運動會

把棋類或橋牌、麻將等用腦活動視為體育，多少讓人覺得不妥，於是有人想出智力運動（mind sports）這個名詞來形容。我個人還是覺得不合適。運動一詞本指身體動作，並不包括動腦。將腦力運轉與身體動作扯在一起，勉強解釋，是腦細胞在運動吧。我認為，智力競賽戴上體育的帽子，應該是方便主辦者向政府機構申請補助。

幾個國際棋類加上橋牌組織在 93 年聯合成立了「國際

智力運動協會」（International Mind Sports Association,
IMSA），IGF 也是創始成員。智運協會在 97 北京奧運後開
始舉辦「世界智力運動會」（智運）。比賽項目有圍棋、象
棋、西洋棋、跳棋與橋牌。圍棋賽又分個人賽、團體賽與混
合雙人賽。原本規劃每四年一次，在每屆奧運會的同一年在
舉辦奧運的城市舉行。但奧運舉辦國對此顯然不太熱衷，除
第一屆在北京順利舉行外，101 倫敦奧運時，英國就把智運
主辦權讓給法國。

　　第一屆智運圍棋賽，中華臺北在混雙項目，由周俊勳
與謝依旻搭檔，得到一面銀牌。第二屆在法國里爾舉行。因
為只有業餘選手能參賽，我隊由中華棋協何信仁和秦世敏領
軍。秦世敏大學主修法文，不過畢業後走的是圍棋這一行，
大概也忘得差不多了。出發前，我還關心他的法語能否派
上用場。由於大陸得到「國際單項運動總會」支持，自 100
年起自行舉辦「世界智力精英運動會」，對智運失去興趣，
未派隊參加本屆圍棋賽，韓國也跟進，形同抵制。所以本屆
智運圍棋賽在強隊缺席下，臺灣業餘選手如入無人之境，囊
括四金四銀三銅。棋協覺得很有面子，在選手回國時特別召
開記者會宣揚一下。智運會雖然是國際賽，但不屬亞奧運等
級，選手得牌沒有國光獎章和獎金可領。這也是最後一次的
智運了。

　　大陸主導的「世界智力精英運動會」連續四年在北京舉
辦。臺灣每年參加，成績在三、四名之間，算是維持平盤。
102 年男團與混雙，103 混雙，都得到銅牌。我印象較深的
是 101 年男子個人賽，林至涵擊敗當時中國等級分第一的
陳耀燁，得到銅牌，林君彥也擊敗當紅的柁嘉熹。這兩場勝
利證明世界一流高手的壁壘並非牢不可破，帶給努力中的職

棋們許多信心，意義非凡。我記得中華棋協理事長何信仁在職業比賽典禮上致詞勉勵選手時就曾提到這兩盤棋。

智力運動會在 105 年時又改由 IMSA 贊助，改名為 IMSA 精英運動會，黑嘉嘉女單得到銅牌。106 年男團得銅牌。108 年混雙得銀牌與銅牌。這是我們參加智力運動會多年來第一次突破銅牌障礙。不過這是混雙賽，分量較輕。如果能在團體賽或個人賽有所斬獲，我認為才是真正的突破。

## 體育運動大辭典

教育部在 96 年時籌劃編輯《體育運動大辭典》，耗時七年完成，以網路版問世。圍棋是運動項目，我因緣參與其事，然而這是一段不愉快的經驗。

大辭典的編輯計畫完成後，教育部委託臺灣師大執行。我在 98 年底獲聘為圍棋領域召集人，隨即聘請秦世敏與陳永安為撰述委員，與我共同撰寫詞條。按照規劃，辭典要收入一百左右的圍棋詞條，內容涵蓋歷史、人物、圍棋組織與圍棋術語。我負責撰寫歷史及人物部分，秦世敏負責組織部分，範圍最大的術語部分則交由陳永安。

我們三人發揮圍棋人的效率，三個月內就完稿交卷。反倒是負責行政實務的師大單位，其行政能力讓我有不少微辭。據我了解，辭典規劃在兩、三年內完成，但不知何故，從 99 年起拖延了七年才宣告完工。我是召集人，也是行政單位的聯絡對象。師大的行政負責人好像多次易手，也沒做好交接工作。負責聯絡工作的人員每換一次就打電話來要我的個人基本資料，如此多次，不勝其擾。辭典編輯計畫顯然中途有所改變，但從來不知會我。我於撰寫詞條期間到師大開了幾次會後就與編務單位斷了線。106 年後我聽說大辭典

已置於網路。上線一看，大吃一驚，圍棋部分只刊十六條，其中有兩條還是非撰述委員所寫，術語詞條則完全消失。如此殘缺不全的資訊根本無法發揮一本辭典應有的功能。我不能接受圍棋變成國家辭典中充數的濫竽，委請棋協顧問陸士龍（體育人）向體育署反映，也沒有下文。

　　這事情除了顯示大辭典編者敷衍搪塞的工作態度外，或許更顯示圍棋雖然列入體育項目，根本不受體育當局重視，甚至是被歧視。因為我相信其他運動項目的召集人不至於遭到與我相同的待遇。

## 網路圍棋

　　二十一世紀是網路時代。網路改變人類的生活型態，也改變我們下棋的方式以及與棋友的互動關係。網路圍棋約在民國八〇年代開始發展。臺灣在九〇年代開始有網路圍棋出現。中華棋協創會人之一的陳富陌與晟業資訊公司合作，開發軟體，創立了據稱是全球首家的中文網路棋社──「棋侶」。我立刻著迷，成為棋社常客。後來也有幾家網路棋社推出，但規模小，高手少，未能吸引我。

　　在網路上下棋有許多好處。一、方便，隨時可下棋；二、棋友好找；三、花費少。大部分網路棋社不收費，即使收費，也比實體棋社省很多；四、可以用化名上網，省去人情應對，下棋更自在。網路棋社問世後，傳統的實體棋社就難以經營了。現時的臺北已經找不到幾家棋社，手談變成「鍵談」，藉棋溝通的人情不見了，這正是網路帶來的負面效果。我雖然喜歡在網路上下棋，假日時還是會到棋社盤桓，不為下棋，而是與棋友聊天敘舊。

　　「棋侶」網路棋社尚未國際化，網路下棋的都是臺灣棋

手。陳富陌後來放棄經營棋侶，另外從韓國引進 Tygem 國際網路棋社，以「棋城」命名之。棋城有很多韓國與大陸的高段，甚至職業棋手，可為對手，當然吸引我轉進。除棋城外，日本 Panda，大陸的野狐，都是國際弈棋網站，我都上去下過。進棋城要收費，野狐卻是免費，搶走不少棋城客戶。我長久在棋城下棋，習慣它之介面，忠心未移。AI 人工智慧發展後，野狐轉播高手棋局時還附有 AI 的解說，這就對我有吸引力了。所以我上野狐網站，大多是觀賞高手對局，順便向 AI 學習。

在網路上下棋，發生不少件趣事，成為我與棋友聊天時的話題。網路圍棋初發展時，林海峰國手似乎還未跟上。有一天他在海峰棋院辦公室裡看我上網下棋，感覺好奇，我就問他要不要試試。他沒有帳號，只能用我的網名對弈。當時我正要與一位高段棋友對局。這位棋友用的是化名，但我知他是我認識的一位高雄棋友。不想他跟林國手平下而慘遭修理，我發了文字訊息給他，告知有職業高手要跟他下，授三子，希望他把握機會。誰知他以為我跟他開玩笑，想吃他豆腐，如何不肯下。網上監看的陳富陌知道我不會打誑語，就自告奮勇來下，但把手合改成四子。他這個聰明人，憑空得到一次國手指導的機會。另有一次也是林國手用我帳號邀局，我不想欺負人，特別告訴對手，弈者非我而是林海峰。未料對手又不相信，回答說：「你是林海峰，那我就是李昌鎬。」結果這一局又被陳富陌撿去下。對手不知道我的真實身分，不相信我說的話，也是合理，只可惜錯失國手指導良機。

有一次我在棋聖棋院下網棋，王立誠正好回臺休假，在一旁觀戰。局面進入官子階段，我判斷要小輸。此時有人

找我談事情，我請他幫我把棋下完，就招呼來人去了。事情談完，我回到電腦前，棋局已結束，我問王結果，他說贏了十五目。我不由驚嘆，說我和你的收官功夫原來相差二十目。

聽過我這些故事的高段棋友都說，要記住我的網名，避免跟我對局。他們要防的當然不是我，而是站在我背後的絕世高手。

網路上大家不用真名，互相不識身分，難免會發生「誤殺」情事。有一次網路上一位本國低段棋士向我挑戰，依照手合授三子。但是下了十多手，我就發覺此人棋力不能授三子，定是高手打埋伏。我順著棋勢，到處搶實利。對手也不在意，一味把棋下厚，目標在襲殺我一條大龍。待他發動攻擊，我只能奮力突圍求生。緊要關頭，我看出一著妙手，大龍死而復生。黑棋實地不夠，不得已認輸。對手顯然是高手，未料臺灣竟有人讓他三子能勝，心有不甘，就頻頻以文字訊息問我真名號，我當然不肯洩漏。

第二天，海峰棋院門口出現一位認識，有「殺手」稱號的業餘高手要找我。因為他著短褲，不符棋院服裝規定，公關小姐不放他進來。我接到通報，前往與他見面。他一見我就說，昨天我讓三子贏他一盤棋。我先是一愣，隨即想到莫非他就是昨天網路上的那一位仁兄。原來這位老兄裝弱，卻不小心輸了棋，心中有氣，執意要知道是誰修理他。我在網上不肯告訴他真名，他就找網路管理員。管理員本來也不能洩漏棋友個資，但熬不過他再三要求，終於抖出我的真實身分，他才找上門來。這位仁兄跟我分先我都沒把握贏，沒想到授三子被我誤殺，還前來「自首」。我不敢笑出來，只能說棋都下完了，抱歉無法還他公道。他說只是單純來求證。

此人居新竹，為了化解心結，竟專程到臺北跑一趟。

海峰棋院在開辦職業賽時就與「傳奇圍棋網」（LGS）合作，利用網路報導比賽消息與即時轉播賽局。LGS 是一個年輕人翁志源創立的公司。他因為身高，我跟著大家以 Longman 稱呼他，本名反而忘了。Longman 有理想及衝勁，我建議林文伯贊助他。結果林文伯拿出一筆大錢，成為 LGS 投資人。但幾年後，雙方理念不合就拆夥了。但是之後海峰棋院有大比賽，似乎還見 LGS 的人來現場採訪。

## 圍棋學校

校園一直是圍棋推行者的必爭之地。在民國即將進入百年時由學校主動設立圍棋專班或圍棋中心，蔚為一股新興風氣。圍棋推展有新氣象，我樂觀其成外，也扮演推波助瀾的角色。

### 大安國中

臺北「大安國中」訓導主任鄭建華是圍棋人，推動校園圍棋非常積極。他看見許多有天分的青少年到日本學棋，無法根留臺灣，甚是可惜。當時日本動漫《棋靈王》掀起青少年學棋浪潮，他覺得可以因勢利導，自家栽培人才，就說服校長，於 99 年設立了圍棋專班。專班學生每週除了應付與一般學生一樣的課業外，還得額外接受超過 16 小時以上的圍棋專長訓練。兼顧課業學習與圍棋的教學模式相當成功，專班不只培養出許多圍棋高手，在課業表現也領先正規班，因此吸引許多學子報名。目前擁有學生總數達 100 多人。每年暑假，校方為圍棋班舉行迎新送舊晚會，我都受邀以來賓身分參加，看見校方家長還有很多社會人士，給予圍棋班

充分支持。將圍棋融入教育，這是一個成功的案例。

　　鄭建華除了帶領學生積極參與校內外圍棋活動，本人也是「臺北市圍棋文化協會」與「臺北市體育總會圍棋協會」的總幹事，負責主辦兩會所有圍棋比賽，也替中華棋協和海峰棋院舉辦部分比賽。大安國中成為最繁忙的圍棋比賽場所，每年總有 15 到 20 場大型比賽在此舉辦。海峰棋院的「女子賽」與「長青賽」自 100 年後也都固定在此舉辦。就在書寫這段文字的前一個星期天，我到大安國中參與臺北市兩個圍棋協會聯合舉辦的會員大會，當天就有三個比賽同時在學校不同場地進行。鄭建華等工作人員，在不同樓層跑上跑下，忙得不可開交。

### 體總圍棋協會

　　上文提到的「臺北市體育總會圍棋協會」，也是臺北地區重要的棋運推手，在介紹下一個圍棋學校之前，有必要插播交代一下。

　　因臺北市無地方圍棋組織，劉儷琳於 88 年成立「臺北市圍棋文化協會」（簡稱北協）。圍棋納入體育署管轄後，各縣市體育總會，比照其他單項運動，設立圍棋委員會，負責地方圍棋推動事宜。圍棋委員會委員長由總會長任命。曾任棋協理事長的臺北市議員林晉章發現，許多運動協會委員長無所作為，又不需改選，形同尸位素餐，就發動修法，將臺北各個運動委員會改成協會組織，協會會長由會員選舉產生。「北市體總圍棋協會」（簡稱體圍協）就在 99 年誕生了，中華棋協創會理事陳富陌被推選為理事長。經由他推舉，我擔任副理事長。

　　體圍協與北協都在臺北地區推行圍棋，功能重疊，兩

會的會員也幾乎是同樣一套人馬。就有人認為北協階段性任務完成，可以退場。經過大家討論，認為北協已打出名號，不妨與體圍協雙馬並駛，繼續運作。北協理事長林晉章稱這是「一套人馬，兩塊招牌」的體制。後來北協改選，林理事長又指定我擔任副理事長，我因此稱自己是「兩個職務，一個人，一件事」。這個二而一的協會，舉辦活動都由劉儷琳和鄭建華帶領的一個團隊擔綱，乃是全臺舉辦比賽最多的組織。這個團隊活力滿檔，不但為自己辦活動，連中華棋協和海峰棋院的活動都隨時支援，簡直是「一套人馬，四塊招牌」。

### 東方工商

　　東方高級工商職業學校是一所位於信義路巷內的高中職校，距離海峰棋院只有數百公尺。校長李世智並不會下圍棋，卻對圍棋產生興趣，設立第一個高職的圍棋專班。李校長設立圍棋班的緣起我不清楚，猜他是想為學校建立特色，以利招生。同時學校與海峰棋院有地緣關係，他認為可以就近得到支援。李校長到棋院拜訪，告我有意仿效大安國中設立圍棋專班。我當然樂觀其成，答應全力協助。棋院附近有大安國中，有志在圍棋發展的青少年，畢業後可以進入東方工商圍棋班，解決升學問題。學棋孩子都很聰明，東方能就近吸收，絕對可以提升校譽。

　　103 年起東方工商開始招收圍棋學生，並將圍棋班置於「多媒體應用科」內。我認為這是很不錯的安排。過去平面媒體疏於報導圍棋消息，其中一個原因是跑新聞的記者不懂圍棋，不知如何落筆。我主辦活動時往往需要自行擬稿，發給記者後，消息才有機會披露出來。圍棋班學生如能習得多

媒體專長，將來進入這個行業，必然有利於圍棋推廣。

　　不少職業棋士及精銳隊隊員正逢高中就學年齡，如在東方圍棋班就讀，到海峰棋院受訓，就有地利之便，圍棋與學業可以兼顧。我與李校長協商，讓這班特殊學生能以圍棋為主，學業為副。他們白天大半時間必須在海峰棋院練棋，所以學校不需為他們安排圍棋課，只需在學校課程與上課時間上彈性調整，讓學生到海峰訓練不受妨礙。

　　這樣貼心的規劃吸引了眾多職業棋士到東方完成高中學業。男子有李維、黃士元、簡靖庭、莊承濬、潘亭宇、盧奕銓等；女子有蘇聖芳、俞俐均、白昕卉等，可謂濟濟一堂。有這樣的陣容，學校組隊參加圍棋比賽，屢創佳績，自然不足為奇。學校招生的網頁上，圍棋生也成為宣傳利器。

### 佛光大學

　　繼國高中之後，宜蘭的佛光大學也加入圍棋學校行列。三級學校都有圍棋推動者，對圍棋有興趣的學子，求學與求弈兩者兼顧，何樂而不為？佛光大學也是與我互動最多的圍棋學校。

　　103 年「金利手機杯兩岸圍棋冠軍爭霸戰」在臺舉行，承辦的海峰棋院在賽前以晚宴招待選手。佛光大學校長楊朝祥是貴賓，我的座位正好安排在他旁邊。我曾在大學任教，兩人有共同話題可聊。楊校長表示計畫將佛光發展成書院型大學，以「四藝」：琴棋書畫為特色，刻正籌設一個「圍棋發展中心」。我聽說後相當興奮。韓國有個「明知大學」，不但以圍棋設系，還有研究所，除本國學生外，吸引不少外國學生前往攻讀。曾有該大學的外籍研究生前來海峰棋院蒐集論文資料，還對我做訪問。我一直希望臺灣也有大學設立

圍棋相關系所。以目前的環境來看，設立圍棋系不容易被接受，但設立研究所，從文化、歷史或心理學、運動學等不同角度將圍棋納入學術研究，是可以考慮的。我率隊去泰國參加「亞洲大學圍棋賽」時，曾出席一個圍棋論壇（見〈百年新象〉章）。會上有心理學家以職業棋士與業餘棋士在解答詰棋問題時是否有不同的思考模式作為研究題目，我覺得很有趣。我想如果有機緣，我也可以對圍棋學術做點貢獻。

佛光大學聘請高段棋士徐偉庭做規劃，我和一些棋界人士如秦世敏、鄭建華等也提供意見。「圍棋發展中心」於104年成立了。我和秦鄭等人擔任一年期顧問，也結識了另一位顧問陸士龍。陸士龍是體育界聞人，不下棋，但兒子是佛光學生，也是業餘好手，因此與圍棋界結緣。由於他熟稔體育事務，中華棋協特聘為顧問。我擔任佛光圍棋顧問期間，時常搭陸士龍便車跑宜蘭開會。圍棋發展中心也不負期望，短期間就繳出亮麗成績單。除了舉辦「中等以下學校圍棋賽」，海峰棋院的「大專賽」由佛光接手。另外，下鄉教學，舉辦圍棋訓練營、圍棋微電影競賽、圍棋學術研討會，與國外大學圍棋交流等都是令人耳目一新的活動。

圍棋發展中心設置在圖書館內。館內另一樓層還布置一間高雅的對局室，臺灣棋院的「天元賽」就被吸引來此舉行，我也專程前去觀戰。發展中心成立時特地舉行揭牌儀式，許多棋界人士應邀出席。儀式中，主持人請出席者在保麗龍做的棋子上簽名，再將棋子膠貼在一面大棋盤上，以示紀念。我簽完名後，看見天元位置空著，就把我的棋子擺上去。次年，林海峰回臺，我邀請他到佛大參訪。楊校長及發展中心徐偉庭等熱烈接待，又拿出保麗龍棋子要林國手簽名留念。我想到我的棋子占著天元的位置，被有日本「名譽天

元」榮銜的林國手看見了會認為我「鳩占鵲巢」，應該要移走讓賢。我正思動手，卻見天元處已經沒有我的棋子。原來中心的人早就做了手腳，空出位置給國手。我笑著對徐偉庭說：「看見大咖來，就把我丟棄，你們太現實了。」

### *其他*

其他我沒有直接參與的圍棋學校有南山中學與體育大學。中和的南山中學是國高中合一學校，比大安國中更早，在 97 年就設立了圍棋班。學生從週一至週五每天有四個小時的圍棋專業課程，不少職業棋手也出身於此。南山中學在開設圍棋班之前就每年舉辦「南山杯青少年公開賽」，因為舉辦得久，也成為北部圍棋界重要的活動。近十年來，每逢二月底開賽日，我都受邀參加開幕式。

圍棋列入體育項目，自然得到體育大學的關注。我在思考如何促成臺灣的大學設立圍棋科系時，首先想到的就是體育大學，曾經向校方提出建議。但是我的想法太前衛，不可能在保守的公立學校實現。體育大學採行穩健策略，在 103 年起招收圍棋專長學生，組成圍棋隊，開始與圍棋接軌。圍棋隊最先編制於「陸上系」，後來轉入「適應體育系」，應該是基於培養學生圍棋之外的體育專業考量。體大設立圍棋隊後，吸引許多職業棋士就讀，一線棋士如林君諺、林立祥、簡靖庭等都是該校學生。

我曾為了職棋的永續發展，向林文伯建議：在臺北近郊購置一塊土地，建一棟可供住宿的大樓作為訓練場所。體大圍棋隊總教練蔡繼堯知道後與我接觸，表示位於龜山的體育大學地廣，可以提供一塊土地，讓海峰棋院出資建樓。我覺得體大是理想的地點，雙方可以 BOT 方式合作。不過林文

伯尚無往外發展的計畫，我的想法還只是空中樓閣。

## 圍棋姻緣

在海峰棋院任職期間，有不少圍棋人完成終身大事。婚禮只要有邀請，我必欣然參加，也送出不少紅包。印象最深刻的則是林文伯公子林依弘與林海峰國手掌上明珠林芳美結成連理。棋院前後任董事長林海峰與林文伯結成親家，成就一場圍棋界的世紀婚禮。

林海峰國手子女林敏浩與林芳美都是業餘圍棋高手。芳美曾在日本電視台主持圍棋節目，人氣很高。林國手自參與海峰基金會後，因華髮漸增，賽事減少，回臺頻率增加，夫人（我們以林師母稱呼）也時常隨行。師母待人很親切，有時還從日本帶洋果子送我。偶而芳美也會陪同父母到棋院走動。有此機緣，她認識了不會下圍棋的林依弘。

林依弘是電子專家，在日本 Sony 公司工作，雖然不會下棋，但熟知日本文化，與芳美很談得來。俊男美女，情投意合，兩人在 94 年十月結婚。由於雙方家長都是名人，這場婚禮，雖然林文伯刻意低調舉行，依然吸引了媒體專題報導。《民生報》的標題是「圍棋結緣，親上加親」，相當貼切。

林文伯的子女都不會下圍棋，感到有點遺憾，現在有了芳美這個媳婦，加上圍棋基因，可以寄望於第三代。芳美也沒讓長輩失望，接連生了三個兒子。小朋友會走路後就由媽媽帶到海峰棋院走動，讓嚴肅安靜的棋院增添了一些童聲。有此環境教育，我相信他們不學會下棋都很難。林海峰國手育有二女一子，都有子嗣，眼見孫輩人數不斷增加，自是欣喜萬分。有一次我和棋院人員與他聊天，問他已有幾位內外

孫。他很風趣地回答說：人數過一段時間就會增加，就好像圍棋的貼目制度，從四目開始，逐漸增加到五目、六目，甚至七目，他家子孫人數目前是五目半。大家聞言一愣，怎麼數人頭會出現「半目」？原來當時芳美有身孕，孩子尚未出世，所以以半目計算。大家明白後，莫不會心一笑。

　　兩年後圍棋界又有一場重大的婚禮，主角是周俊勳與鄭淑卿。周俊勳在 96 年三月獲得 LG 杯世界冠軍，也傳出他與鄭淑卿的戀情。兩人於十一月舉行婚禮。棋王結婚，又邀請到時為臺北市長的馬英九證婚，自然成為媒體關注焦點。

　　周俊勳得到世界冠軍後，他奮鬥成功的故事經過媒體報導，周大觀基金會因而頒給他一座「全球熱愛生命獎章」。馬英九不會下圍棋，但他是基金會一號志工，出席頒獎典禮，兩人因而認識。周俊勳籌備婚禮時，想到馬英九，抱著一試的心情邀請他證婚。雖然只有一面之緣，馬英九很爽快答應了。馬英九證婚，媒體時有報導，他似乎也樂此不疲。但我想此番出馬，不為人情，也沒有政治味，應是「紅面棋王」的正面形象，使他更樂意為之。

　　棋界婚禮我參加很多。除了為新人祝福，也是平時少見的棋友重聚場合。這場婚禮因有名人證婚稍顯特殊，也讓我見識了馬英九的證婚「功力」。據媒體報導，馬英九時常證婚，證言和祝賀詞卻只有一套，每次證婚都會複述一遍。這場棋界婚禮，馬市長不改其樂，依舊在證婚致詞時搬出他的招牌「愛妻守則」，告訴新郎：「太太絕對不會有錯，如果發現太太有錯，一定是你看錯，如果你沒有看錯，那一定是你害她犯錯……」在場來賓，包括我，雖然已經知道這是專屬於馬市長的老生常談，因是第一次親身聽聞，仍然是報以熱烈掌聲。

第十四章　百年新象

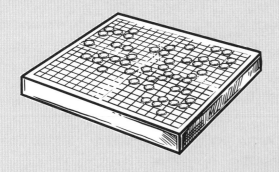

民國進入一百年。成立十三年的海峰棋院,一如以往,按照定計畫,安步當車地在棋壇耕耘,與臺灣棋院、中華棋協、中華職協等圍棋組織也密切合作,希望能為棋壇帶來新氣象。

## 從業餘到職業

海峰棋院開工十年後,工作重點由業餘轉向了職業圍棋。然而基於種種考量,三大招牌業餘比賽:長青賽、女子賽及大專賽並未因此停辦。長青賽因為辦得久,照顧長青棋友卓有口碑,已經超出棋賽層次,成為一項社會福利活動。海峰棋院雖然認為這個活動應該有更適合的單位來辦,但在未有人接手前,也不忍中斷,因此繼續舉辦。推展女子圍棋風氣則是棋院認定的使命,在未見成果之前,未曾考慮退出。在大專方面,過去交誼性質的比賽,我們認為可由其他組織或學校來辦,目前已有佛光大學接手,棋院順勢退出。但我們認為仍應為大專棋運盡一點心力,就舉辦了「全國大學生圍棋十傑賽」,同時為參加日本舉辦的「世界學生王座賽」選出代表選手。另外,日本也舉辦「世界大學生配對賽」,選手也由海峰棋院舉辦比賽遴選。

我推展業餘圍棋多年,算是駕輕就熟。推行職業圍棋,從中華棋協一路走來也累積不少經驗,但隨著棋界形勢的變遷、網路時代的來臨等,也有很多需要學習和改變思維的地方。推展職棋無法立竿見影,必須一步一腳印,長期耕耘才會見到成果。過程中所需要投入的心力與資金也是難以估計。林文伯曾引用嚴長壽(企業家轉公益者)的話說:「推行職業圍棋猶如在水泥地上種花,欲見繽紛,實屬不易。」目前職業圍棋最大的問題是資源。圍棋跟各類運動項

目一樣，欲求發展必須仰賴企業贊助，但圍棋不如棒球或籃球等普及，是屬於小眾文化，不容易得到企業界的關注。企業家贊助圍棋始終局限於本人是棋迷者，如應昌期、翁明顯及林文伯等少數人。不懂圍棋的企業主，即使有意支持，見圍棋廣告效益不大，也多半打退堂鼓。有鑑於此，海峰棋院從 104 年起，找上一家英格國際行銷公司，由它負責在媒體行銷圍棋，目的是提高圍棋的能見度，吸引企業的關注。最近緯來體育台報導圍棋的消息增多了，正是我們苦心撒錢行銷的成果。

## 攜手棋協

　　海峰棋院發展職業圍棋，但林文伯深知業餘圍棋是職業圍棋的基礎，不可忽略。海峰棋院就是以業餘圍棋起家，階段性的任務完成後才轉向職業。現時的業餘圍棋發展，在中華棋協的帶領下，基本上是健全的。因此海峰棋院樂於扮演輔助角色，將資源用於職業圍棋。臺灣不同圍棋組織分工合作，將圍棋發展帶向新境界，正是海峰棋院創立的願景。林文伯認為，中華棋協與臺灣棋院如能將會所設於海峰棋院近旁，大家聯絡方便，有利於推動業務。正好海峰棋院所在的「凌雲通商」大樓地下層，有四百坪空間，業主求售，林文伯就將它買下來。他交代我做空間規劃，希望提供此場所讓棋協與臺灣棋院使用，租金都可不收。不過地下室環境也有缺點，像設有機房、不夠安寧等，因此多方考慮後，計畫停擺了。空間之後也售出。

　　海峰棋院與中華棋協一直是夥伴關係，也歡迎棋協利用棋院資源舉辦活動。廣州亞運就是一個例子。棋協是中華奧會認定的棋界對口單位，負責組隊參加，但實際的組織與

訓練工作是交由海峰棋院執行。上文提到的國際學生王座賽與配對賽，主辦單位也是以棋協為邀請對象，但代表選拔賽及所需經費都由海峰承擔。國內目前的業餘比賽全由地方自主舉辦，數量多達三位數，足以維持推廣業餘圍棋的動能，棋協只須擔任協辦及監督角色。如果有官方或企業贊助，棋協當然還是會辦比賽。幾年前棋協主辦了文建會二度贊助的「全國圍棋大賽」後，剩下來主辦的比賽只有「世界業餘賽代表選拔賽」。也因此，棋協順勢轉型成為服務型機構，工作包括協助各地方舉辦比賽、協調比賽日程、頒發段位證書、培訓裁判與教練、做政府與棋界橋樑、與國外交流、參與國際比賽等。同時地方辦比賽，以提供升段機會做號召，棋協的證書費收入增加，就足以負擔人事及日常辦公開銷。總之，業餘棋運可說在穩定中進步。我身為中華棋協創辦人，一路相隨，目睹如此發展，感到非常欣慰。

中華棋協原在信義路租屋作為會址，但屋主不擬續租，只好搬家。林文伯胞弟在海峰棋院附近的樂利路經營茶行，因為結束營業，就介紹棋協租下該店面作為新家。棋協雖未能進駐海峰棋院同棟大樓，也算做了鄰居。祕書長秦世敏常到棋院走動，兩方關係更形密切。我的居處正在棋院與棋協中間，兩處來往更是方便。

棋協與海峰棋院關係密切，甚至有意請林文伯出任理事長。他因公司事務無暇分身，就由我擔任他的代表，自101年何信仁擔任棋協理事長時開始以常務理事身分加入棋協決策階層。海峰棋院推展職棋的工作有周俊勳擔綱，關注業餘棋運反而成為我的主要任務。北市體總圍棋協會在99年誕生，我擔任副理事長。臺北圍棋文化協會在100年改選，我也擔任副理事長。不像以前我在中華棋協創會期間所擔任

的一線工作，這些職位只是方便我扮演協調者和提供資源者之角色。

## 安定棋協

中華棋協是個很有活力的組織，從各地選出的理監事一向團結無私，大家都能為推行圍棋大業共謀對策，貢獻己力。理監事們開會，即使要從中南部前來，出席狀況仍然很踴躍，大家就事論事，氣氛非常和諧。與其他運動協會時有爭權奪利情事相比，棋協的安穩令會員們自傲。不過近年來，有少數理事堅持己見，不遵守議事規則，還對同仁惡言相向，會議氣氛因此變得緊張起來。有一次佛光大學特地派代表前來觀摩棋協議事，卻讓他看到理事們吵鬧的一幕，我身為接待人，感到非常慚愧。這幾位理事甚至合縱連橫，組織起小圈圈，意圖影響選舉。常務理事林文彬就因不願看見議事衝突而退出理事會。幸好這幾位理事在次屆理事選舉時都沒有當選，棋協恢復了平靜。

何信仁理事長在 105 年兩屆任滿，中華棋協上下為繼任人選又傷腦筋。最理想的是請熱心又豪氣的前理事長許作佃回任。但許的健康有狀況，不便驚動，必須另覓人選。但是新任理事長未定之際，有傳言謂前述搞小圈圈的理事們正在檯面下運作，希望推出他們屬意的人選。我不欲有變數產生，想到了首任的理事長林晉章，就向秦世敏祕書長推薦。林理事長雖然卸任已二十多年，並未離開棋界。他與劉儷琳成立臺北圍棋文化協會，並擔任理事長，對大臺北區棋運之推展，貢獻卓著，如果再度領導棋協也是眾望所歸。

我和秦世敏專程拜訪了林晉章，敦請出馬。我告訴他：棋協基礎穩固，財務也能自給自足，當前局面需要的是他的

個人聲望和處理議事能力，讓棋協能安定團結。林晉章連任六屆臺北市市議員，平時也熱心公益，同時擔任許多運動與社會團體的理事長。他從民代一職退休後，社團職務也一一卸任，想要享受清閒生活。但基於與棋界之深厚情緣，加上有點「臨危受命」，稍加考慮後，他很快就答應重作馮婦。在之後舉行的會員大會上，林晉章順利當選為理事長。當選後，他指派我和劉儷琳為副理事長。

　　副理事長這個職務，顧名思義是襄助理事長執行會務，但既然設有祕書長，其功能正是執行會務，副會長一職就有點多餘。其實，在棋協會章中並未設有副理事長這個職位。我還曾開玩笑地說副理事長職位是「黑官」。棋協有副理事長始於翁明顯擔任理事長時期。當時大抵是對熱心提倡圍棋人士表達尊敬而加以延攬之意，頗有酬庸味道，所以此職位之象徵性大於實質性。後來劉儷琳進入棋界，熱心貢獻，大家想推舉她做理事長，但她基於個人考量，婉拒出任，許作佃理事長只好以副理事長職位安置她。這就不是酬庸性質，而是有把政務官變成事務官的意思。事實上劉副理事長積極投入，真正分擔了理事長的工作。現在這個職位也落到我頭上，有劉儷琳的榜樣在前，我倒是覺得有點壓力。我還在海峰棋院任職，其實不宜擔任這個職位。不過我把林晉章請出來，他要我從旁輔佐也是理所當然。我想起棋協草創，我們兩人合作把棋協撐起來的那段日子。再度合作，除了懷舊，更是責任。

## 三一一大地震

　　民國百年，臺灣棋壇迎來新象，圍棋大國日本卻遭逢災難。三月十一日，日本東北太平洋近海發生九級地震、伴隨

而來的巨大海嘯造成極大災情，還導致了福島核電廠核燃料熔毀，大地被嚴重汙染。臺灣人民立刻伸出援手，賑災捐款高達 68 億，全球最多。海峰棋院不落人後，捐款兩千萬日圓，匯入日本棋院指定帳戶。十多年前臺灣發生九二一地震時，日本棋界藉來臺舉辦比賽之便，有所捐輸，這次海峰棋院則加倍回報。

## 世代交替

發展職業圍棋，我最關心的是世代交替的問題。一個國家的圍棋實力要長期保持強盛，除了要有明星棋手，還要不斷有新人接班，這就是所謂世代交替。在過去，棋壇霸者出現後其霸業大致都能維持相一段當長的時間，才會被後起者取代。到了現代，世代交替的時間大為縮短。但看現今世界棋壇帶領風騷者多是二十歲左右年輕人，就知霸業興替的時程今昔不同。林海峰當年以二十三之齡挑戰坂田名人，坂田說出「棋士三十歲以後才有機會能得名人」的話，但現代棋手到了三十歲就難以站穩第一線，韓國李昌鎬就是最好的例子。大陸與韓國的圍棋實力能夠長期維持不墜，就是每隔幾年就有新世代的強人竄起。以韓國為例，從 77 年曹薰鉉奪得「應氏杯」冠軍以來，已產生李昌鎬、李世石、朴廷桓、申真諝等不同世代的世界冠軍。反觀日本，井山裕太獨霸十餘年，最近才有芝野虎丸、一力遼等後起之秀對他構成威脅，發展顯然比較緩慢，在國際賽事上也因此落於下風。

臺灣職棋發展想要追上先驅者腳步，必須加速世代交替的節奏。只有不斷地自我蛻變，才能破繭而出。二十年來在海峰棋院與臺灣棋院共同努力下，已有相當成果。據我觀察，從海峰棋院舉辦棋王賽（97 年）起，臺灣職棋大概歷

經三個世代交替。周俊勳算是第一代，順理成章成為第一屆「棋王」，但第二屆後，陳詩淵竄起，成為新棋王，與他強力競爭者是蕭正浩與林至涵，棋壇完成了第一次世代交替。數年後，王元均與林君諺兩位新秀追上來。王元均於 102 年分別從陳詩淵與周俊勳手中奪下「棋王」與「十段」，宣告第二次的世代交替開始。次年，林君諺搶下王元均的「十段」，加入交替行列。同時，海峰圍棋道場及精銳隊集訓也開始驗收成果，許皓鋐、賴君輔等新秀正醞釀另一次的世代交替。109 年許皓鋐大爆發，奪得多項棋賽冠軍，兩項世界賽打入八強，賴君輔也擊敗王元均，拿下聯電杯冠軍。由於王元均與林君諺仍然強大，第三次交替或許言之過早，但已然醞釀中。

記得林君諺剛到海峰棋院參加訓練時，他的啟蒙老師張遠錫（張栩父）特別向我推薦他的潛力，要我多加關照。由於我不負責職棋的訓練，林君諺能迅速成長並脫穎而出，我個人是完全無功。只能說張爸慧眼識英才，還有海峰的訓練環境也應記上一功。

在臺灣職棋的發展進入另一個世代交替時，我發現，除了交替時間增快，整體實力的強度與厚度也在增加中，這是可喜的現象。不過，話說回來，我們有進步，但別人也在進步，而且更多，我們在後追趕，非常辛苦。這是很殘酷的現實。受限於資源與環境，臺灣職棋還有很長的路要走。

受到職棋發展的影響，臺灣業餘圍棋的實力也有提升。有些業餘好手與一般職業棋手對戰，也毫不遜色。詹宜典參加「世界業餘圍棋賽」兩度獲得冠軍（103 年與 107 年），就是最好的證明。許博允是老派棋友，不解臺灣業餘圍棋近年的發展。有一次到海峰棋院參加業餘開賽典禮，還

天真地問我說：「你年輕最強時與現在的強手比較如何？」
我回答說：「如果他們沒比我強，那我們推行圍棋多年，豈
非白做工？」

## 《棋道》停刊

　　進入二十一世紀，資訊傳播也翻新，平面媒體被網路取
代，逐漸消失。中華棋協的機關刊物《棋道》擋不住時代的
浪潮，在 104 年發出最後一期後停刊了。歷來臺灣的圍棋
雜誌，沒有不虧損經營的。多年前我辦的《圍棋天地》脫離
不了這個宿命。歷史最久的《圍棋》，雖有金主長期挹注，
苦撐多年，在 98 年也停擺了。《棋道》成為棋界唯一的精
神食糧。其實《棋道》到了後期，收支已逐漸打平，財務不
是問題，只是因網路興起，棋友接收資訊的習慣改變，不得
不順勢退場。這份雜誌，在棋協祕書長秦世敏策劃下，集合
了棋界眾人力量，聚沙成塔，刊行二十五年，如今算是功成
身退，在棋史留下漂亮身影。

## 亞洲大學圍棋賽

　　泰國本是圍棋不毛之地，但是經過華人企業家蔡緒峰大
力提倡，已然成為南亞圍棋最興盛之地。泰國圍棋會與中華
棋協一直維持良好互動。我於 90 年到大陸參加「炎黃杯」
棋賽（見後），認識了蔡緒峰，之後聽聞他大刀闊斧，在泰
國推行圍棋的種種措施，很想找機會前去觀摩一下。
　　蔡緒峰推行圍棋從大學生入手。大學生學會下圍棋，畢
業後就可把圍棋帶入社會各階層，這與以前我創立棋協時，
推行大專圍棋的想法不謀而合。這個策略在泰國圍棋初生之
地尤其適合。為了刺激大學生圍棋風氣，蔡緒峰很有魄力地

自 85 年起每年舉辦「亞洲大學生圍棋賽」，邀請亞洲各國青年好手前來交流。100 年中華棋協組隊參賽，請我擔任領隊，成全了我到泰國一行的心願。

此賽參加隊伍由三人組成，不限職業或業餘身分，但必須是大學生。每人於三天內對局六輪，同時計算團體和個人成績。歷屆比賽，冠軍得主不出大陸與韓國。本屆我們決心打破此局面，派出正就讀大學的兩位一流職業棋手蕭正浩與林書揚，搭配業餘高段詹士賢。

抵達泰國後，我首先見到了負責接待的泰國棋會副會長 Vanthanee。這是一位親切大方的泰國女士，輔佐蔡緒峰會長處理大小圍棋事務，說得一口流利英文，我和她溝通完全沒有問題。另一位重要人物是大陸籍的史金帛。他原是一位職業棋士，經蔡會長禮聘至泰國擔任教練。他看來溫文儒雅，相談之後就給我一見如故的感覺。從他們口中，我了解蔡緒峰正以其企業主的影響力積極推廣圍棋，例如要求旗下企業主管學會下圍棋，大學生畢業後如果具有圍棋段位，公司也優先錄用等等。蔡會長的企業版圖包括擁有七千間店面的 7-Eleven 便利商店，其影響力可想而知。我很羨慕泰國有一位如此夠力人士推行圍棋，也很期望臺灣有企業家能複製他大氣的推行策略。

亞洲大學賽是由泰國的大學輪流主辦，本屆比賽就在曼谷附近的一所大學內舉行。賽前一天，主辦單位舉辦選手之夜，也作為開幕典禮。泰國參賽的十多所大學與國外各代表隊由代表旗幟前導，在嘹亮的樂聲中風光進場，令人想起奧運的進場儀式。之後是晚宴，同時有大學生精彩表演，場面很熱鬧。我曾主辦多次大專杯，也辦過選手之夜，但場面與在泰國所見，就顯得遜色許多。泰國大學生圍棋水準尚在起

步階段，但主辦比賽卻是毫不含糊，展現大氣勢，令我相當震撼。會中，我見到蔡會長，特別代表臺灣棋界向他致意。他也在隔天夜晚，特別在一家中式餐廳招待我和選手們。

比賽開始，我注意到選手們的實力，果然是大陸與韓國選手特強。但與我們兩位職業好手相比，還是略遜一籌。所以他兩人一路過關斬將，未逢敵手，直到最後一輪才強碰，蕭正浩勝了林書揚，兩人分居個人賽冠亞軍。業餘選手詹士賢表現也不錯，但與香港選手一局不慎被逆轉，結果我方三位選手積分加起來，因為微差而屈居團體亞軍。不過這已是我隊參賽以來最佳成績了。

我對泰國之行留下好印象。兩年後又欣然帶隊前往比賽，臺北圍棋文化協會總幹事單家平隨行觀摩。這一次沒有特別派出強手爭取成績，值得回憶的倒是比賽之外的活動。比賽在泰國北部的清邁舉行，從曼谷前往的路途中，我因此飽覽了泰國多處不同的風光。

在比賽會場，泰國隊教練史金帛為我介紹三位很特別的韓國棋手。這三人，其中一位是女性，並不是比賽選手。他們幾年前代表韓國來參賽，得到了冠軍，大概是舊情難忘，又為了觀光，再度連袂前來，找泰國棋會人員敘舊。蔡緒峰會長不忍見他們臨淵羨魚，只能做觀眾，就提議由史金帛加上我和單家平組成一隊，與韓國三人組來場對抗賽。史金帛是職業棋士，棋力不在話下，單家平是名手陳長清高足，也是業餘高段，如此組合，確可一戰。我的對手是女棋士，令我更加戒慎恐懼，還好發揮得不錯，拿下勝利。另外一場，史金帛意外失蹄，團隊勝負繫於單家平之局。單家平是長清兒童棋院主持人，難得看他對局。他穩紮穩打，臨危不亂，頗有乃師之風，終於取得貴重一勝。我以為這只是一場友誼

賽，沒想到蔡會長在大會頒獎典禮上正式宣布結果，還發給每位隊員五千泰銖（略與臺幣等值）獎金。這筆意外之財，感覺有點受之有愧了。

這次比賽如果還有意外，那就是看到一場罕見的盲眼圍棋表演。盲人下象棋不是新聞，但下圍棋就令人稱奇了。原因是圍棋較象棋複雜，手數也超出許多倍，不容易記憶，難以完局。把眼睛遮起來下圍棋，我未曾試過，但我想最多下到五十手，就無法清楚記住雙方布子的位置吧。大陸卻有一位業餘棋士鮑雲六段能夠遮住雙眼與人對局，不但能完整下完一盤棋，內容也能維持其高段水平。不知是否因為有此特殊技藝，獲得比賽單位邀請，我才有幸親眼見到他現場表演。我想一般人記性再好，盲圍棋下到超過百手或進入官子階段應是難以為繼，這位棋士卻連細小的官子也不出差錯，真是嘆為觀止。這位老兄應是萬中無一，天賦異稟者。據說他擺盲棋擂台，至今還是獨孤求戰，因為根本找不到對手。

另外與個人興趣有關，值得一提的是泰國棋會在比賽期間，與大學單位聯合舉辦了一場圍棋學術研討會。在大陸或韓國，因為設立有專門研究圍棋的機構（圍棋系或研究所），比較有機會看見學術性的圍棋研討會。但是研討會在泰國出現，就令我感到意外了。我得知有此研討會後，比賽也不用關心了，參加為要。研討會規模不大，只有幾位泰國心理學學者加上韓國明知大學的一位教授發表論文。這是我生平第一次參加圍棋學術研討會，除了聆聽到幾篇有趣的論文，不同國籍的學者齊聚一堂，使用共同的語言（英文）討論圍棋，也是一樁新奇有趣的經驗。

104 年底，佛光大學舉辦了臺灣首次的圍棋國際學術研討會。我接到了邀請函。不過只是去做聽眾，令我有點不

滿。研討會主事者似乎未經過公開的程序徵求論文，否則我會希望成為一名論文發表者。平常我就對一些涉及圍棋的學術問題感到興趣，但缺乏動力深入研究或把想法寫出來。若有研討會徵求論文，發表慾就會成為動力，這正是研討會的功能。佛光大學踏出了難得的第一步，我希望能夠再接再厲，扮起臺灣圍棋學術研究的先行者。我對圍棋與文化，還有圍棋心理學層面的研究一向有興趣，也願意做出一點貢獻。不過五、六年過去了，我還在等待另一次徵求論文的召喚。

## 清華奕園

棋界聞人沈君山，曾任清華大學校長，本著對圍棋的熱愛，曾表示願捐出在美退休金，在清華校區內建立一座以圍棋為主題的「奕園」，為校園增添一處藝術休憩景點。但之後他中風無法行動，經過三任校長與親友的努力，完成了他的心願。「奕園」於 102 年落成，並於六月舉行揭幕儀式，廣邀棋界賢達觀禮，我亦躬逢其盛。

「奕園」是一處以圍棋元素設計的林園。入口處有一方石牌，上有武俠名家金庸親手書寫的「奕園」二字。進入後，沿著步道兩側有六座木作立牌，展示吳清源、林海峰、陳祖德、聶衛平、木谷實、曹薰鉉等六位中外圍棋大師的經典棋譜、墨寶與事蹟。步道盡頭是一座高敞的木造亭子。亭子上方有沈校長「奕亭」題字。亭子造型古樸典雅，周遭幽靜，是一處對弈的好地方。

沈校長因病無法再下棋，也不克參加當天的揭幕典禮，但他心儀的圍棋大師林海峰、聶衛平與曹薰鉉聯袂前來，三人還在「奕亭」聯手下了一局紀念棋。吳清源也有親

人代表出席。沈校長風光地下完圍棋人生最後一著好棋，應該沒有遺憾了。

揭幕典禮進行前，有眼尖的來賓發現金庸的「奕園」題字似乎有誤。古人稱圍棋為弈，而非奕，所以下棋的地方應是弈園，而非奕園。如此說來，沈校長所提「奕亭」也應是「弈亭」。我起初也認為這是筆誤。因為根據《說文解字》，弈從廾，廾是合手捧物的意思，下棋要用手，這是弈字由來。有熱心來賓立刻向清華校方反映。校方不敢大意，請出中文系教授，解釋奕弈兩字相通，並無筆誤問題。事後我特別翻閱了清代編輯的《四庫全書》，發現有關下棋事都以「奕」字書寫，方信中文教授所言不虛。我想弈字本為正寫，但誤寫為奕，時間一久，也就積非成是，兩字成為通假字了。

大陸棋聖聶衛平是沈君山好友。他第一次訪臺，由我接待，之後數次再來，與我也建立不錯交情。棋協負責涉外的劉儷琳與聶衛平也時有互動。這次聶衛平趁出席「奕園」揭幕之便，帶夫人同行，劉儷琳盡地主之誼，我則當陪客。在典禮之前，劉儷琳與我陪同聶衛平到清華大學宿舍看望沈君山校長。校長中風後，大腦功能喪失，坐於輪椅中，不能言語，但摯友來訪，木然表情中似乎可見輕微的感動。我想他的意識中仍存在著圍棋與一干棋友吧！

典禮後一天的下午，劉儷琳邀聶衛平偕夫人到木柵貓空飲茶，我亦相隨。山光雲影，洗滌塵心，清茗酬客，笑論棋壇往事，悠哉悠哉。轉眼夕陽西下，我們流連忘返，就在茶坊中用餐。不料聶大師突感不適，我們匆忙下山，送他回下榻飯店。問是否就醫，他認為不必。第二天他回到北京，住院檢查，發現得了腸癌。幸好手術成功，逐漸康復。「金立

杯兩岸圍棋冠軍爭霸戰」時再臨（見前章），又聽到他爽朗的笑聲。

## 百年棋聖吳清源

103 年十一月大國手吳清源與世長辭，享年一百，正是所謂百齡眉壽。日本人說下圍棋有五得[1]，其中之一是「得天壽」，從吳大國手身上得到了印證。大國手身材瘦小，年輕時身體不是很好，還需到高原溫泉地區長期療養，或許真是圍棋怡情養性的功能，予他高壽。大國手年過八十後幾度來臺，有一次我陪他在一家日式餐廳用膳，見他食無禁忌，胃口極佳，就知他在摺扇上所提「壽而不老」四字正是自身寫照。與大國手同代棋士衫內雅男也是壽而不老的榜樣。他以九十高齡，仍然征戰職業棋賽，創下最年長現役棋士記錄。海峰棋院舉辦長青杯棋賽，我以主持人身分致詞時，常舉衫內的例子勉勵長青棋友們。

巨星殞落，舉世同悲。日本一家報社徵求各國棋界悼念文，因此來函海峰棋院邀稿。林文伯囑我代筆。我思量大國手對棋道的貢獻舉世同欽，大家為文必從此點發揮；如不欲錦上添花，當從另外角度落筆。我想到曾有文章討論大國手國籍問題。大國手是道地中國籍，但長居日本後入籍日本，大國手顯然認知自己是日本人。他來臺時馬英九市長授予榮譽市民證書，他卻誤以為具有日本籍就不能接受（見前章）。海峽兩岸棋友以他是中國人為榮，但日本人可能認為他已歸化而不同意。我認為討論大國手是中國人或日本人其實沒有太大意義。大國手是偉大棋士，也可視為偉大藝術家。世上偉大藝術家，像貝多芬與畢卡索，其貢獻都是超越國界，其成就也是屬於全世界人民的資產，所以他們都

是世界公民，不應局限於一國或一地。吳清源也是如此。他生於中國，卻是日本的土壤培育他成為一代棋聖，有人說：對他而言，有圍棋處即為祖國。這一點我是認同的。我因此從世界公民的觀點（聯合國有頒發一項名為「世界公民」（Citizen of the World）的獎項）寫了一篇紀念文，表達海峰棋院對世紀大師最崇高的敬意。

吳大國手在臺有許多粉絲，我無疑也是。年輕時我就設法從日本購入精裝《吳清源名局》兩冊。後來臺灣有人翻印《吳清源全集》八冊，我也蒐羅無缺。這兩套書我都反覆翻閱或打譜，只恨無法汲取全部精華。大國手過世後，年輕一輩的粉絲林至涵、張凱迪等發起一項紀念特展。海峰棋院樂觀其成，幫忙蒐集相關文物，雖列名主辦單位，其實活動的設計與主持都是一群年輕人經手。104 年六月，「百年棋聖─吳清源大國手紀念特展」於臺北市立圖書館總館之藝廊開張，為期半個月。除了有大國手相關的文物展覽，還有電影播放、名局細解等活動，場子相當熱鬧，連非棋友都被吸引而至。大國手生平事蹟我知之甚詳，仍到展場徘徊兩、三遭，純粹是緬懷先聖之情所驅使。

## 大陸尋棋

我自大學教職退休後，雖有在海峰棋院任職，但工作負擔減輕許多，就興起到大陸旅遊的念頭。在海峰期間雖有機會踏上大陸土地，但因公務在身，又來去匆匆，自無遊興。79 年翁明顯舉辦「中環杯兩岸交流賽」時，我曾當上代表選手，有機會到大陸多地與高手們切磋，但行期過長，影響學校工作，因而放棄。88 年起大陸舉辦「炎黃杯世界華人圍棋邀請賽」，成為我另一次到大陸下棋兼觀光的機緣。

炎黃杯前身是大陸於 79 年舉辦的「堯舜杯世界業餘圍棋聯誼賽」，主辦者是「中國和平統一促進會」，以圍棋攏絡世界華人的意圖相當明顯。由於政治意味較濃，我無意參與。倒是沈君山前往參加，得到冠軍。回臺後相當得意，跟我誇說他是世界冠軍。這個比賽辦了幾屆，大概是缺乏號召力，就停辦了。

到了 88 年，林海峰、聶衛平、沈君山與金庸四人發起炎黃杯圍棋賽。我猜真正發起者是沈君山。或許他想延續堯舜杯世界華人圍棋聯誼之意旨，才邀請其他三人共襄盛舉。炎黃杯的政治味道較淡，又每年輪流在大陸風景名勝之地舉辦，弈棋兼觀光，頗具吸引力。多位熟識的棋友，如陳富陌、林文彬、許博允等七、八人，從第一屆起就結伴連年參加比賽。

臺灣棋友參加炎黃杯回臺後，意猶未盡，又組成所謂「小炎黃」，相約到陽明山等景地再聚，我也受邀參與。他們欣賞美景，品嘗美食，又在旅館住宿，以自備棋具連夜對弈，相得甚歡。此等情境，也勾起我一探炎黃杯的念頭。

參加炎黃杯者大抵是為遊山玩水而來。雖曰比賽，其實是以棋會友。參加者棋力並非特出，對局時也不按棋力分組。優勝者除獎杯外並無獎金或獎品。但因為賽事有官方支持，參加者可以得到相當高規格的接待，自付的經費也遠低於參加旅行團所需，物超所值，難怪「小炎黃」棋友每年都要參加。

### 天山炎黃杯

第三屆炎黃杯於 90 年在新疆舉行。此地令人聯想到絲路及許多古代故事，比賽地點又設在天山之「天池」，除了

是風景勝地，又連結西王母神話，這個旅遊機會我不想錯過，就向負責聯絡事宜的劉儷琳報名了。臺灣棋友十餘人（除了我以外，多是炎黃杯老班底），在劉儷琳領隊下，千里迢迢，飛到了新疆首府烏魯木齊。炎黃杯發起人沈君山本欲同行，卻因事放棄。行前他交代大家共同捐出三千美元，為新疆一家小學購買電腦，算是回報新疆主辦單位即將給予的熱烈招待。

同機團員中，我赫然發現有兩位不屬於棋界的名人。一位是曾任經濟部長及創建「中國鋼鐵公司」的趙耀東，另一位是詩人鄭愁予。他們不是去下棋，而是大陸方面透過沈君山邀請的貴賓。據說新疆有鋼鐵廠經營不善，特別要向經營中鋼有成的趙耀東請教。至於鄭愁予，我想是去做文化交流的。年輕時我相當欣賞他的詩，沒想到在飛機上有機會見到本人，還有機會交談。兩位名人下機後，由大陸特別人士接走，結束同行之緣。

在烏魯木齊下榻的酒店又見到兩位重要人物。一位是蔡緒峰，他是華人企業家，泰國的「圍棋之父」。他憑一人之力，讓圍棋在泰國從零開始，茁壯發展。他致力推展世界華人圍棋，也成為炎黃杯的主要推手。後來炎黃杯兩次來臺舉辦，與他的策劃有關。他又協助中華棋協加入 IGF，是臺灣棋界重要的國際友人。這是我第一次見到他，往後也因為圍棋而有往來。另一位就是大名鼎鼎的武俠小說作家金庸，他應是以炎黃杯發起人身分蒞臨。我讀過許多他寫的小說，想不到在這遙遠之地得見作者本人。金庸的《天龍八部》中有「珍瓏棋局」的情節，可知他是知棋之人。我聽說他曾拜王立誠為師 [2]，心想如果有機會與他交談，或許可以利用我與王立誠的關係拉近彼此距離，不過新疆一會，卻無緣交談。

在烏魯木齊待了一晚，新疆省長以晚宴招待世界各地前來的參賽者。宴中欣賞了邊疆民族歌手雄渾豪放的歌聲，還見到民族音樂家王洛賓。〈達板城的姑娘〉是大家耳熟能詳的歌曲，未料能見到作曲者。次日，選手們驅車前往天池畔的「西王母飯店」，展開三天的比賽對局。

在風光優美，又帶有神祕氣氛的天池畔下棋，真能滌塵忘憂。只不過我對比賽還有勝負懸念，未能拋脫俗氣。賽前開幕式，我看到發起人聶衛平，特地上前打招呼。他對身旁的人說我會拿冠軍，顯然他對炎黃杯參賽者的水平相當了解。參賽選手除了來自亞洲各國，也有遠自美洲及歐洲的。經過七輪戰事，果如聶棋聖預測，所遇對手都沒有給我造成很大壓力，我得以全勝掄元。

主辦單位在賽後安排的旅遊最令我覺得不虛此行。我們造訪了吐魯番、火焰山以及絲路上的高昌古城。滾滾黃沙中，千年的歷史彷彿在眼前列隊走過，令我神往。

金庸在他小說中提到一項神奇藥物「天山雪蓮」。我聽說新疆真有此物，只因種植不易，受到嚴密保護，一般人無法進入產地一睹真貌。唯獨金庸因武俠大師身分得到禮遇，有幸前往一觀。我等棋友武功平庸，只能向隅。

### 北戴河炎黃杯

炎黃杯輾轉來到第七屆（94 年）。之前炎黃杯在三峽與西安舉行，都曾令我動心，但未成行。此屆地點選在河北秦皇島市的北戴河，附近有山海關名勝，我早想一遊，於是報名，二度參加炎黃杯。

炎黃杯老班底加上幾位新手組成臺灣棋友團，中華棋協理事長何信仁也在團中。何信仁多次參加炎黃杯，天山後

再度同行。經過數年，他棋力進步許多，已有奪冠實力。我們一行人先飛到北京，再坐車到位於秦皇島市的北戴河。北戴河曾是中共中央夏季辦公之地，也是中共高層官方會議場所。現在辦公處已撤走，因此炎黃杯選手被安排住在招待過高官的賓館。環境中仍然可以感覺到一股靜肅的官衙氣氛。

九月十七日是比賽開幕日。炎黃杯發起人只有聶衛平一人來捧場。但是大陸老一輩棋士來了不少，有陳祖德、吳松笙、王汝南等。聶衛平算是老朋友了；吳松笙與王汝南到過臺灣，也算認識；只有陳祖德是初見。大陸圍棋茁壯發展，始於陳祖德與吳松笙，兩位元老一起出現，實屬不易。有此機緣是主辦單位為了增添話題，另外為上述四人辦了一個「元老杯」比賽，與炎黃杯同時舉行。

比賽次日適逢中秋節。主辦單位在北戴河海邊的碧螺塔公園，為選手辦了一個賞月晚會。波光粼粼中，一輪明月高掛中天，令人想起「海上生明月，天涯共此時」的詩句。陳祖德書法造詣很高，在月光下揮毫表演，讓晚會生色不少。

今年的賽制，可能因參賽人較多，稍有修改。選手按年紀分組，以 1952 年為線，五十三歲以上為炎帝組，以下為黃帝組。老早在棋界就有人以「楊公」稱呼於我，當然被編入炎帝組。何信仁較年輕，屬黃帝組。少了年輕選手的糾纏，我輕易地拿到冠軍，還有餘裕去替何信仁加油。

黃帝組的競爭相當激烈。何信仁迭經苦戰，也拿到了冠軍。他最強的對手是來自澳洲的何為。何為是北京師大名教授何香濤之子，旅居澳洲。何香濤是天文物理學家，與沈君山同行，也是資深棋友。我應是透過沈君山關係，在他訪臺時，有一面之緣。何教授與一群圍棋愛好者組成了了一個以「燕京」為名的聯誼會，許多會員參加了炎黃杯比賽。我與

何教授未在比賽碰頭，與其子何為倒是聯手做了一次戰友。

　　比賽結束後，會場除了四位元老，又來了幾位職業棋士，與選手研究棋局。主辦單位靈機一動，來場別開生面的職業業餘對抗賽。業餘方面由兩人聯手對抗職業一人。我是冠軍，義不容辭要出場。我的搭檔是黃帝組的強手何為，對戰王群八段。另一場是何信仁與炎帝組搭檔對戰吳松笙九段，兩場手合都是職業授先。我與何為每著棋經過商量後落子，王群則迅速落子，似乎我們未能給他壓力。局面進入中盤後期，黑棋明顯居下風。不過我方在不顯眼處發現了一著妙手，最終逆轉局面。能夠不讓子戰勝職業高段，雖是靠著兩人聯手，也足以高興一陣子了。

　　賽後是最期待的山海關旅遊。山海關就在秦皇島市內，接近關口時可以看到城樓上「天下第一關」五個大字。山海關有一段城牆延伸到渤海灣裡，我特地走近巡禮。面對滔滔海浪，巍巍城牆，思古幽情油然而生。

　　看過山海關，我遊興未減。約了秦世敏一起到北京盤桓幾天。秦世敏有炎黃杯必至，不是當比賽選手，而是當裁判。他因而遊遍大陸名勝景地，相當令我羨慕。他熟悉北京，自然要找他當嚮導。到達北京後，我們先包車到八達嶺段的萬里長城遊覽，也品嘗當地的招牌炸醬麵。大陸簡體字把麵寫成面，到處可見的「炸醬面」廣告，我一時適應不過來，總是覺得刺眼。

　　遊完長城後，我們特地到「中國棋院」拜訪，順便了解一下他們推動棋運的規劃和制度。院長華以剛以晚宴款待，大家相談甚歡。後來我們在棋院附近的一家小旅館住宿，隔天要離開時才發現房租已由華院長派人代付了。我們只是私人造訪，卻蒙招待，除了華院長熱情好客，我和秦世敏代表

臺灣兩大推行圍棋的組織應該也是原因。雖是欠了華院長一份人情，也算順便做了一次兩岸圍棋交流。

北京有許多圍棋道場，我們穿梭過大街小巷，前去觀摩。我們找到了聶道場、汪見虹道場和鄭弘道場。聶道場是聶衛平所創，但他大概親自教學時間不多，所以未見本人。另外兩家道場主持人都是職業高段棋士，已經很少參加比賽，專心教學。兩人都很熱心地帶領我們參觀道場設施，與我們暢談圍棋教育經驗。我對道場的運作因而有了更深入的了解。之後我和秦世敏到王府井大街、圓明園等處遊覽。看見北京多樣風貌，是此行最大收穫。

我上次參加炎黃杯得到一個鐵鑄古鼎造型的獎杯，這次的獎杯則是鏤金豔彩的中國古典花瓶造型。我認為這兩個獎杯不流俗套，頗具匠心，符合我「獎杯藝術化」的主張。這種獎杯適合當擺設，供人欣賞。但獨樂樂不如眾樂樂，我將之送給海峰棋院，現在還放在櫥窗裡。

### 杭州行

杭州靈隱寺是佛教名剎，也用心於發揚傳統文化，在99年十月舉辦了一個「佛教文化節」活動，以琴棋書畫為主軸，邀請臺灣佛教團體前往觀摩交流。臺灣佛教團體中，「佛乘宗」每年舉辦「佛乘杯」圍棋賽，與棋界淵源最深，中華棋協就委請佛乘教練陳昌言六段挑選弟子前往。「佛乘隊」員共有八人，五人下棋，一人彈古箏，一人展畫藝，一人示茶道。我非佛門中人，以領隊身分同行。此行我另有一公務。廣州亞運於次月舉行，我國圍棋代表隊將前往北京「野狐圍棋道場」進行移地訓練，因此杭州活動結束後，我需前往督軍。

十七年前，棋友姜榮富帶領我到上海旅遊。之後我意猶未盡，又獨自前往杭州，一覽西湖美景。上海棋友還特地介紹了一位當地人給我當導遊，不過多處遊覽，卻未曾駐足位於西湖邊的靈隱寺。如今藉著圍棋機緣，再次造訪杭州。「佛教文化節」就在靈隱寺舉辦，這座千年古剎，又是濟公出家之地，聞名遐邇，終於一見。

　　據說濟公也會下圍棋，不知是否因此，靈隱寺棋風鼎盛。住持光泉法師及許多僧人都會下圍棋，還成立圍棋隊，聘請與聶衛平齊名的馬曉春作教練。文化節開幕典禮上，未見馬曉春，倒是遇見熟人王汝南。他自中國棋院院長位退下後，依然各處出席圍棋活動。以中國之大，能夠因棋而雲遊四海，令人羨慕。他對應昌期撤銷我段位事件的來龍去脈相當熟悉，介紹我給大陸棋友認識時總愛順便提起。不知他是笑看此事，還是對應昌期專橫的作風也不以為然。

　　文化交流活動在一間寬敞的廳堂中進行。我隊隊員的琴畫表演相當吸睛，茶藝表演更引來許多人一嘗臺灣茶香。圍棋隊員與僧人們對局正酣時，王汝南看我閒著，特地介紹一位年輕美貌的女子職業棋士毛昱衡（初段）與我切磋一局。我在杭州就只下這一盤棋，但中途有事介入，也沒有完局。現在回想起來，當時應該找機會與靈隱寺的師父們手談一下，算是圍棋生涯中難得的經驗。在古代，文士喜歡到寺院找僧人下棋。到了現代，會下棋的僧人已是少見，以棋與信眾互動更是絕無僅有。靈隱寺中古風再現，彷彿時空倒錯。

　　因為佛教文化節的機緣，兩岸的佛教團體開展了圍棋交流。五年後（104 年）第七屆「佛乘杯」圍棋賽在淡水緣道觀音廟舉行，靈隱寺組隊來參賽。我到會場觀戰，也拿到一把他們贈送的摺扇，上有光泉住持「見棋不是棋」的題字。

後來看報導，佛乘導師李善單也在該扇背面題字「看法不二法」，作為回贈。雙方不但圍棋交流，禪意也相通。以棋喻禪，更是美事。

文化節活動結束，離開杭州前，我特地請棋界大老王汝南引薦，到「杭州棋院」拜訪。杭州棋院與一般地方棋院不同，它的規模甚至大過北京的「中國棋院」。幾年前杭州市政府在錢塘江畔興建了一棟大樓，專門作為杭州棋院院所。聽聞棋院空間廣闊，規劃氣派，於公於私我都有必要前去參觀。伴我去者是陳昌言。由於王汝南打過電話招呼，我們到達棋院後，得到院長張朋親切的接待。

杭州棋院大樓高 34 層，樓面廣闊，取其一、二層設置棋院，空間已是用之不盡。因此還有餘地設置圍棋博物館及圍棋圖書館。大樓棋院之外的空間出租給旅館和餐廳業者，所收租金則作為發展圍棋之基金。杭州棋院有政府支持，因而得到如此豐沛資源。聽張院長侃侃而談未來的發展計畫，令我這圍棋工作者羨慕不已。

張朋院長帶領我們參觀棋院後，又設晚宴款待，當晚也招待我們住宿在棋院大樓的酒店裡，第二天還派車送我們到巴士車站，真是極盡地主之誼了。我回到臺灣後，特地寄去一份禮物，聊表感謝之意。當然還要感謝王汝南先生，要不是他的面子大，我們不可能有此禮遇。

杭州之後，我下個工作是到北京與亞運圍棋隊會合。但是距離預定的時間還有數天，我早訂了計畫，先到上海找弈園時代的徒弟陳燦遠。我與陳燦遠名為師徒，但年紀相差不大，實為朋友關係。我在創立《圍棋天地》時，他經營茶業，之後就到國外發展，最後落腳上海，從事廣告業。我與他多年未通信息，離開臺灣前好不容易得知他的聯絡電話，

此番有機會再見，心中不免有些許激動。

我搭乘巴士抵達上海，陳燦遠已在巴士站等我。當晚就在他家過夜，多年不見，正好促膝長談。從少年到白頭，棋界滄桑等等，我們有聊不完的話題。過去我們聚首，總要小酌兩杯。如今他還能浮白，我則因健康關係，漸離杯中物。我為他帶來的臺灣威士忌，只能任他獨酌了。

在上海盤桓兩天後，繼五年前的炎黃杯，我再度飛到北京，不過這次是為公事而來。在住宿飯店與亞運選手隊會合後，大夥步行前往數街之遙的「野狐圍棋道場」。這是一個大陸新秀職業棋士組成的研究會，由張學斌六段主持。北京的圍棋道場競爭相當激烈，野狐雖是後起者，但因其團隊對外戰績優異，很快就闖出名號。黑嘉嘉個人就曾專程前往受訓。亞運隊也因其訓練強度而來。亞運隊員與道場棋手，每日兩局，捉對廝殺。幾天下來，我隊成績稍遜於道場青年隊。這些棋手排名都在百名之外，有此戰力，令我對大陸職棋的厚度留下深刻印象。

## 南寧行

廣西南寧市是大陸與東南亞國家往來的門戶。十年前當地政府單位與廣西圍棋協會合作舉辦了「東協國際圍棋邀請賽」，每年在十月邀請東南亞及港臺棋手前往交流比賽。這個比賽後來還擴大，把象棋與橋牌也包括進來。中華棋協從第二屆起就派隊參加，不過將本賽定位為交流性質，又因每隊只有兩人，大致由祕書長搭配一位五六段業餘棋士前往。

這個為東南亞棋手舉辦的比賽，居然有美國隊參加。原來旅美曾任美國中華圍棋協會理事長的張南旋是廣西人，與廣西圍棋協會主席季桂明有交情，得到特別許可，組織美國

隊參賽。每年比賽時程將近時，張南旋自美返臺，除了到棋聖棋院與我及程清江等老朋友敘舊，還要拉傭兵組成所謂美國隊前往南寧。因志在觀光交流，傭兵棋力並不計較。他一組就是兩隊，隊員除了偶而有一位是旅美華人外，其餘都是棋聖的棋友。如此雜牌軍，主辦單位招待無誤，除了張南旋老鄉面子大，也是他對故鄉有許多回饋之故。

「棋聖」主持人程清江跟著美國隊參賽過幾次，與廣西棋會總教練白起一建立了友誼。白起一曾應邀到臺灣旅遊，棋聖棋院當然是必要拜會之地。我與他在棋院認識，相談甚歡。我早知南寧是棋風鼎盛之地。幾年前廣西圍棋會與海峰棋院曾有交流，我也接待過該會來訪代表。棋院櫥窗裡擺著一副晶瑩的雲子，就是他們所饋贈。如今再遇廣西來客，我想回訪雖遲，也該一行了。

106 年九月，「東盟圍棋賽」再臨，中華棋協理事會討論派遣選手事宜。理事們好像知道我的心思，決議派我為領隊兼選手，另一位選手是正在棋協服替代役[3] 的廖聖維業餘七段。由於此賽設有女子個人賽，另決議以正在海峰道場受訓的少女棋士白昕卉為選手。我長年在海峰棋院與中華棋協擔任要職，卻難得以領隊身分帶領選手出國比賽。到泰參加亞洲大學賽兩次，加上這一趟，總共不過三次。

我帶了兩位年輕選手，與張南旋以「棋聖」棋友為班底的美國隊員們同機到了南寧。抵達後，見到了自美飛來加入美國隊的一位老友高允茂（見〈美國棋緣〉二章），多年後又在異地重逢，自是欣喜萬分。

比賽地點在南寧市近郊一處名為「龍門水都」風景區的一家飯店內。開幕後見到了主持比賽的白起一，我把我剛出版的詰棋書《詰棋三昧》（見後章）送給他。會場有一位貴

賓，正是與聶衛平同代的名手劉小光。我與他是初會，但他的大名卻一點不陌生。多年前職業棋士陳國興到日本參加國際棋賽，遇上的對手就是劉小光。陳國興死纏棋風發功，逆轉勝了那局。這在當時可是大新聞，他也非常得意。後來兩岸棋手交流，劉小光希望跟他下，以求扳回面子。但陳國興說什麼也要掛免戰牌，為的是「保持勝利記錄」。我當然認為他是怕輸，免不了要虧他幾句。所以看到劉小光，我自然想起過去這段故事。我與他同桌，只有寒暄幾句，因為他有棋迷簇擁，大家歡喜聽他侃侃而談。我對他留下開朗健談的印象。

比賽開始。各國代表先依瑞士制混合對戰，決定個人賽名次。同國兩人積分加總決定團體名次。本賽選手實力並不平均。東南亞國家棋手較弱，但大陸本地、香港和泰國都有強手。瑞士制好處是強手會碰在一起，我勝了一局後碰到的對手都不弱。南寧地主棋士中有一人很強，我來之前有聽與他交手過的程清江提起。我和廖聖維碰到他都不敵，果然是棋高一著。賽程結束，廖聖維獲個人亞軍。我與他積分加起來則獲得了團體冠軍。下得最輕鬆的是白昕卉，她已是準職業棋士實力，得到冠軍毫無懸念。白起一教練看了棋後跟我說，她的等級不屬於這個比賽。我也覺得派出的選手是過強了，對主辦單位有點不好意思。

比賽有一段有趣插曲。張南旋身兼兩隊領隊，不用下場，因此到處看棋，一派悠閒。他發現參加女子賽選手個個年輕貌美，突發奇想，提議由參賽選手票選最美女棋士，居然也獲得主辦單位同意。有一位澳門女棋士，姿色姣好，張領隊甚為欣賞。美國隊也有一位臺灣美女選手李明璇。投票時我與美國隊選手們都懷疑張南旋會票投澳門。結果他是票

投自家人，我們因此稱讚他「重色不輕友」。李明璇在臺灣與美國隊等投票部隊加持下，獲得「美女棋士」頭銜。據說澳門美女很不服氣。

南寧有一夜市，聽說臺灣味甚濃，我特地帶兩位選手一遊。果真有不少攤位打著臺灣招牌，賣的也是臺灣常見的食物。見此情景，還真短暫忘卻是身處他鄉。

## AI 時代

圍棋有數千年的歷史，一直是人文的活動，但是到了二十一世紀，科技侵入圍棋，也改變了人類對圍棋的理解。

應昌期在多年前注意到電腦圍棋的發展，舉辦過幾屆電腦圍棋程式國際賽，鼓勵程式設計者發展電腦圍棋。當時的電腦圍棋程式還在原始階段，棋力很低，遠遠不是人類的對手。據說沈君山有一次跟電腦對弈，故意落子在 1-1 的位置，結果電腦立刻當機。當時電腦程式下象棋與西洋棋已能匹敵人類，唯獨圍棋尚未突破。有人認為這是圍棋變化遠比象棋或西洋棋複雜之故。也有人肯定地說，在可見的未來，電腦不可能勝過人腦。應昌期因此敢於放言，十年內若有人設計的電腦圍棋程式能勝他（約現業餘三段棋力），發給獎金一千萬。

應昌期沒有料到的是人工智慧（Artificial Intelligence, AI）的發展如此迅速，讓人類體驗到，自滿其實是無知。Google 旗下 Deep Mind 公司在 93 年開發 AlphaGo 軟體，開始時只有業餘棋士的水平，但是靠著所謂「深度學習」（Deep Learning），僅僅花了兩年的時間，就進步到可以拿世界第一高手試刀。

105 年三月中，獲得世界冠軍最多次的李世乭代表人

類與新一代的 AI 程式 AlphaGo 大戰五番棋，引起全世界注目。人機大戰結果如何成為街頭巷尾人人談論的話題，因為這不僅有關圍棋，也是人類文明發展的大事。

對戰雙方約定以一星期時間，不論比數，下滿五局。這是因為 Google 需要實戰數據做研究。賽前氣氛，棋界大都看好李世乭，連對 AI 素有研究的王銘琬也不例外。李世乭本人當然是信心滿滿，說出五局中輸一盤也可接受的話。

這場比賽也是科技界大事。長期關注 AI 發展的「趨勢科技」，在公司舉辦「Go! Go! 人機對弈解密派對」，邀請專家講解 AI 相關的發展。又從日本請到王銘琬，在棋局進行中直播講解，吸引許多棋界人士到場。

如此盛會我當然不會錯過。王銘琬登場時人機大戰已經下到第三局。前兩局李世乭連敗，震驚了圍棋界。我觀察到 AlphaGo 用很簡明的著手控制局勢，也下出幾著傳統棋法未見之棋，心中有許多疑問，正好可以聽聽一流棋士的看法。

這一局棋，AlphaGo 又在觀戰者嘆息聲中獲勝，人類終究在科技之前倒下。局中，AlphaGo 有一塊簡單可以殺掉的棋卻下錯。我聽了解說才明白，AlphaGo 是根據勝率，而不是絕對正確的計算來落子。所以看似下錯，並不影響結果。雖然是跟人類不同的思維，但以大局為依歸，正是最高的棋理。

李世乭在第四局扳回一城，最終是 1：4 告負。韓國棋院立刻頒給 AlphaGo 名譽九段。此戰過後，圍棋的 AI 時代宣告來臨。但大陸棋界仍有雜音，未給認同。不少人認為李世乭沒有發揮應有棋力，以致落敗。如果大陸第一高手柯潔上場，仍有勝望。我認為大陸高手是只懂圍棋，不懂科技進

展，才會有此看法。

105 年底，在棋界等待第二場人機大戰之時，韓國 Tygem 弈棋網站出現一個帳號 Magister 的棋士，三天之內連勝中韓一流職棋三十局，引起全球棋界猜測他的真實身分。過了元旦，Magister 改名 Master，轉戰「野狐」網站。中國頂尖棋士輪番上陣，全都折戟沉沙。幾日後 Master 完成六十連勝，Google 才出面承認 Master 就是 AlphaGo 的進階版，為了測試目的才化名上網打擂台。

Master 秋風掃落葉的六十盤棋立刻成為全球職業棋手研究的標的。臺灣職棋蕭正浩、林書陽、夏大銘三人將研究心得寫成《Master 的一手》（上下兩冊），出版後簽名送給我。我如獲至寶，反覆讀了好幾遍。AlphaGo 的棋法，有如天書現世，讓我們重新認識棋理，也大大改變傳統的行棋策略，可說是掀起一場圍棋革命。像開局前幾手就進三三的下法，過去幾乎是禁著，現在則在職業棋士間大行其道，連業餘棋士也競相模仿。又，從前學棋要上達，必須熟記「定石」，現在職業高手對局中，除了三三進角變化，舊有定石幾乎絕跡了。

AlphaGo 並非橫空出世，前無來者。AlphaGo 大出風頭之前，已有許多國家在研究電腦圍棋軟體。例如日本有 Zen，臺灣也有「趨勢科技」組織團隊研究「GoTrend」軟體，還聘請王銘琬擔任技術顧問。我的科技知識貧乏，但以海峰棋院院長身分，與臺灣的軟體研究也沾過一點邊。

國立臺南大學得到國科會贊助，資訊工程系李建興教授與法國一家大學合作，共同開發一套圍棋軟體。如同 GoTrend 的研發需要圍棋人協助，李教授與海峰棋院合作，由周俊勳等棋士，在研發過程中與軟體對局，提供修

正意見。臺南大學研發九路棋盤軟體，取名為「魔圍棋」（MoGo）。我也成試驗對象，與之對局數回。軟體功力逐漸增強，還取得中華棋協的三段證書。研究團隊也數度在海峰棋院舉辦成果發表會。MoGo 研究雖有進展，但 AlphaGo 更是大突破，直接以十九路圍棋戰勝人類。相形之下，MoGo 的成果顯得微不足道。研究團隊只能改弦易轍，告別圍棋。

AlphaGo 現世一年多後，王銘琬把他參與電腦軟體設計的經驗，以及對圍棋 AI 的理解寫成《迎接 AI 新時代——用圍棋理解人工智慧》一書。出版社特別舉行新書發表會，圍棋界與科技界許多重量人士蒞臨捧場。十年前王銘琬出版《新棋紀樂園》，也舉行發表會，記得海峰棋院有幫忙張羅。這一次我純粹來當觀眾。會後當然排隊購書，先睹為快。

當天下午我就把書讀完。王銘琬是圍棋人，對 AI 科技也有深入研究，令我佩服。我感覺 AI 展現的棋法與王銘琬在《新棋紀樂園》中介紹的「空壓法」若合符節。後來王銘琬接受媒體訪問，表示兩者都是追求概率的思維，證實我的想法。

新書發表會當晚，臺灣棋院董事長翁明顯邀請林海峰與王銘琬到他陽明山開設的餐廳用餐。我也沾光當陪客。除了美食，還喝到翁董窖藏的高級紅酒。不過大家用餐時，王銘琬卻在另一個房間，忙著為已經售出的上百本新書簽名。

與李世乭大戰後一年多，AlphaGo 與世界第一柯潔的對決終於在千呼萬喚中登場。這次柯潔面對的是強化版的 AlphaGo，也就是更可怕的對手。賽前氣氛與前次大不相同，很少人看好柯潔，甚至有勸退的聲音。果然柯潔即使豁

盡全力，也是毫無懸念的零比三敗陣。比賽結束後，中國圍棋協會授予 AlphaGo 職業圍棋九段的稱號。我認為這就有點畫蛇添足了。AlphaGo 的棋力何止九段，它也不需任何人類的榮銜。

李世乭在敗於 AlphaGo 後，宣布退休。他的理由是「即使登上世界第一，也有無法擊敗的對象。」柯潔與 AlphaGo 最後一局，在 AlphaGo 下出令他絕望的一手棋後，離開比賽室，躲在角落哭了起來。我認為兩位頂尖高手的反應都不足為訓。如果他們對科技發展有點了解，當知人類不論是體能或智能都有其極限，終究不是機械敵手。人與機械競爭，目的不在勝過機械，而是發現自己的極限。所以把機械當作必欲擊敗的對手，豈非無知？輸給機械，又何傷心之有？希臘 Delphi 阿波羅神廟的後門上刻有一句「汝當了解自己極限」（know thy limits）之警語，正是要人類面對神力時展現謙卑。AI 雖不是神，但值得我們謙卑面對。

AlphaGo 在沒有人類對手後，其創造者哈薩比斯（Demis Hassabis）宣布 AlphaGo 退役。之後各國都加快開發 AI 圍棋軟體。大陸有「絕藝」，日本有「DeepZenGo」，實力都直追 AlphaGo。AI 圍棋國際賽也開始舉行。軟體對戰，人類變成觀眾。

AI 圍棋的發展也改變圍棋教育的型態。過去我們想學得高深棋藝需拜訪名師，現在有 AI 圍棋軟體可以下載，太上名師隨時在側，而且不收費。我就見到一位認真的棋友，以平板電腦記錄自己對局，再逐手請 AI 分析得失。我想我年輕時若有此利器助學，或許會成為職業棋士。

各國發展出的最強 AI 也成為訓練頂尖棋手的祕密武器。臺灣棋手無法借用「絕藝」或「DeepZenGo」，只能

依賴本土發展的軟體。交通大學有一CGI實驗室（Computer Games and Intelligence Lab），專門研發遊戲 AI。林文伯透過「培生文教基金會」（海峰棋院）捐助六百萬給研究團隊，發展 CGI 圍棋程式。同時讓「CGI」與精銳隊做訓練對局，CGI 也藉由對局調整及修改程式。「CGI」在 106 年參加首屆「世界智能圍棋賽」，擊敗大陸「絕藝」，僅負於日本「DeepZenGo」而獲得亞軍。臺灣棋手近年實力提升，「CGI」協助訓練，功不可沒。

曾經有朋友問，AI 出現後，下圍棋的人口是否會減少。這需要實際的調查，才能正確地回答。王立誠告訴我，有 AI 後日本的將棋人口並未減少，反而有增加趨勢。我想圍棋情勢大抵相同。下棋的樂趣本來是有人際互動的因素，現在多了一個人與機器的互動，樂趣應是增多了。人們不致以下不過機器為理由而停止下棋吧。

因為 AI 的因素，圍棋比賽的公平性受到挑戰，像韓國就有一位年輕的職業棋手在比賽中利用 AI 作弊，受到處罰。為防止棋手在比賽中取得 AI 資訊，職業圍棋比賽都被迫採取應對措施，像比賽時間不能太長，避免為了用餐而中途休戰，進入賽場前選手都要交出手機集中看管等等。這就是 AI 帶來的不便了。

## 注解

1. 日本「圍棋五得」：得好友，得人和，得教訓，得心悟，得天壽。

2. 據媒體報導，王立誠至金庸家作客，金庸好棋，因而提出拜師要求。他請王立誠坐太師椅，然後恭敬鞠三大躬，行拜師禮。我與王熟識，卻不曾求證此事。

3. 自 93 年三月起，職業棋士或業餘高段棋士可服文化替代役，服役地點在中華棋協樂利路辦公室。棋協會務因此多了不少人手幫忙。

第十五章　退與休

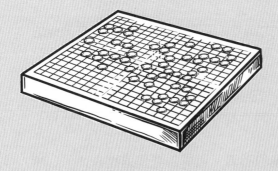

民國 105 年時，我已年近古稀。屈指一算，海峰棋院已成立十八年，中華棋協則是二十八年。這兩個機構，從誕生之日起，我就一路相隨，從壯年到花甲，不覺漫長。直到華髮漸生，我理解到縱然白首之心不移，已是退休交棒時刻。

## 棋院退休

我向林文伯表示，大學退休後，承他不棄，得以繼續貢獻棋界，然而時光荏苒，就如棋士之有世代交替，我等第一代工作人員也應交班了。林董在棋界與我同梯，我想對於老之將至，也有同樣體會，工作人員退休及接班問題必有打算。但我除了表示個人心態上已有準備，隨時可退外，也有點多事地向他推薦院長一職的接任人選。

我中意的是林董的兒媳林芳美。她懂圍棋，擔任過日本電視圍棋節目主持人，對於臺灣棋界雖然不熟悉，但稍加時日必可上手。不過這只是我一廂情願的想法。林董跟我解釋，芳美因先生工作關係，長居日本，又要帶小孩，並不方便擔任棋院的工作。

106 年四月我正式從海峰棋院退休。在棋院擔任教練的陳永安也同日引退。如此安排代表棋院工作者進行了世代交替。林文伯並未立即指定院長繼任人。這是因為棋院成立已有一段時間，規制與業務都已上軌道，院長懸缺影響不大。我想他已有腹案，但實行時機尚未成熟。他不公布，我自不便問。

有人問我退休後的心情。我認為我是退而未休，心境上其實沒有太大轉變。我卸下的是領薪的職務，但與海峰棋院的情緣並未退轉。我仍然是棋院的義工，繼續關注它的發

展，也隨時聽候召喚。棋院創立時我就是擔任義工，這算是不忘初衷。以棋為喻，我現在不是局中人，比較像是一位觀棋者，注視棋局，但關心而非縈心。清朝文士錢謙益有一首觀棋詩，或許可以借用來描述我的心情：「當局休論下子遲，爭先一著有人知。由來國手超然處，正在推枰斂手時。」

兩年後，林海峰國手公子林敏浩出任海峰棋院院長。他是圍棋高段，家學淵源，為人謙和，善於溝通，與林文伯董事長又是親家，擔任此職再適合不過。我退休前有想到他，只是他當時在矽品公司工作，前途有為，不便驚擾。我想他就是林董事長的口袋人選。或許是林董即將自矽品退休，他一同進退，改變了生涯規劃，當然也一定得到林海峰國手的支持。

## 著作

旅行者以遊記記錄其跋山涉水，弈者以棋譜記錄其殫精竭智。我漫遊棋道多年，也思考著如何錄下軌跡。然而我的棋不登大雅之堂，縱然有棋譜留下，只合自己欣賞，不宜與人分享。退而求其次，我想到曾經醉心於詰棋創作，何不集結出版，或有傳世價值，最起碼也為個人圍棋生涯留個紀念。

### 《詰棋三昧》

我自從創立中華棋協後，很少參加比賽，倒是花了不少時間研究詰棋，後來也開始創作，題目刊登在《棋道》雜誌上。二十多年下來累積大約五百道題目，其中難度較高的一些題目，我自認創意或趣味性都不錯，因決定挑選出一百

題，成書出版。

　　我首先想到的出版者是專門出版圍棋書籍的理藝出版社。但是理藝自從老闆林聰源教授幾年前意外身亡後，已不再有新書出版。因此我約了秦世敏，一同到新竹拜訪林教授的未亡人曾蘭英女士，除了探詢我書出版機會，也了解一下出版社動向。曾女士表示，林教授離開後，理藝已無動能，不再出版任何書籍，現在工作只是出清舊書。這番話令我黯然。過去二十年，多少人是因為理藝的書成為愛棋者。推行圍棋，理藝厥功至偉，如今不再運作，真是棋界一大損失。

　　理藝不出書，我想一般的出版社也不會有興趣，不如委由《棋道》雜誌社處理。我不想讓雜誌社出資，因為我知道發行後一定虧本，就由個人負擔包括編輯與印刷的所有費用。由於雜誌社沒有好的行銷管道，我也決定自己來做。104 年，這本名為《詰棋三昧》的詰棋書出版了。出版前我請周俊勳幫我把所有題目看了一遍，也發現了一些錯誤，及時改正。

　　這本書的內容自然是不能與詰棋名家的作品相比，但我仍然相當自豪，因為它代表了我，雖然只是一個業餘棋士，也曾用心鑽研究棋道。書名「三昧」也是想表達這個意思。一個人能夠專心致志，完全投入某一事物之中，不生其他意念，這正是佛家所謂三昧的境界。另外，這是臺灣棋史第一本個人創作的詰棋書，或許值得吹噓。

　　不過，這本書雖是承先，能否啟後就有疑問了。網路時代興起，網路上有數不盡，分不清是抄襲還是自創的詰棋題可供取用，詰棋書因此不再流行了。過去我有機會到日本，總是會到書店買幾本詰棋書回來，此情此景恐成明日黃花。就在此書出版不久，海峰棋院幹事，也是幫我設計封面的

康軒豪告訴我，大陸「101圍棋網」已將全書翻印，置於網上。對於如此露骨侵犯智慧財產權的行為，我除了生氣，只能徒呼負負。

《詰棋三昧》印行了三千本，只在圍棋圈內販售。好友秦世敏等利用比賽活動時幫忙推銷，不少棋友一次購買十本或二十本，我個人也送書做公關，所以幾年下來，庫存去化相當迅速。出書之後，我仍繼續創作詰棋，也肖想出第二本，只是時不我予了。

### 《無心：圍棋與佛教》

我在構思詰棋書名時信手拈來「三昧」這個佛家語，其來有自。當時我對佛教與圍棋的關係產生了興趣，正展開研究，因而腦中存著不少佛教語彙。而我的研究心得一點一滴地累積起來，促成了我第二本圍棋書──《無心：圍棋與佛教》的出版。

我會對佛教與圍棋這個題目有興趣，說來有一些因緣。我在偶然機會讀到一篇宋代禪師法遠的〈因棋說法〉。禪師以圍棋棋理比喻佛法，引起我的注意。但文章除了古文艱澀，論理部分也多隱晦，我無法清楚理解。好奇心驅使下，我開始到圖書館或上網找資料。但我發現相關資料很少，關於此文的解釋，只見斷章取義，不見全貌，有些甚至是謬妄無稽。我因此決定，發揮學術研究的精神，將全文真義明白呈現。半年後我寫成〈解讀法遠禪師之「因棋說法」〉一文。為了確定水準，特地向佛光山《人間佛教》投稿。這是一本有審稿制度的佛學期刊，將我論文登出來，還附上稿費，讓我對自己的研究有了信心。我開始從歷史與理論的角度多方探討佛教與圍棋的關係。

佛光大學在 104 年成立「圍棋發展中心」，正式將圍棋列入學校發展重點。一般人對於一家具有佛教背景的大學推展圍棋或許覺得有點異樣，因為圍棋是遊戲之屬，與正經危坐的佛法修行似乎有所扞格。佛光推展圍棋與它想要發展成書院型大學的計畫有關。琴棋書畫是傳統的文人「四藝」，因此圍棋成為學校希望學生培養的素養之一。其實，從歷史角度來看，佛教與圍棋本有密切關係，佛光大學推行圍棋正合本分，只是主事者或許不了解其中緣由。圍棋發展中心成立之初，我受聘為顧問，正想對校方有所貢獻，就決定寫一本書，把圍棋與佛教的淵源做個論述。

佛光大學是佛光山星雲大師所創立的。「佛光山文教基金會」推展「三好」理念（做好事、說好話、存好心）入校園，正好佛光大學在大安國中舉辦學生圍棋比賽，請基金會支援，也邀請主事法師（忘其法號）到會場。我以來賓身分參加開幕典禮，得到機會與法師閒聊圍棋。我提到佛教與圍棋的密切關係，法師覺得這個訊息值得向佛門傳播。我因而受邀到佛光山，以「佛教與圍棋的因緣」為題，向僧人及信眾做了一場演講。演講內容後來演繹成為《無心》的第一章。

我在海峰棋院即將退休前動筆，退休後又花了一年多，終於完書。這過程感覺像是在寫一本博士論文。書是寫成了，但如何出版還真是大問題。對於探討佛法的書，相信有興趣者不在少數，但加入圍棋就變成冷門了。所以在紙本書逐漸沒落的時代，我這本書大概沒有出版商有興趣出版。我認為此書論述屬於文化研究的範疇，希望不懂圍棋而對文化史有興趣者也能閱讀，不想只在圍棋圈流傳，因而排斥了比照《詰棋三昧》，由棋界出版的模式。佛大許偉庭介紹一家出版平台給我。同樣是經營出版業務，這種所謂平台與

傳統出版社不同之處在幫作者出書，也負責行銷，但所有費用要由作者自付。我接受了這種出版方式。107 年十一月，《無心：圍棋與佛教》出版。以無心一詞作主標題乃是因為無心是最高佛法，而林海峰國手在摺扇上的題字也是無心，所以無心是佛法，也是棋道。這本書的寫作，有佛光大學的因緣，所以我敦請楊朝祥校長寫序。

這是一本學術性的書，我當然預期不會有很多讀者。自費出版，成本也一定收不回來，勢必破財，但出版後看見書在誠品或金石堂等書店陳列，網路上也可購得，不免有一絲成就感。圍棋與佛教這兩種文化的相互激盪，據我所知，過去探討者不多。我因緣際會，能夠利用本身的學術背景，在這方面做出一點貢獻，算是多年推行圍棋的額外收穫。

## 炎黃杯來臺

「炎黃杯華人圍棋邀請賽」是沈君山、林海峰、聶衛平與金庸四人發起的，起初是在大陸各地舉行。後來泰國圍棋會會長蔡緒鋒組成「世界華人圍棋聯合會」（世華會），接手舉辦，並把比賽帶到大陸之外，像泰國、德國等。他與中華棋協友好，臺灣自然成為優選地點，前後舉行兩次。一次在民國百年（第十三屆），另一次在我自海峰棋院退休後的107 年（第二十屆）。過去炎黃杯在大陸比賽，我曾兩次前往參加，屬於私人行程，來臺這兩次則是出公務，協助辦好比賽。

### 圓山

炎黃杯來臺，地主是中華棋協。但是棋協需要外界贊助，才有經費主辦。百年那屆，棋協向海峰棋院求援。林文

伯很大方，以個人名義承擔所有經費。比賽於十二月假圓山大飯店揭幕，蔡緒峰是大會主席，臺灣棋院翁明顯、林海峰、聶衛平以及中國棋院院長王汝南等是座上貴賓。林海峰與聶衛平還特別對局（五十手打掛）為大會暖場。

我雖然不是第一線工作人員，但須關注比賽及相關活動，本來不便參加比賽，卻一時手癢，也臨時報了名。不過心有旁騖，總是下不出好棋，加上本土許多好手參賽，我這兩屆冠軍在自家遭遇滑鐵盧，早早失敗收場。

比賽主辦者蔡緒峰與林文伯，加上貴賓翁明顯，三人不但是圍棋組織龍頭，也都是大企業主。他們都曾公開表示從圍棋體悟了經營企業的理念。利用三人齊聚一堂的機會，大會特別舉辦了一場論壇，主題就是「圍棋與企業經營」，邀請他們交流彼此心得。三位都是成功企業家，一起現身說法，等於是為學習企業管理者上了寶貴的一課，可惜到場聽講者不多，而且大多是棋友。

我對林文伯的圍棋經營觀念，例如「在優勢地方作戰」、「雙贏」等，相當熟悉。對於翁明顯也不陌生。蔡緒峰的理念則是第一次領教，卻也留下深刻印象。他的企業在泰國經營 7-Eleven 連鎖店。他說，為了讓個人經營的傳統小雜貨店也能維持經營，公司刻意稍微提高商品的售價，以方便性和服務品質來吸引客人。這種區隔市場，不求消滅競爭對手的策略，與林文伯的「雙贏」理念不謀而合。林文伯在擴張企業版圖時，不會使用購併的手段，反而是與對手交叉持股，尋求合作契機。這正是呼應「下圍棋不一定要吃掉對方才可獲勝」的觀念。深明棋理的企業家與一般商人自是有不同的胸襟。

王汝南是圍棋工作者，不是企業家，但大陸圍棋近數

十年的發展，大家都有興趣了解，所以也受邀在論壇分享他的見證。這是一場有意義的棋界高峰論壇，可惜事前未有宣傳，聽講者不多，我有幸是其中之一。

## 佛光山

七年後，炎黃杯再度落腳臺灣。中華棋協依然是地主，不過換了合夥人，地點也因此由北而南，換了山頭。

棋協的新夥伴是佛光大學。佛光大學自成立圍棋發展中心後，積極舉辦各種圍棋推廣活動。兩年前（105年），佛光大學舉辦「亞洲大學圍棋邀請賽」，世華會會長蔡緒峰率領泰國隊來臺比賽，賽後特地前往高雄佛光山拜會星雲大師。大師會下圍棋，肯定圍棋的益處，讓蔡會長有了在佛光山舉辦賽事的構想。炎黃杯來臺，佛光大學有意承辦，地點就順理成章敲定在佛光山了，佛光山方面也答應全力支援，辦好比賽。

佛光山是佛教團體，願意加入推廣圍棋行列，自有其因緣。星雲大師提倡「人間佛教」，主張佛法在人間，所以佛光山積極參與社會活動，入世弘法。圍棋是優良文教活動，自然會得到認可和支持。我個人認為圍棋棋理蘊含佛法，在《無心》一書中有專章討論。弈者思索棋理，經過潛移默化，對於佛法也會有所體悟。日本職業棋士在摺扇上的題字多屬佛法語彙，可以為證。林海峰不是佛教徒，他在個人摺扇上所提「平常心」、「無心」等卻都是佛語。由此可知，佛光大學與佛光山推展圍棋，也有弘法的意義。

兩年前我到佛光山演講，曾拜會住持慈惠法師，向他提到，如果藉助宗教力量，圍棋更能推廣。炎黃杯開幕前，我與劉儷琳、秦世敏等棋協人員到佛光山勘察會場，再度謁

見住持法師。我贈予剛出版的著作，法師注意到《無心》這個標題。我告以無心不但是佛法，也是最高棋理。法師也告知，佛光山計畫在全省道場開設圍棋教室，鼓勵信眾學習。

107年十一月，炎黃杯開幕式於佛光山藏經樓法寶堂舉行。這不是圍棋比賽在佛門舉行的第一遭。臺中清水紫雲巖在四十多年前就舉辦「觀音杯」圍棋賽，開風氣之先，香火延續至今。淡水緣道觀音廟舉辦「佛乘杯圍棋賽」，也歷經十屆。佛光山信眾廣布，而今加入印可圍棋行列，對於推展圍棋更有影響力。

個人研究發現，圍棋自唐朝後就與佛教文化結合，佛門中除了梵音，更可聽見棋聲。棋史中一些重要事蹟也曾發生於寺廟中。舉例言之，北宋時代，國手劉仲甫與南方新秀祝不疑就是在汴京最大佛寺──相國寺舉行了一場世代交替的對弈。所以在佛門對弈正是古風再現。過去海峰棋院舉辦「棋王賽」時，我曾想安排決賽第二局到佛光山，但因事未能成功。試想兩位絕世高手在幽靜的禪房中對弈，棋聲與梵音交融，落子瞬間，證棋道也證禪心，這是何等境界，我希望有目睹的一天。

參與炎黃杯的海外華人，除了大陸，有來自東南亞，更有遠自南非的。比較特殊的是有六位僧人來自杭州靈隱寺。參與者較以往多樣，我想是被是佛光山的勝景所吸引。選手及來賓在開幕式時都拿到一份特殊的紀念品──我的著作《無心》。我這本書討論圍棋與佛教的因緣，正好可用來凸顯這場比賽在佛門舉辦的意義。主辦單位認購了一百本，不足的幾十本就由我捐贈。

這回我雖未參加比賽，但比賽期間都留駐高雄。選手們白天在佛光山比賽，晚上則住宿於高雄市區的漢來飯店。

我與選手們行動一致，白天在佛光山，或看棋，或與棋友聊天，晚上則在高雄找教書時期的朋友敘舊。大陸棋友中，北京大學的何香濤教授屬舊識。當時臺灣正在辦縣市長選舉，何教授及一干大陸棋友對於臺灣的民主選舉與高雄市長候選人韓國瑜很感興趣，特別在晚上到造勢場所體驗選情。我與他們聊天時因此多了話題。我也聽說他們對電視政論節目有興趣，有人還徹夜不眠地觀聽重播。

三天後，炎黃杯在佛陀紀念館的佛光樓舉行閉幕典禮。當時我還在探訊下一屆的地點，未料不久就傳出消息，炎黃杯從此停辦了。經過二十年，參與者熱忱逐漸消退是停辦主因。這場最後的比賽選在佛門聖地舉行，回想起來，還真有緣起又緣滅的感覺。

## 女子最強賽

海峰棋院自成立後就舉辦女子圍棋賽，十多年後臺灣女子圍棋人口顯著提升，職棋行列也有女棋士加入。棋院開始推展職棋，舉辦職業賽後，女子領域自然也不能忽略。104年中，林文伯董事長要我規劃一個專為女子棋士舉辦的職業棋賽。我首先考慮的是比賽名稱。目前棋界最高榮銜是「棋王」，女子最強者卻不宜稱為「棋后」，因此我建議直接以「女子最強」作為比賽名稱。其次是比賽規模問題。現時國內只有八名職業女子棋士，全部動員也略嫌冷清，因此林董事長決定從全國女子賽中挑選業餘好手，加上邀請旅日女子職棋，一共十六人參加比賽。

旅日女子棋士中，謝依旻是女子頭銜的三冠王，日本棋院不會輕易允她出賽。另一位王景怡是王立誠女兒，最近剛獲得一項女子棋賽冠軍，正好應邀來臺參賽。

八月，第一屆「女子圍棋最強賽」在海峰棋院亮麗登場。用亮麗來形容，一點不為過。這個比賽，除了圍棋競技，我們還精心加以包裝，大做宣傳。女性下圍棋，特別顯現圍棋幽與靜的內涵，自有一種特殊的魅力。我從前在中華棋協推廣女子圍棋時就已注意到，還辦了一場穿著古裝的比賽（見〈中華棋協〉章）。這一次我們特別請公關公司規劃，與一家本土服裝品牌 Lamofirefly 合作，為參賽棋士做造型，設計專屬比賽服裝。賽前我們也特地舉行記者會，棋士們穿上美麗「戰服」出席，宛如走秀。據說女棋士定裝照貼上臉書後，引來粉絲瘋狂轉載。《聯合報》也報導我在記者會說「女棋士們之前是美麗，做造型後是特別美麗。」開賽後過程由網路轉播，觀看者及討論度都超越了其他比賽。

　　我個人也錦上添花，撰寫了一篇名為〈從詩詞中看見古代女子弈棋之美〉的文章，在《棋道》發表。因為文長，還分兩期刊出。刊完後雜誌就停刊了，我因此向秦世敏發行人戲稱這是「壓卷之作」。總之，海峰棋院利用這場比賽為圍棋做了成功的宣傳。不過，這背後投下的心力，外人是無法體會的。

　　女棋士中最吸睛的無疑是黑嘉嘉。黑嘉嘉六歲開始學圍棋，十歲左右就獲得段位而參加「全國女子賽」。那一屆比賽，棋院祕書楊寶甘引我注意到一位超級漂亮的混血女孩，正是黑嘉嘉。她的父親是澳洲人，在美國工作，媽媽黑南蘋帶她在臺灣拜師學棋。後來她離臺赴美，透過網路向中國棋手學習，棋力大進。95 年十二歲時就獲得女子賽高段組冠軍。過了兩年，她在大陸取得職業初段資格。三年後也成為臺灣棋院職業棋士。

　　黑嘉嘉不僅容貌出眾，棋力也是第一。女子棋界本來以

張凱馨最強，但不久就被黑嘉嘉追上。女子最強賽採雙敗淘汰制。張凱馨與黑嘉嘉兩次對決，後者連勝，毫無懸念地獲得冠軍。黑嘉嘉成為女棋天后，但一路栽培他的黑媽媽卻於一年前因病過世，未能親眼目睹。黑嘉嘉於 93 年首次參加全國女子賽，第二年卻因前往西班牙參加應昌期基金會舉辦的「世界青少年圍棋賽」，女子賽與之撞期，不得不放棄參加。為此，黑媽媽還寫了一封信到海峰棋院，訊問女子賽是否有改期可能。明知希望渺茫，仍然提筆一試，可見黑媽媽為子女打點，不願放過絲毫機會之心情。

　　從第一屆到第五屆，黑嘉嘉獲得四次冠軍，名符其實臺灣女子最強。她也是唯一能在國際賽取得優勝名次的棋手。不過幾屆比賽下來，新秀如楊子萱、俞俐均等也逐漸出頭，這是海峰棋院主辦比賽最大的收穫。黑嘉嘉於第二屆和第三屆都曾被新秀打入敗部。第四屆俞俐均脫穎而出，成為新冠軍。但黑嘉嘉在次年奪回頭銜，阻止了世代交替。另外值得一提的是王景怡連續五屆參賽，第五屆時日籍棋士知念香也來臺一試身手。知念香是旅日棋士楊嘉源妻子，曾經獲得「女子本因坊」頭銜，主辦單位邀請她，除了視她為自己人，也有藉兩位日本職棋測試臺灣女職水平的意思。這兩位棋士都無法打入決賽，令我一時覺得臺灣女職水平已有希望追上日本。不過近兩年日本女職出現藤澤里菜與上野愛咲美兩位超級新秀，不但扳倒謝依旻，也有戰勝一流男棋手實力。相形之下，我方新生代棋手的成長就稍顯不足了。

　　在我任職期間，海峰棋院主辦的所有職業比賽都請許博允設計藝術獎杯，女子最強賽也不例外。當我再次提出要求，他很爽快答應要設計出一個與比賽相配的優雅獎杯。他也問我有什麼想法。我靈機一動，建議以鳳凰形象做造型。

過了幾天，他就傳給我一份電腦繪圖的設計稿，獎杯主體正是一隻以琉璃打造，線條柔美的鳳凰形象。金黃色澤的琉璃，經過光線照射，熠熠生輝，有如一隻鳳凰沐浴在晨曦裡。我覺得這設計不論美感或象徵都是上乘，可說是許大師獎杯設計之極品。

這座琉璃獎杯照例交由棋友許國裕的公司製作。製作琉璃，先要請雕塑師為設計原型作模，然後再加入琉璃原料燒製。許國裕介紹了一位師父，先用黏土作模，但是他的成品，許博允不滿意。雙方多次溝通，作品也一再修改。這過程我大部分都有參與，也試著提供意見。這個獎杯之設計，顯然是因為藝術成分高，一般工匠，雖然按圖製作，卻無法表現其神髓。折騰了一段時間後，獎杯製作進入燒製階段，卻已錯過比賽頒獎時間。因此黑嘉嘉領到的冠軍獎杯屬於市面上常見的那種，這是第一屆女子最強賽美中不足之處。

鳳凰獎杯於第二屆比賽時現世。不過許博允和我對於成品都不滿意。鳳凰的造型與原先設計有所出入，琉璃的色澤也顯得暗沉。整體而言，少了一份神鳥應有的靈氣。我倆對製作人許國裕雖有微詞，但也明白這牽涉到工藝技術問題，無法苛責。因為他的琉璃公司以製作大眾化的擺飾品為主，功力屬低階，不足以製作藝術品。但是既已開模製作，我們也不便廢棄，讓他蒙受財務損失，所以這件不太完美的獎杯頒發了三屆。許博允不甘心他的作品受限於製作技術而無法完美呈現，但他也明瞭需要有「琉璃工房」等級的技術才有成功的希望。問題在高手製作的代價很高，海峰棋院過去為職業棋賽製作獎杯的預算已是一般的十倍，自然不可能再增加。

第五屆女子最強賽即將舉辦前（109 年），棋院告知

我：「琉璃工房」決定協助許博允製作新獎杯，而且是贊助性質，除了材料費，不收其他費用。這真是天大的驚喜。我主張的獎杯藝術化理想，居然在我退休後，更上層樓，獲得國際級藝術家的協助。所以當棋院希望我陪同林敏浩院長、楊寶甘祕書與許博允，前往「琉璃工房」辦公室向創辦人張毅與楊惠珊夫婦致謝時，我欣然應允。

最強賽開賽前幾天，新獎杯製作完成，送達棋院。我迫不及待前往一睹。這一座獎杯，氣勢與舊作完全不同，流暢的線條勾勒出鳳凰莊嚴而優雅的姿態，澄黃的琉璃色澤在光線中閃動，透露出一股靜謐與神祕的氣氛，果然是名家手筆。張毅與楊惠珊是我心儀的琉璃名家，但他們與圍棋界並無淵源，此番義氣相助，我知道是許博允促成。他向我敘述了這段機緣。

許博允與張毅、楊惠珊夫婦相識多年。張毅因病住院，許博允打電話去關切。閒談中提到了他為女子賽設計獎杯所遭遇到的技術瓶頸。張毅看到設計圖後，很喜歡，答應義務幫忙。於是由楊惠珊巧手雕模，三人再經過多次討論，就作品的著色、尺寸、細部修整等定案，最後署名三人共同設計。

圍棋與藝術結合，在我離開棋院後，仍有幸目睹，甚感欣慰。三位大師自然也成為頒獎典禮之貴賓。第五屆比賽，冠軍獎金已從二十萬加倍為四十萬，不過我認為冠軍得主黑嘉嘉獲得的最大獎不是獎金而是獎杯。這是一件特殊的名家珍品，珍藏之，假以時日，價值可能會超過獎金。

女子最強賽過後未久，卻傳來張毅大師因病辭世的消息。我和林敏浩、周俊勳三人代表海峰棋院參加了追思會。據許博允說，鳳凰獎杯是張毅生前最後參與的藝術作品。

許博允是位音樂家，兼具設計才能，因為也是棋友，成為海峰棋院的藝術義工。前前後後，他為棋院設計了四座獎杯。臺灣棋院見賢思齊，也請他為「天元賽」設計了一個琉璃獎杯。其實我認為他可為棋界做出更大貢獻，那就是回歸本業，以他的作曲才能，創作一部圍棋音樂。唐代貫休和尚曾說「棋信無聲樂」，指出圍棋是無聲的音樂。我想如果能以音樂將圍棋「深奧幽玄」的境界表現出來，讓即使不懂圍棋者也能心領神會，豈不妙哉。當然，要能譜出這樣的樂曲，作者除了音樂造詣要深，也需是棋道中人。許大師正是理想人選。不過這只是我一廂情願的不情之請，大師迄今未鬆口答應。

## 棋協三十週年

我自海峰棋院退休後與棋界仍然保持聯繫，不時到海峰棋院或棋協辦公室走動。這兩處距離我居處都不到兩百公尺，離家散步就會經過。我想老天早已安排好，我與圍棋結緣注定是一輩子的事，想要斬斷都很困難。我在海峰棋院現在算是客卿身分，棋賽有開幕或頒獎典禮都會受邀參加。棋協這邊，因為有副理事長職位，則多了一份參與感。理監事會或會員大會，我都不會缺席，不過實務方面大致也是動口不動手。

107 年初一次理監事會中，祕書長秦世敏提案：棋協成立將屆三十週年，是否要辦慶祝活動。我驚覺日月如梭，棋協二十週年時在徐州路臺大國際會議中心辦了慶祝會，記憶猶新，如今大日子又來，十年光陰還真是彈指即過。現任理事長林晉章正是三十年前創會的理事長，由他來主持週年慶，還真別有意味。

十一月，中華棋協在福華飯店舉辦了一場懷舊味道相當濃厚的三十週年慶。歷任理事長以及長期支持棋協的許多棋友應邀出席。遺憾的是前理事長沈君山已於九月過世，再也不見他吹噓戰績的風采。大會特別頒發感謝狀給三十年前參與創會的人士：王祖鵬、陳富陌、許饒和、陳萬生，當然也包括我。這一紙感謝狀我覺得比七段證書還珍貴，因為段位證書只代表個人成就，感謝狀則是認可我對棋界的貢獻，我更為在意。

　　林晉章回任理事長四年期間發揮議事長才，各種會議在他帶領下，展現高效率，與會者就事論事，總是很快達成共識，氣氛相當和諧。不過也有一次會議，因為意見不同，導致一位常務理事宣布辭職。這事件因為牽涉到棋運發展的認知問題，值得一敘。

　　業餘高手詹宜典在 103 年參加「世界業餘圍棋賽」，為臺灣拿下三十五年來首冠。四年後，再度奪冠。這是可載之史冊的豐功偉績。棋協副理事長劉儷琳在選手回臺時，特別安排機場接機，又舉行記者招待會，予以表揚。我想就業餘棋手而言，這是至高的榮耀了。不過常務理事蘇治灝認為棋協應該頒發十萬元獎金，以資鼓勵。這項提案在理事會中引發熱烈討論。

　　我對此案持反對意見。首先，棋協並無編列獎金預算，何況十萬不是小數目。其次，也是我認為很重要的觀念，即詹宜典是業餘棋士，不宜比照職業棋士，領取獎金。強調這個觀念是為了維持職業與業餘棋士的分野。眾所周知，職業棋士以領取獎金為生，如果業餘棋士也有此特權，職業制度的權威是否會受到侵蝕，進而影響其發展？這是我站在全面推行圍棋（職業＋業餘）的立場所關心的問題。所

以，我主張對於詹宜典的獎勵應是給予榮譽，而非獎金。像會中有人建議棋協發函至棋手原籍地彰化縣政府，請給予表揚，我就表示贊成。

常務理事們討論過後，以表決否定了獎金案。蘇治灝認為這結果難以接受，於會後來函，表示辭去常務理事一職。林理事長一向以和為貴，不願見會中有此嫌隙，就與劉副理事長以私人名義，共同捐出十萬元，於後來彰化縣政府的表揚會中頒給詹宜典。

我因此一事件重新思考職業與業餘棋士的分際問題。日本人對於職業與業餘棋士的劃分相當清楚，像對職業棋士特別禮遇、業餘棋賽不頒獎金等可以為證。我的觀念顯然是受到他們的影響。記得有一次到日本，與王立誠到日本棋院附近的拉麵店吃麵，之後又到咖啡店閒聊。我發現兩家店主都認識王立誠是職業棋士，以老師之禮招待，這正是日本職棋成功之處，我心嚮往之。海峰棋院舉辦開幕或頒獎典禮時，主持人對職業棋士，不論年紀，一律以老師稱呼，也是師法日本。

不過，時至今日，我也發現情勢已然有變。在體育界，職業與業餘的界線似乎已逐漸模糊。例如過去只有業餘選手才能參加的奧運籃球賽，現在連 NBA 球星都下場飆分。影響所及，韓國的國際職業棋賽也開放讓業餘棋手報名。海峰棋院與時俱進，新近舉辦的「名人冠軍賽」也邀請業餘好手參加。有此改變，主因是主辦者希望擴大參與面，不論職業或業餘，大家憑本事爭勝。另外一項重大轉變與對局費有關。過去職業棋賽，只要參賽，不論輸贏，都有對局費可領。現在的比賽多改成初賽階段無對局費，選手要能進入複賽才開始有收入。這是因為職業棋士人數不斷增多，經

費不足分配，比賽初期只能採取強者生存的叢林法則。初賽時大家都沒有對局費，等於職業棋士未受到保障，再強調職業與業餘的分別就顯得沒有意義。由此觀之，棋界的生態已經改變，過去所謂職業與業餘的分際，關心棋運發展者自當重新加以審視。

## 企業援軍

圍棋要有大發展，企業界的支持不可或缺。衡諸臺灣圍棋發展史，由於企業家的大力奉獻，前有應昌期，後有林文伯與翁明顯，才能開拓新局。這三位本身都是棋迷，懷抱熱忱，長期支持，撐起棋界一片天。不過單憑少數人的熱情，投入資源總是有限。圍棋界現在推行職業圍棋，需要更多的資源，把餅做大，才能發掘及培養優秀人才，競逐國際舞台。有鑑於此，引進企業贊助，也是海峰棋院的工作目標。

棋院的做法，首先是透過公關公司的運作，提高圍棋能見度，也因此近年來緯來體育台報導圍棋的消息增多了。最近舉辦「女子最強賽」，棋院也把握機會，透過多媒體，宣揚女子下棋的優美形象，希望圍棋能得到更多社會認同。

另一項重要的策略是支持中華職協，由職協出面爭取企業支持。企業贊助的比賽也由職協掛名主辦，海峰棋院則擔任協辦角色。海峰棋院認為，職業棋士除了把棋下好，也應培養自力經營職棋的能力。知名的演藝人員和運動員都擁有大批的粉絲，這些粉絲就是支持的動力來源。職業棋士本身也具魅力，可以吸引粉絲，為自己或棋界爭取資源。以周俊勳為例，他有超越棋界的知名度，連不懂圍棋者都知道「紅面棋王」的名號。他就是一位有潛力，能為棋界爭取資源的公關。新北市有人每年舉辦「紅面棋王杯」圍棋賽，可以為

證。才貌兼具的黑嘉嘉也是棋界最佳代言人。世界智力精英運動會（101 年）就請她擔任圍棋形象大使。最近她加入演藝圈，街頭商品廣告時見倩影。希望她的人氣也能帶來資源，那她對棋界的貢獻就不止於棋藝了。

　　另外一位我喜歡舉以為例的人是中華職協創會理事長加藤惇一先生。他在臺灣經營企業，原本是一位單純的棋友，因為常向彭景華、林聖賢等職業棋士請教，將日本人尊敬棋士的傳統發揚光大，成為他們的贊助者，後來更擴大成立中華職業圍棋協會，每年贊助「友士杯十段」賽。幾年前，加藤先生過世，女兒加藤純子克紹箕裘。她雖然不會下棋，依然秉承父志，繼續支持臺灣職棋。最近中華職協改選，加藤小姐眾望所歸，成為新任理事長。一家日本企業能夠薪火相傳，長期貢獻臺灣職業圍棋，令我感佩萬分。換個角度來看，彭景華、林聖賢等以高棋魅力與加藤先生結交，方能成就這段佳緣，功不可沒。這也令我想起不久前過世的周咸亨。周咸亨以其職業棋士的高度，主動與業餘棋友相交，往往能獲得資源，襄助推行圍棋。三十年前他發起「業餘名手邀請賽」，又發行《業餘名手弈譜》，經費全由棋迷的小額捐款匯積而成。所以只要有心，職業棋士絕對有能力為棋界爭取資源。

　　林文伯曾經明白表示，希望中華職協能負擔起延攬企業資源的責任，海峰棋院則退居二線，扮演輔助角色。也就是說，由職協出面爭取資源，主辦比賽，海峰棋院成為提供資源者，贊助及協辦比賽。這是成功不必在我的氣魄，也是推展職業圍棋的新階段。在我退休後，這項政策就在新院長手中積極落實。

　　臺灣有不少企業家在學生時代下過一陣子圍棋。只是後

來事業忙碌，逐漸遠離了棋枰。有鑑於此，海峰棋院近年來發起隔週一次的「星期五棋會」，邀請會下棋的企業家前來對弈，同時也請職業棋士在場指導。棋會目的除了希望企業家們重拾圍棋興趣，也希望他們多與職業棋士建立感情。我因家近，每逢棋會，也常去盤桓。不過到場棋友都有棋院指定的年輕棋士招呼，我沒有棋下，變成去喝下午茶，與舊同事聊天，藉機偷得半日閒。

　　海峰棋院用心耕耘，果然有收穫。三家股票上市公司先後加入贊助職業棋賽行列。首先受惠的是海峰棋院征戰大陸圍乙聯賽的隊伍。

### 環旭電子寶島隊

　　海峰棋院自 104 年起以棋院之名組隊參加大陸「全國圍棋聯賽」。大陸聯賽是三級制，我們必須從低層的丙組打起，成績優異才能升級至乙組，乃至甲組。升級之後，如成績不佳，則會降級。我們衡量己身實力，參戰目標短期訂在升乙保級，長期則是晉入甲組。臺灣棋院於次年也組隊參加，目標相同。正應了「兄弟登山，各自努力」這句話。臺灣兩隊奮戰至 107 年終於出頭，以第一與第二名成績，同時晉級次年的圍乙賽圈。就在海峰棋院隊秣馬厲兵，準備進軍圍乙時，一家企業──環旭電子公司宣布：從 108 年起，以三年總計 675 萬元經費，贊助棋院圍乙隊伍。

　　海峰棋院在年中為幾項職業棋賽舉行聯合頒獎典禮，我以來賓身分出席時得知企業贊助消息。棋院同時宣布圍乙隊伍改名為「環旭電子寶島隊」，由贊助公司代表頒授隊旗。四位隊員：林君諺、許皓鋐、簡靖庭與賴均輔是新世代棋士中的佼佼者，在台上用力揮舞隊旗，在場所有觀禮者都感受

到他們散發出的青春活力。得到企業贊助，他們可以加強訓練，專心出賽，但同時也多了一份壓力，需要爭取好成績，為贊助企業打響名號。

不過，這支青年隊伍出師不利，保級未成，落入丙組。倒是由老將陳詩淵領軍的中環隊在最後一戰全軍用命，驚險保級。這份戰績說明圍乙組雖是聯賽第二級，也是高手如雲，臥虎藏龍。細看各隊名單，連韓國多位世界冠軍級的棋手都來助陣，可見以我們目前實力，即使精銳盡出，想要站穩乙組，也屬不易。不過這並非不可能任務。臺灣攻乙的兩隊，若以國內棋賽成績來看，我認為環旭隊比中環隊稍強，或許是在壓力下出戰，成績反而不如後者。若能提升心理素質，重返圍乙，再創佳績，應是指日可待。

109 年是新冠病毒肆虐全球的一年，各國忙著防疫，甚至封城鎖國，國際圍棋賽不是停辦，就是改成網路舉行。大陸丙組圍棋聯賽因此停辦，環旭隊將士們只能在疫情中韜光養晦，靜待未來再度奮起的機會。

### 友士女子寶島隊

海峰棋院自 105 年起派出女子隊參加大陸圍棋聯賽。女子賽只有甲乙兩組，我方依實力參加乙組。前幾年，成績在後段班徘徊。到了 108 年，加藤小姐的友士公司不讓環旭公司專美，開始贊助女子圍乙隊，隊名也改成「友士女子寶島隊」。109 年，因為疫情關係，圍乙賽採用網路對局。友士隊三位選手俞俐均、楊子萱與白昕卉在海峰棋院上網對弈。七輪戰事後，在十六隊中排名第六，這是女子隊歷年參戰的最佳成績，顯示臺灣女子圍棋實力也在成長中。

### 健喬杯女子最強賽

女子最強賽在 104 年首辦後，因為經費不是很高，又容易吸引媒體注意，海峰棋院認為獲得企業贊助的機會比較大。因此較其他棋賽更積極地推銷，用林文伯董事長的話來說，就是想把她「嫁」出去。待嫁五年後，終於有一家製藥企業——健喬信元公司前來迎娶，女子賽也改名為「健喬杯女子最強賽」。公司董事長林智暉是位棋友。我在公司宣傳小冊中看見他引用棋理說明經營理念，顯見他與圍棋淵源非淺。可能年輕時熱衷過一陣子，後來忙於經營公司，就疏遠了。林董事長成為贊助者後，似乎重拾了圍棋。海峰棋院星期五棋會時常可見他聚精會神地與年輕的職棋對戰。女子賽得到企業支持後，也展現新氣象。俞俐均繼第四屆後再度獲得冠軍。決賽對手是進入職棋不久的盧鈺樺。特別引人注目的是盧鈺樺在勝部和敗部淘汰賽兩次擊退黑嘉嘉，女子棋手的世代交替已然進行中。我認為明年的比賽競爭會更加激烈。

### 聯電杯兩大棋賽

聯華電子公司首任董事長曹興誠是位棋友，他與沈君山以棋交往的故事前已略述（見〈海峰棋院〉章）。他對棋界最大的貢獻是於 89 年贊助中華棋協舉辦「聯電千禧杯」職業棋賽。有聯電這種大企業贊助，不僅為職棋注入活水，也提升圍棋的社會形象，有利引進更多資源。不過千禧年只來一次，比賽也僅辦了一屆，影響力沒有持續。我想當時是沈君山擔任棋協理事長，曹興誠為了表示支持，所以辦了比賽。

二十年之後（109），又傳來聯電公司贊助比賽的消

息。這次消息來自臺灣棋院。原來聯電現任董事長洪嘉聰贊助臺灣棋院舉辦了一個名為「聯電杯」的新職業棋賽，獎金高達一百萬，而且不是一次性的比賽。臺灣棋院近年來因為翁明顯的企業獲利不如以往，預算縮減，也影響到比賽規模，能夠得到聯電的奧援，可謂業務的一大突破。我打聽之下，洪董事長似乎不會下棋，倒是他的公子洪維澤是圍棋高段，與棋界頗有淵源。不過，聯電如何再與棋界結緣不是重點，大企業如果能夠持之以恆，長期支持圍棋，對於臺灣圍棋未來發展必有深遠影響，這是我最期盼的。

聯電公司支援圍棋的手也伸向中華職協。我到海峰棋院時看見聯電杯比賽的海報，以為是臺灣棋院的比賽。細看之下，才知是聯電公司另外贊助職協，舉辦了一個「快棋爭霸戰」，在海峰棋院舉行。這個比賽，冠軍獎金為六十萬，但比賽時間短，CP 值（成本效益比）甚高，應該也是歷來快棋比賽獎金最高者。大企業出手果然大氣魄，一次就贊助兩個大比賽。

我應棋院楊寶甘祕書要求，在棋院網頁上簡略說明了快棋賽舉辦的緣由。現代職業圍棋比賽，對局時間越來越短；AI 圍棋問世後，為防止作弊，甚至連中場休息和用餐時間都取消了。因此快速讀棋和瞬間的爆發力往往成為致勝關鍵，現在頂尖棋手年齡越趨下降，就是因為年輕人在這些方面占有優勢。快棋能力既是職業棋手必備，聯電杯快棋比賽自然具有指標意義。

臺灣棋院舉行的聯電杯，結果新人出頭，賴均輔在決賽七番棋戰勝王元均，取得職業生涯第一個大獎。近五年來百萬職業賽（棋王、天元）的冠軍不出王元均、林君諺與許皓鋐三人，現在多了一位競爭者，臺灣職棋增添了一點厚度。

至於快棋賽，王元均與林君諺兩位宿敵，近年在棋王與天元賽數度纏鬥，再度碰頭。結果是王元均勝出。聯電杯兩大棋賽都打到決賽，王元均失之東隅，收之桑榆，足堪告慰。

## 疫情中的棋運

108 年年底，一種叫新冠肺炎的病毒（COVID-19）從大陸武漢開始散播，幾個月內蔓延全球。為防止疫情擴散，各國採取了封城，甚至鎖國的手段，以減低人際交流來阻斷病毒傳播。一年過去，疫情並未減緩，人類還在與病毒做殊死戰。這一年間，為避免群聚，圍棋比賽不是全面停止，就是改成網路對弈。與他國比較，臺灣疫情相對輕微，職業圍棋比賽得以照常舉行，只是增加了防範措施。海峰棋院特地在門口處設置酒精消毒機，選手比賽前要量體溫，消毒雙手，對局時全程戴口罩。我去棋院看棋，防護措施雖然有點麻煩，但想到比賽沒有中斷，就感覺很幸福了。

每年例行舉辦的上百業餘比賽，因為有多人群聚，大都取消。還好有網路可以對弈，業餘棋手不致感覺太無聊。到了年底，臺灣的疫情減緩，海峰棋院在許多長青棋友的期盼下舉辦了長青賽。我自退休後也以棋友身分參加了兩次。同樣是站在台上，以前是主辦人身分頒獎，現在是以棋友身分領獎，時空轉換，角色也改變了。這一次的長青賽沒有因疫情而取消，特別顯得珍貴，我第三度參加，主要是去跟許多老棋友打招呼。

雖然是疫情肆虐的一年，臺灣職棋卻不受影響，依然展現活力。除了有新的比賽開辦，臺灣棋手也在國際賽闖出佳績。

如前節所敘，健喬與聯電兩家企業共同贊助了三項職

業棋賽，讓 109 年的職業棋壇展現朝氣。更令人振奮的是
「名人冠軍賽」的誕生。此賽由海峰棋院林文伯董事長個人
贊助。他從矽品公司退休未久，就送給棋壇一份大禮——一
個冠軍獎金高達一百八十萬的職業比賽。之前國內獎金最高
的是「棋王賽」的一百二十萬，新賽一下子提升到一百八十
萬，成為國內有史以來獎金最高的比賽。本賽除了頭銜獎金
高，對局費也很優渥：打入三十二強就有三萬，再晉級則加
倍。這是對有實力的棋手「雨露均霑」的考量。

　　國內百萬級的職業比賽一年之內增加為四個。林文伯私
下跟我表示，棋手有此好環境，再不努力拚上世界舞台，他
也沒招了。比賽以名人＋冠軍為名，旨在紀念他於 83 年時
得到「名人賽」與「全國冠軍賽」兩個冠軍，再以獎金創業
之事，頗有懷舊意味。比賽開幕當天，海峰棋院特別邀請過
去得過名人頭銜的棋士出席觀禮，共有八人（林文伯、周咸
亨、陳長清、陳士、彭景華、林聖賢、陳國興、周俊勳）。
雖然其中周咸亨已於年前辭世，棋院內仍是冠蓋雲集，好不
熱鬧。

　　大賽開鑼，林君諺與許皓鋐在嚴峻的淘汰賽中一路過關
斬將，最後七局決賽，林君諺登頂。在日本，獎金最高的幾
項比賽都採衛冕制度，不過「名人冠軍賽」不循此傳統，上
屆冠軍也要從三十二人本賽打起。本賽是淘汰制，最後兩名
勝者才七局決賽，因此同一人想要再度登頂，難度很高。有
衛冕制的比賽，衛冕者以逸待勞，占有優勢，也比較不適合
現代棋賽的快節奏，這或許是名人冠軍賽未予採用的原因。

　　在疫情中，國內職業賽正常舉辦，但國際賽就只能在網
路上舉行。海峰棋院和臺灣棋院是指定的上網場所。對局現
場除了選手外就只有公證人，比賽全程錄影存證。為了防止

電子舞弊，選手進入賽場前要交出手機等電子產品，進出廁所也需要金屬探測器檢測。我不免感嘆，現代的圍棋比賽，為了防弊，把圍棋的人文底蘊消磨大半。就像 AI 改變了我們對棋理的認知，我相信人與圍棋的互動關係也受到影響，今昔大有不同。

閒話休提。大家對疫情年的國際賽留有印象，要歸功於許皓鋐選手在「應氏杯」與「春蘭杯」兩大國際賽打入八強。許皓鋐在這一兩年成長迅速，連續奪下棋賽頭銜，二十歲不到，就隱然成為棋界一哥。他在 109 年獲得「棋王」、「十段」、「國手」、「碁聖」四個棋賽冠軍，也成為「三星杯」、「應氏杯」、「春蘭杯」三項國際大賽的代表選手。除了三星杯失利外，他在其他兩賽過關斬將，於年底時都打入八強。過去臺灣選手我記得有兩次打入過八強，但是一人同時打入兩次，許皓鋐是第一人。許皓鋐在春蘭杯的表現尤其讓人振奮。面對大陸兩位世界冠軍：時越與陳耀燁，他毫無懼色，接連闖關。次一戰將於明年初舉行，對手是世界棋王柯潔，不論輸贏，都已是轟動話題，也上了報紙版面。

這個消息傳到國外，美國棋友張南旋特別透過 Line 問我許皓鋐是哪裡冒出來的。我告訴他是海峰與臺灣棋院不斷舉辦比賽，多年栽培訓練的成果，並非一朝一夕之功。

在大家期待許皓鋐再創佳績之時，業餘棋界也因疫情減緩逐漸活動起來。除了長青杯續辦，臺北市圍棋文化協會主辦的「雙城杯」在大安國中舉行。這是臺北與上海的青少年棋手交流賽。過去是在兩地輪流舉行，現在因為疫情改以網路及視訊方式舉行。我在場觀戰，感覺這種比賽方式雖是疫情促成，何嘗不能成為未來與國際棋友交流的模式。有人說，這波長達一年還未看到盡頭的疫情必然對人類的生活方

式帶來巨大變化，以圍棋而言，已見端倪。

　　二十一世紀的科技發展改變了圍棋的面貌，像網路流行改變人類圍棋交流的方式，而 AI 的研發則改變我們對棋理的認知。我從事圍棋推廣工作，舉辦圍棋比賽多年，也注意到可以利用科技把賽事辦得更省力、更有效率，也更公平。我曾大力要求棋協建立段位棋友資料庫，方便主辦比賽者上網查訊，防止高段低報等情事。我也一直期待有一種多功能的電子棋盤問世，一則可以記錄對局雙方落子及每一著棋用時，如此記譜員可省；再則對局記錄可在第一時間傳播出去，又可自動計算勝負，百無一誤；如果有人想悔棋，也因會被記錄下來而不好意思為之。我知道已有人設計出此類棋盤，只是功能還未竟理想。北市圍棋文化協會總幹事鄭建華大概是臺灣比賽辦的最多之人，他與一家「凌網科技」合作，建置一種雲端運作的 PlayGo 圍棋賽務平台，大大提升了圍棋賽事的效率與公正性。這個資訊系統能讓棋友網路報名及線上付款，到了比賽時選手只要刷 QR Code 即可報到。排賽程及登錄成績也是系統功能，選手可透過手機觀看比賽成績。過去一大堆人擠在成績欄前查閱成績的場景不復再見。

　　回憶從前主辦比賽，總是裡裡外外忙個不停，青少年比賽時又要應付關心而亂的家長，還要與不守規矩的選手或觀眾大小聲。有了科技幫忙，近年來我看到的比賽總是井然有序，真是不可同日而語。中華棋協於 108 年底舉辦會員大會時特別頒發感謝狀予凌網科技，表彰其對圍棋的貢獻。

## 棋路一甲子

　　我自海峰棋院退休後，又經過了四個年頭，其間我所經

歷的棋界大事在本章已有敘述。

我於志學之年接觸圍棋，一腳踏進了這個黑與白的世界。之後從參加比賽的棋士轉換成為棋壇的一名耕耘者，這一條漫漫長路，跨越兩個世紀，從少年到白頭，走了將近一甲子。我爬梳記憶，娓娓道來，如今也到了該是結束的時候。我自一年前動手寫這本回憶錄，現在是民國 109 年底，新冠疫情仍然肆虐全世界，沒有減緩跡象。我遵守「圍棋十訣」彼強自保之原則，深居簡出，希望安度疫情，也正好利用這段時間完成寫作。

我在棋界時間長，涉入又深，曾經有寫一部臺灣圍棋史的想法。不過寫史是大工程，我力有未逮。退而求其次，以己身經歷寫成回憶錄，雖不敢說是現身說史，我想對於後來史家應該是具有價值的參考資料。

以下我將個人經歷過的這六十年棋史作一簡單回顧，作為本書總結。

## 回顧與總結

### 周至柔時代（民國 41 年─61 年）

臺灣圍棋發展始於日據時代。不過當時愛棋者以日本人為主，本土棋友是少數，黃水生是其中佼佼者。光復後，大陸高手陸續來臺，帶動風潮，才開啟真正屬於臺灣的圍棋史頁。民國 41 年周至柔領導的「中國圍棋會」成立，雖然號稱是大陸時期所創棋會之延續，其實可視為臺灣圍棋元年。我自 53 年左右開始學棋，因為常到「弈園」棋社流連，很快接觸到這時期的代表人物。當時棋界代表高手是「十大名手」。其中唐景賢雖然未曾對局，但我以師禮事之。張恆甫

與周傳諤也是師輩，時常對局。我與周傳諤對弈超過五十局，算是棋友。與張恆甫雖不過十局，但我們很談得來，偶而也聚餐小酌，算是忘年之交。日據時代的高手黃水生也位列名手，我們有緣在比賽中對局，其謙謙君子風度，即之也溫，至今記憶猶新。後起的本土棋士蔡登閣，棋力受到肯定後，也有人將他排入「十大名手」，我與他也有君子之交。

周至柔官高爵顯，但擔任理事長頗能以禮待人，對高棋尤其尊重。他非企業家，對棋界實質捐輸不多，領導棋界，憑藉的是個人政治上的威望。至於圍棋實務他一概交由棋界人士規劃處理。一般棋友大致是在重要棋賽開幕或頒獎時才會見到他。

四○到五○年代臺灣棋界整體實力不高，吳清源大國手與名手大約有三子的差距。由於資源不多，圍棋會推行圍棋並無長遠規劃，大致是舉辦名手棋賽，但活動局限於弈園一隅。隨著圍棋逐漸普及，棋會建立起段位制度，一般棋友參與的比賽也逐漸多起來。棋會最初的大成就是發掘天才棋士林海峰，但臺灣沒有好環境，只能送到日本培育。之後陸續出現的人才也比照辦理，相續流向日本。

林海峰赴日學藝，不負眾望，老早嶄露頭角，段位不斷升高。他也不忘回饋故鄉，每升一段就專程回國與國內棋士交流，掀起棋運風潮。他以二十三歲之年擊敗坂田奪得「名人」，引爆年輕人學棋風氣，為臺灣棋運注入一股活水。我在早一年就已學棋，但是後來成為臺灣棋運中堅的高手如林文伯及第一批職棋如陳永安、陳長清等都是因這股風潮而走上棋路的。林海峰名人風潮應是周至柔時代最值得大書特書的事件。

我在這股風潮中接觸到林海峰國手，有幸與他下了兩盤

指導棋。同時也認識了林文伯、王立誠、王銘琬及後來臺灣的第一代職業棋士。

四〇年代的代表棋士是十大名手。五〇年代後，本土棋士蔡登閣崛起，逐漸逼退名手，在史上第一個新聞棋賽——「中華第一名位賽」稱霸。進入六〇年代時，曹澤霖從孟祥協、張子建、陳延澤等二代棋士中脫穎而出，與蔡登閣相持。

回想起來，周至柔時代的臺灣棋界，或許不是朝氣蓬勃，卻有一股和煦的氣氛。在棋社下棋，棋友們相敬如賓，除了體會弈棋的樂趣，也可感受濃厚的人情味。這也是我最迷圍棋，勤打譜，拚晉段，努力追求棋道之時。我在學生時代就流連棋社，除了下棋，也算是提早進入社會，因為下棋得以接觸不同階層、不同年齡的社會人士，學習人和。這是我在學校之外的社會學課程。

## 應昌期時代（民國 61 年－86 年）

周至柔時代，有關圍棋活動的策劃或舉辦都交由蘇成章或李積庶等幹事處理，兩人是棋會中與棋友互動最多者。他們的上層是自棋會成立起就一直擔任總幹事的應昌期。他應是這時期推行圍棋的關鍵人物。但在印象中，中國圍棋會在仁愛路有了新會所後，我才見到應昌期本人。我也是後來才知道，中國圍棋會許多活動都是他幕後策劃，弈園舉辦的名手十局賽也是由他出資贊助。當時我對圍棋會會務了解不多，主因是我只關心下棋，不涉「政治」。

應昌期於民國 35 年自大陸來臺，在臺灣銀行工作，52年時從副總經理職位退休。當時正值臺灣經濟起飛時期，應昌期離開公職後到民間公司擔任董事長，後來自己成立公

司，成為一位成功的企業家。十年下來累積了雄厚財力，開始有了以個人意志推行圍棋的雄心。或許是與周至柔理念不和，也可能是當了大老闆後心態轉變，不願屈居人下，他對周至柔的態度從下屬服從逐漸轉變為傲慢不遜。兩人在 61 年一場理事會中終於正面衝突。之後大概是兩人和解，周繼續擔任理事長至 65 年，然而已是有名無實。

　　應昌期於 61 年出資購買仁愛路的中國圍棋會會所，之後又將中國圍棋會改成財團法人組織。由於財團組織領導人不需經由選舉產生，應昌期以金主身分得以全面掌控棋會，臺灣棋史進入應昌期時代。或許是顧忌流言，周至柔於 65 年卸任後，應昌期仍然居於幕後，先由于錫來任會長，再由王昭明接棒。72 年「應昌期圍棋教育基金會」成立後，應昌期才正式就任圍棋會會長。

　　應昌期主導圍棋會，的確想有一番作為。他促成三大新聞棋賽，建立職業制度，培養青少年棋士，為臺灣棋運大步發展建立了基礎。但他把更多心力用於推行計點制規則，棋界多認為是本末倒置。加上他急於求成，以企業主的心態強勢推銷個人理念，也招致棋界反彈。在臺灣政治逐步民主化的時期，臺灣棋界反而出現了威權領導。這是包括我在內的許多棋界人士難以接受的。

　　我在學生時代鑽研棋道，以參加比賽，下出好局，作為努力目標。退伍後出國讀書，離開棋界數年。回國後找到教職，進入社會，本該專心工作，逐漸淡出棋界。但我未能忘情，重回棋枰，又在 69 年打入兩大新聞棋賽。本來以為這是個人圍棋生涯的高峰，卻不知如何得罪了應昌期，遭到無理打壓。我不甘屈服，名譽反而遭到汙衊，不得不訴諸法律，討回公道。

一場圍棋官司讓我在棋路上轉變了方向，從棋士角色轉變為反抗威權的異議者。在官司進行中，我與支持者創辦了《圍棋天地》，正面對於威權統治發出不平之鳴。雜誌在兩年後終因資源不足而停刊，但我想多少已喚起棋界有心人士的自覺意識。即個人力量雖小，只要有心，也能糾集同志，為棋運作出一點貢獻。馬逖接手辦《棋界》雜誌，職業棋士周咸亨出面辦「業餘名手邀請賽」，雖然都未能持久，已然顯示民間力量的有所作為。在臺北之外的各地方棋會，即使因為不接受計點制規則而得不到「中央」的補助，圍棋推行工作也依然默默進行著。

　　我於 74 年再度出國求學，兩年半後學成歸國。工作安定後，一顆心又回到棋壇。審視棋壇情勢，應昌期依然執著於推行計點制，一般普及工作並無進展。基層地方組織不願配合推行新制，與棋會關係逐漸疏遠，各自為政。比較有成績者是職業制度成立後，年輕職棋的棋力，據我觀察，較之前至少進步半子。但在此階段中韓勢力崛起，迅速趕上日本，相較之下，我們的進步就微不足道，反而顯得在訓練與新人培育方面的工作不夠積極了。

　　另一方面，應昌期對臺灣棋壇的不願配合感到不耐，對於職棋的發展也失去了信心。80 年陳長清以罷賽抗議他任意更改賽制，必也讓他感到灰心。77 年第一屆「應氏杯世界圍棋賽」在大陸舉行，應昌期回到故鄉，雖然盼望的聶衛平未能奪得冠軍，已然有放棄臺灣，轉往大陸，完成其圍棋夢的想法。臺灣最大的新聞棋賽──棋王賽於 78 年停辦後，他也無心補救。

　　棋界越來越多有心人士認為，棋運要有發展，不能仰仗應昌期，必須自力更生。我過去辦雜誌，批評應昌期，期待

他能有所改變，但他仍是一意孤行，我認為該是投筆從戎，展現建設性作為的時候了。於是我在 78 年發起創立「中華民國圍棋協會」，此後扮演起推行者角色，矢志不移至今。

回想起來，我自高中學棋階段就創立圍棋社，進入大學也擔任圍棋社長。未料進入社會後又扮演推行者角色，數十年如一日，莫非這是老天注定我與圍棋的緣分？

我擔任四年祕書長，在會長林晉章領導，及所有理監事全力支持下，為新創的棋協打下基礎。棋協是人民團體，走基層路線，連結地方組織，以「全民圍棋」作號召，把棋運帶到一個新方向。我當初在《圍棋天地》發表批判言論，或許有人認為不過是「書空咄咄」；創立棋協，對我個人而言，最大的意義是能夠以實際行動向支持者展現，除了批評，我們還有願景。

進入應昌期時代，與我同梯的棋士開始挑戰蔡登闊與曹澤霖，進行世代交替。首先出頭的是林文伯。但他在獲得「名人」與「冠軍」兩大賽頭銜後就轉往企業界發展，由第一代職棋陳永安、周咸亨、陳長清等接棒。因為職業制度的設立，世代交替速度加快。七〇年代後陳士、彭景華與林聖賢相繼加入爭霸行列。在應昌期時代末期周俊勳孤峰突起，連霸「名人」位十餘年，無人能撼。其實自八〇年代後，職業園地因創辦者疏於灌溉，已逐漸荒蕪。107 年最後的新聞棋「名人賽」停辦後，應昌期創立的職棋宣告走入歷史。

應昌期回歸大陸後，85 年在上海設立圍棋教育基金會及圍棋學校，並捐建大樓，推行圍棋的重心完全轉至大陸。他於 86 年辭世，應昌期時代正式結束。其子應明皓克紹箕裘，繼續在大陸推廣，還在 93 年創辦「倡棋杯」職業棋賽。應昌期在臺灣棋史中的那一段輝煌終究成為過往塵煙。

## 企業家時代（民國 87 年—至今）

中華棋協成立，直接衝擊應昌期的領導地位。他視棋協為敵，而非競爭夥伴，限制旗下職棋參與棋協比賽，更以不承認棋協的段位證書宣示其「主權」。但他終究無心於臺灣，影響力逐漸式微。棋協勤走基層，人民團體地位又得到政府支持，各地比賽採用的是棋協的規則，也以棋協的段位證書為尊。

棋協迅速成長，但財務基礎並不穩固。初創期間，我總是汲汲營營，忙於尋找財源。幸有翁明顯、王祖鵬等企業人士不時挹注，棋協才能維持活力。我從祕書長下任後，翁明顯與另一位企業家許作佃相繼擔任理事長，棋協財務趨於穩定。許作佃大氣捐輸，又出資創辦《棋道》雜誌，棋協運作從此步向坦途。另一方面，棋協的證書費收入逐年增加，終於讓財務得以自給自足。

應昌期出走，棋協順運而起，但力量終是有限，對於業餘棋運雖有貢獻，對於職業圍棋卻無法大力相挺。臺灣棋運欲求更大發展仍需有更多資源挹注，職棋想要再現生機，只能期待新的領導人。

就在大旱望雲霓之際，退出棋界後成功經營企業的林文伯挺身而出，在 87 年初創立「海峰文教基金會」。兩年後翁明顯也創立「臺灣棋院」。他們基於對於圍棋的深厚情感，義無反顧地投入巨資，為臺灣棋運再啟願景工程。臺灣棋史邁入企業家時代。

後應昌期時代，我未冠以人名，而以企業家稱之是有理由的。第一，出面贊助圍棋的企業家不只一位。除了林文伯與翁明顯，棋協的許作佃與何信仁理事長，以及創立「中華

職業圍棋協會」的加藤惇一，都是企業家。第二，這群企業家皆默默奉獻，不逐私名，皆有成功不必在我的風範。他們合作無間，齊心為臺灣圍棋開創新局。第三，在他們無私的號召下，已有更多企業家加入推廣圍棋的行列。

我卸下棋協首任祕書長職務後，全心致力學界本行，但這相對單純的日子維持不過數年。林文伯成立基金會，召喚我幫忙，我又回到棋界工作第一線。在海峰棋院，從義工到專職，一待就是二十年。這工作與我之前在棋協任祕書長時大有不同。當時我會主動思考辦活動，再提交理事長或理事會定案，也不時要為財源煩惱。在海峰則大體是執行董事長林文伯指令，也不虞資金匱乏，工作壓力相對減輕許多。所以我在企業家時代，依然走在推行圍棋的路上，只是從主動者轉換為輔助者角色。

林文伯曾是圍棋人，對棋運推行有其步驟。他的棋風穩健，也運用到經營企業和棋院。所以棋院從推行業餘圍棋做起，穩紮穩打，先求小成。十年後，他覺得時機成熟，才全力推廣職棋。

「臺灣棋院」後來成立，或許翁明顯認為業餘圍棋已有中華棋協和海峰棋院照顧，就直接切入職棋，發展新的職業制度。臺灣棋院在發展過程中，雖出現一些人事問題及棋士退出事件，總因翁明顯爽朗無私的個性而得以化解。在應昌期放棄職棋後，臺灣棋院接棒，使臺灣職棋發展不致中斷，這應是臺灣棋院最大的貢獻。不過推展職棋需要龐大經費，只靠翁明顯一人負擔，相當沉重。臺灣棋院就曾經面臨經費縮編，比賽減少的問題。但是海峰棋院加入後，兩股力量結合，職棋得以加速成長。

我在海峰任事，對舉辦過的活動，回憶報導甚多。臺灣

棋院的比賽及活動則因未親身參與，甚少著墨，但臺灣棋院對職棋發展所做的貢獻是不能因此而被忽略的。

臺灣新一代職棋由臺灣棋院打下基礎，海峰棋院加入後，兩個棋院舉辦的六、七項比賽足以提供良好的磨練與競技的舞台。同時海峰棋院成立「精銳隊」，增強了職棋的訓練強度。臺灣棋院的院生制度與海峰棋院的「圍棋道場」也成為培養新生代棋士的搖籃。

另一個提升臺灣職棋水平的因素是 AI 圍棋的問世。在海峰棋院發展職棋之初，我曾有聘請大陸一流棋手來臺教練的想法。AI 圍棋軟體出現後，良師垂手可得，我過去的想法就過時了。有了 AI 相助，我們與世界最強手的距離就非遙不可及。不過話說回來，棋力想要登上頂峰，個人天賦與努力仍是不可或缺的因素。我們推展職棋還是要在發掘人才與訓練方面加強。

據我個人觀察，近十年來，我國一線棋士已逐漸追上世界水平。我國棋士戰勝世界一流高手以周俊勳為始。俊勳在應昌期逐漸退出臺灣階段，自力到大陸學弈，能夠成就棋王身手，實屬難得。陳詩淵、林至涵與蕭正浩則是臺灣棋院成立後培養的第一代高手，棋力直追周，可見臺灣職棋已重新奮起。當時我們實力與世界一流仍有一段距離，但在一次世代交替後又有成長。在我自海峰棋院退休後，許皓鋐、林君諺與王元均三人，繼周俊勳後，在世界賽擂台闖出名號。這段職棋成長的過程，我一路相隨目睹，與有榮焉。

在企業家時代，棋界空前團結，所有棋運組織齊心協力，各盡其能。不論是職業或業餘棋界都有進展。業餘水平，因有職業牽引，也大幅提升。詹宜典兩度獲得世界業餘賽冠軍可以為證。過去我有能力爭逐新聞棋賽時，也希望有

朝一日能當選國家代表，到日本一戰。不過當時的代表要經由應昌期舉辦的「業餘十傑賽」選拔，我自然受到排斥，心願未能達成，多少有點遺憾。

棋界的企業家領袖中，我最敬佩的無疑是林文伯。我們在青少年學棋時代認識。他的天分顯然比我高，棋力成長一直跑在我前面，在我努力晉段時，他已是成名的新世代棋手。他得到兩項大賽冠軍，在棋力巔峰時期就退出棋壇，拿贏來的獎金去創業，成為一位成功的企業家，然後再回饋棋界。這應是臺灣棋史中足以令人傳誦的一段故事。他在棋壇嶄露頭角時也曾有過到日本學棋的念頭，現在我跟一些資深棋友談起這段往事時，他們都會說還好林文伯沒走職棋這條路，否則今日的臺灣棋界就少了一位有力的贊助者。

撤銷段位事件發生時，許多棋友連署或精神支持我。林文伯則付諸實際行動。他退出國手賽，同時寫信向應昌期表達抗議。他這項行動未曾與我商量，也未照會我，完全是行所當為，義無反顧，令我非常感動。應昌期當然很生氣，差點也撤銷林文伯的段位。後來我辦《圍棋天地》及成立中華棋協，林文伯也都捐款贊助。基於這份革命情感，當他成立基金會，要我出力時，我是沒有立場推拒。

林文伯成立圍棋基金會不只是出錢。他曾是棋士，關心棋界動態，也會傾聽基層意見，然後親自為棋界未來發展構思藍圖。他為人低調，奉獻卻不求名，更有成功不必在我胸襟。臺灣的職業棋士名義上隸屬於臺灣棋院，因此選拔國際賽選手都由臺灣棋院主辦。棋士們有好表現，榮耀自然也歸於臺灣棋院。有人認為海峰棋院辦也比賽，負擔訓練工作，貢獻金額更大，卻只能做幕後英雄，有點委屈。但林文伯不以為意，認為只要職棋得到發展，就不必區分你我。他更關

心的是海峰與臺灣棋院如果贊助者個人色彩過重，將不利於引進更多企業界資源。因此他積極培養「中華職業圍棋協會」成為一個中性組織，出面對外引資，樂於讓海峰棋院成為幕後的贊助者。

我在創立中華棋協時就希望有朝一日圍棋能普及全民，棋手實力能登上世界舞台。但個人能力有限，只能在打下基礎後，將棋協託付有心者繼續發展。臺灣棋界在進入企業家時代後，願景工程啟動，我也因追隨林文伯而得以參與。對我而言，林文伯是我棋路上的貴人，因為有他，我從棋協開始的推行圍棋之路得以延續，至今不輟。我相信臺灣圍棋在進入企業家時代後朝正向發展，築夢踏實已可期待。走了一甲子的路，我終於也可以放慢腳步，放鬆心情，或許正是路旁小歇，欣賞周遭美景的時刻。

自海峰棋院退休後，我還在中華棋協及臺北兩個圍棋組織擔任副理事長，依然身在棋界。我想這本回憶錄完成後也應該要退出交棒。我對棋界領導人的世代交替其實相當關心，因為這關係棋界未來發展。林文伯與翁明顯與我是同一世代，我想也面臨退休的問題。但我相信他們會有安排，讓兩個棋院運作不歇。在棋協方面，秦世敏與我年紀相差不多，擔任祕書長已近三十年，成為棋協穩定發展的指標。最近這幾年我一直催促棋協要有培養接班人的具體計畫，為他的退休做準備，免得到時青黃不接。棋協現任理事長何信仁屬年輕一輩，是大家倚重的後繼者。他之前擔任中華職協理事長，卸任後又回鍋擔任棋協理事長，兩頭忙碌，想閒也閒不下來。這也說明棋界需要延攬更多年輕企業家分擔大任。

回首來時路，許許多多與我抱持同樣理念，或與我共同奮鬥，或默默奉獻的人物一一浮現在眼前。有他們相伴，我

在圍棋路上從不孤單。我寫這本回憶錄，除了敘史，也旨在表揚他們。不過我的記憶不全，必然有不少人被我遺漏，在此我需說聲抱歉。事實上一路走來，全國各地都有許多熱心奉獻圍棋人士，只是我無緣一一結識。也是因為這些來自底層的支持，企業家時代陸續成立的圍棋組織才能因勢利導，帶領臺灣圍棋展現出一番全新氣象。

第十六章　棋人棋事瑣憶

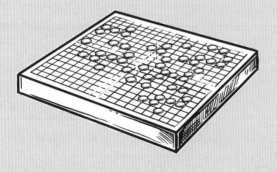

在前面的章節裡，我大體順著時間軸敘述了六十年來我在棋界經歷的大小事。不過仍有許多棋人與棋事深刻留在記憶裡，或許是與主要事件的發展無直接關係，我未能順便提及。既然都是一甲子棋路上的緣分，我且利用這最後的篇幅將之記錄下來。

## 林海峰

海峰棋院成立後，林海峰國手回臺，一定會來看看。棋院上下都以「林老師」稱呼他。他到棋院，除了與我們閒聊外，也會下指導棋。我等業餘棋士如想請他指導一局，他也不會拒絕。不過我從未開口要求，主要是不好意思麻煩他。還有一個理由比較不好意思說，那就是手合問題。我跟林老師下，至少要擺兩子，但是這種友誼性質的對局，他一定會少讓，也就是以授先對局。這似乎是日本高棋下指導棋時都會有的態度。一則是讓下手覺得有面子，二則手合鬆，下手比較沒有非贏不可的壓力，上手也不必為了求勝而使出強手或欺著。以他跟我的差距，讓兩子我也很難贏，但他只肯讓我先，我認為毫無機會，未落子就覺得輸了，提不起勁。現在回想起來，能跟林老師下，求都求不到，何必計較手合和輸贏呢，是我的氣量太小了。

林文伯董事長每週大概有兩天會到海峰棋院。他喜歡找職業棋士下棋，下得最多的是陳永安。林國手如有到棋院，兩人也會對局。有一次，兩人即將對局，我也在場，準備觀戰。林老師卻對我比了一個手勢，邀請我參與對局。他的好意我當然不能拒絕。雖然是一對二，但只是授先，林老師還是游刃有餘。我這局，雖然攻殺時下出妙手，總是掌握不住大勢，氣力一放盡，就中押認敗了。林文伯的何姓司機見我

率先投降，虧我說：「老闆還在奮戰，可見他比你強。」我說：「他比我強是沒錯。因他的棋風是穩紮穩打，不容易崩潰，所以撐得比我久。不過這盤棋我看他已經是輸了，你不懂圍棋，看不出來而已。」事實如此，不久，林文伯也敗下陣來。

我這一生與林老師下棋，機緣還真不少。從受四子、兩子、到先，都沒有辦法贏棋。他就是眼前的一座山，仰之彌高啊！林文伯曾私下跟我表示，這一輩子如果讓先能贏林老師一次，就沒有遺憾了。他們下得多，我不知道他的心願是否已經達成了。

## 林文彬

我在 90 年間到新疆天山參加「炎黃杯」時認識了臺中的棋友林文彬。甫一見面，就可感覺他是一位個性開朗，喜歡交朋友的人。他的棋不高，但不計較勝負，隨手落子，時時可聽見他爽朗的笑聲。他與一干棋友連年參加炎黃杯，輸多贏少，不以為意，還宣稱自己是專程來做「圍棋大使」的。他是兒童「智慧積木」發明人，主持一家公司，也熱心提倡圍棋。臺中地區的青少年圍棋蓬勃發展，他居功厥偉。許作鈿於 97 年擔任理事長時延攬他為常務理事。有另一位常務理事個性比較衝動，常在會中與意見不和者言語衝突，一向與人為善的林文彬覺得氣氛不好，下一屆理事會改選時就自動退出。之後他繼續在臺中推行圍棋，熱忱不減。

林文彬是紅酒達人，喜歡收藏世界各地名酒，也不吝拿出來與朋友分享。新疆初識時，因當地盛產葡萄，我隨他品嘗了不少葡萄酒。他每喝完一瓶酒，就會拿出一種隨身攜帶的特殊工具，把酒瓶上的酒標完整地卸下來，予以收藏。

他告訴我，下棋要記譜，喝紅酒保留酒標也等於記譜。他看我們喝紅酒不懂禮儀和技巧，就主動教導。看他如此熱心，我們這一批臺灣棋友之後與他一起喝紅酒時，一定會搖晃酒杯，先聞酒香再入喉，如此行禮如儀，假裝內行，免得被他當場糾正。

我跟林文彬沒有下過棋，但因有推行圍棋的共同理念，很談得來。他集合同好組織了一個「方圓俱樂部」，好友蘇正德教授就是其中一員。有一次他特別邀請我到臺中參與他們的聚會。另有一次，他又請我過去，不為棋事，而是為了品嘗他窖藏的紅酒。我們進了一家牛排館，為了仔細品酒，他吩咐店家在不同時段上菜。因此這一餐吃了四小時，我也喝到三、四種風味不同的高級紅酒。對我這紅酒門外漢而言，這是一次特殊的經驗。

數年前，林文彬不幸罹癌，英年早逝。發病時還特意對棋界引隱瞞消息，千山我獨行。每一思及此人，我似乎就聽見他那爽朗的笑聲破空而來。

## 張昭焚

張昭焚是我在弈園時代後期的棋友，與陳永安、陳秋龍等是同梯，當時我無緣結識。後來他出國讀書，再回臺創業，這段期間放下了圍棋。大概是成為企業家後，又重拾興趣，回到棋界。我聽到他的名字時，他已成為中國圍棋會會長。與他見面認識大概是在海峰棋院與中國圍棋會共同舉辦「中日圍棋友誼賽」之時，我與他下過幾盤棋，他的棋力大約業餘五、六段之間。

作為圍棋會會長，張昭焚想打破原來故步自封狀態，與其他棋會合作。過去我因為撤段事件被應昌期視為「佛地

魔」，連提到名字都是禁忌（見〈圍棋官司〉章）。張昭焚認為應昌期已經辭世，縱有恩怨也已消逝，站在推行圍棋立場，修復棋會與我關係此正其時。因此他利用舉辦比賽機會邀請我到圍棋會所看看，順便聯誼。我認同他的用心，欣然前往。

中國圍棋會所位在光復南路上應昌期圍棋教育基金會內，張會長親自到門口迎接。我打趣說：「過去應昌期不喜歡我，為防我闖進來，搞不好在門上貼了符咒，等一下我走進去會有閃光雷電打下來。」會長聽出我話外之意，大笑兩聲。這裡曾經是棋界重地，我卻是第一次造訪。走進去時，當然是什麼也沒發生。

張昭焚是國內舉辦女子職業棋賽第一人。他邀請我參加開幕式，我說如果請我致詞，我要講什麼都已想好了。他想知道。我說：「孔老夫子曾說：『吾未見好德如好色者』，為了宣揚你舉辦女子棋賽的功勞，我想要改一個字，說：『吾未見好棋如好色者』。」他以為我要虧他好色，忙不迭地說：「那你老兄的致詞就免了。」其實我真的是要稱讚他，套用前人的話則是效法沈君山的。宋人蘇軾稱讚韓愈：「一言而為天下法，匹夫而為百世師」，沈校長稍加更動：「一著而為天下法，匹夫而為異國師」，用以讚揚吳清源大國手。可能我東施效顰，造成反效果。

## 邱鼎宗

我在大學生時代，至中國圍棋會仁愛路會所下棋，見到一位年逾古稀，慈眉善目的長者，大家叫他邱醫師。後來我知道，他名邱鼎宗，在汐止行醫。他為人清和平允，對於高棋，不論年紀，都謙恭待之，頗有日人遺風。他的棋力中

等，初識時有跟我下過棋，後來轉為看我對局。由於時常在會所見面，我們逐漸熟稔起來。我發覺他雖然低調，對於推廣棋道也有一份熱心。

撤段事件發生後，我轉往中華路的遠東棋社下棋。有位跟我友好的棋友許正茂，原來在圍棋會下棋，有時也會到遠東找我下棋聊天。他告訴我邱醫師對撤段事件甚為關心，並且支持我的立場。對於這位支持者，我未當面申謝，但銘記在心。

我在 77 年底創立中華棋協。當時許饒和在中國圍棋會所同一樓層的對面也開了一家海峰圍棋中心，不少圍棋會的棋友轉過去下棋，我應是在那裡再遇邱醫師。我向他說明棋協成立的宗旨，他表示支持，也立刻贊助兩萬元。

棋協 79 年主辦第一屆全國圍棋大賽。我同時也負責組織兩支臺北市代表隊。我請邱醫師擔任第二隊領隊，他很高興答應了。三天比賽期間他全程督軍，只要有隊員獲勝，立刻發給紅包。所以這支由新秀組成的隊伍士氣反而比名將如雲的第一隊高昂。

棋協直屬的中華棋院開張後，邱醫師就成為常客了。他也更加關心棋協的運作，82 年時又捐款五萬元。他又特別吩咐我在棋院舉辦一個比賽，經費由他贊助。這個比賽很特別，限一、二級棋友參加，顯然是專為造福跟他下棋的棋友而辦。優勝者除了獎金還可以得到一個金鼎造型的獎杯，因此比賽以「金鼎杯」為名。

中華棋院結束營業後，我也卸下祕書長職位，逐漸與邱醫師失去聯絡。一晃多年，籌寫此回憶錄時，當年許多低調、不求回報，默默支持圍棋的長輩與朋友都來到眼前，邱醫師自是其中最難以忘卻者。

## 朱銘源

　　朱銘源是弈園時代老一級的代表人物。當時的一級棋力比現今的業餘五段還要強。一級棋友想要更上層樓，唯一管道是參加「晉段賽」。晉段賽每年舉辦一次，名額只有四人。弈園有許多具有一級棋力多年者，在僧多粥少的情況下，想晉段還須一點運氣。林海峰爭奪「名人」帶動學棋風氣後，年輕棋手紛紛出頭，這些老一級的晉段空間更被壓縮。朱銘源是一級中的佼佼者，但是連續幾年參賽都鎩羽而歸。我在57年參加晉段賽，與朱銘源同組，在同分的情況下，須抽籤決定。朱的籤運不佳，與晉段再失交臂（見〈大學棋道〉章）。這段遭遇多年後我印象猶新。

　　不過我對朱銘源先生感到興趣的不是他的棋，而是他對中國圍棋史的研究。他不是專業的文史研究者，只是因為興趣，利用公餘之暇到圖書館蒐集資料，將一部破碎的圍棋史拼湊起來。他曾對我說，國立中央圖書館及中央研究院的傅斯年圖書館藏有很多珍貴史料，只是乏人問津而已。我對圍棋文史也有興趣，因而跟朱銘源等前輩人士也能晤談甚歡。不過在棋社裡大家忙著下棋，朱銘源數典說故難得引起共鳴。《中央日報》社長曹聖芬是少數知音，鼓勵他寫成《中國圍棋史話》一書，也幫他出版。

　　我在弈園時，因為對某些圍棋掌故有興趣，曾跟朱銘源要資料。他總是熱心地去影印一份給我，不索任何費用。後來弈園歇業，他轉到遠東棋社下棋，我有更多機會向他請教。我出版《圍棋天地》，當然跟他邀稿。明知沒有稿酬，他還是不斷供稿。遠東棋社後來易手，我忙於中華棋協事務，很少去走動。我知道朱銘源仍然在那裡下棋，但逐漸就

失去他的消息。近年來我對圍棋文史也稍有涉獵，格外懷念起朱銘源這位前輩。

## 吳雕枝

六〇年代我在仁愛路中國圍棋會所認識了吳雕枝先生。後來他轉到隔壁的海峰中心下棋，接觸更多。他經營一家化學公司，卻毫無大老闆架式，總是穿戴整齊，舉動斯文，說話和和氣氣，看來就是一位紳士。棋社裡常在一起下棋的棋友往往會形成一個小圈子，大家手談聊天，有時還會聚餐聯誼。吳雕枝正是圈子中心，有他在，棋社裡就顯得很和樂。由於年齡差距，我並不屬於這個圈子，但也能感受到這種氛圍。

或許是出於照顧身邊棋友的心意，吳雕枝時常在棋社裡贊助比賽。從小型的友誼賽開始，規模逐漸擴大。早在 63 年，《圍棋》雜誌曾報導一項「亞中杯團體圍棋賽」，就是他以公司名義舉辦的。海峰中心歇業後，大部分棋友轉移陣地到棋協直屬的中華棋院，吳董也贊助了一個「睦誼杯」的比賽。光看這個名稱就可了解比賽的性質。

海峰棋院成立後，林文伯感念王昭明先生（前行政院祕書長，曾任中國圍棋會會長）對圍棋界的貢獻，特別於每星期三下午舉辦「昭公棋會」，邀請王昭明等名流棋友來下棋，吳雕枝也在受邀之列。隔了六、七年，我又見到這位溫文爾雅的歐吉桑。海峰棋院舉辦「長青杯」比賽，吳雕枝經常參加。每次出場，他必是西裝革履。有一次棋院在比賽之外特別設置一個最佳服裝獎，由參賽者票選，結果是吳董獲得最高票。他表示，盛裝比賽是為了尊重對手。

吳董這一句話，令我動容。海峰棋院的圍棋職業棋賽設

有服裝規範，就是基於尊重比賽，尊重對手的精神。吳董棋不高，卻有此見識，值得敬佩。現代圍棋被視為一種講求勝負的競技，原本內含的人文精神卻有流失的趨勢。我認為職業棋士強調勝負無可厚非，但對業餘棋士而言，勝負其次，更應重視的是手談中人與人間的相互尊重與和諧。這與日本人所謂「圍棋五得」中的得人和旨趣相同。我觀察吳雕枝先生，不論是與棋友手談，還是贊助比賽，都有人和的精神在其中。

吳先生過世後，公子吳俊彥不會下棋，依然繼承父志，自 104 年起委託北市圍棋總會舉辦「吳雕枝杯全國圍棋公開賽」，至今不輟。其規模之大也屬全國第一。

## 老包

大學時代我到弈園下棋，往往一進門就聽到一個尖銳的聲音說：「你太厲害了」或「我要給你一個好的教訓」，循聲一看，是個瘦瘦高高的老外在下棋。他說一口英式中文，棋低，遭遇攻擊時還會發出怪聲，很是逗趣。很快他就結交了一群包括我在內的棋友。這老外是美國人，不知其姓名，大家都以「老包」稱呼他。（原來我知道他的姓氏，但老包或包先生稱呼慣了，久之就忘了。）

老包除了中文流利，對中華文化相當熟悉。聽人家談麻將，還會比個摸牌手勢，說「這個很好玩」。有一次大夥邀他喝啤酒，想把他灌醉逗樂。他心中有數，卻來者不拒，還不斷高喊「我好渴」。其實他酒量很好，結果是勸酒的人先醉了。我看他如此融入本地文化，又有心機，一度懷疑他是 CIA 情報人員。後來才知道，他喜歡中華文化，專程到臺灣大學研究所就讀。

幾年後老包消失了。我以為他回母國去了，其實他到了日本，學會了日文，又定居下來。更奇妙的是他認識了大棋士王立誠。原來老包常到東京的日本棋院走動，有一天到地下室見王立誠在打桌球，就上前挑戰。王是高手，老包接不住殺球，情急之下，吐出「他媽的」中文，王嚇了一跳，兩人從此成為好友。老包在日本股市多頭期間發了大財，後來到澳洲經營農場。他喜歡臺灣的風土人情，不時飛到臺灣度假，也一定到棋聖棋院找我和程清江以及王立誠的好友詹勝欽等人敘舊。我跟他可用中英兩種語言溝通，交談甚歡，不在話下。有一次他還問我如何才可以獲得臺灣居留權，我給了一些建議。

　　近年來老包可能因為年紀大，不再來臺。據詹勝欽說老包一直跟他有聯絡，到臺灣也會到他家小住。最後一次見到他時，因罹患巴金森氏症已有失憶狀態，終於也失去了消息。我聞之愀然。

　　老包曾對人說：「中國人有兩項偉大發明，一項是茶，另一項是圍棋，所以我喜歡享受喝茶下棋的樂趣。」[1] 這個異國人的東方文化情懷牽連了我們半世紀的友誼。

## 程清江

　　程清江七段與陳永安、陳燦遠同時出道，比我晚四、五年。他們都是林海峰擊敗坂田得到「名人」後，揹著書包到弈園下棋的學生世代。他晉段後逐漸在大比賽打出成績。我與他常有對戰，當時我勝面較大。中華棋協創立後，我淡出比賽，我們對戰機會不多，倒是時常在一起研究棋局。我注意到他已經比我強，對於棋局如有疑問，是請教的好對象。我創作詰棋，也經常找他試題。

中華棋協的直屬棋院位於復興南路，離程清江家近，他因此常來光顧，儼然成為護院武師。他樂於指導下手，長幼不拘，因此門下弟子眾多，中華棋院也成為程門道場（見〈中華棋協〉章）。這一段期間我們交情益篤，曾一起出國到琉球和 Las Vegas 參加比賽。

　　中華棋院後來轉讓給許饒和經營，也搬了家。程清江於棋院舊址不遠處開辦了一家棋社。他與王立誠是知交，王當時獲得日本「棋聖」頭銜，因此棋院以棋聖為名。棋院中有一塊「棋國稱聖」的匾額，相當顯眼，是蔡拔山（也是我好友）等棋友聯名贈送的。棋院離我居處不遠，也成為二十多年來我固定造訪的休閒之所。王立誠返國休假，也會到棋院盤桓。我知他來，一定前去會合，請他擺棋，分析棋勢。這可不是一般棋友能有的機遇，我非常珍惜。

　　棋聖棋院有開青少年圍棋班，規模雖然不大，卻也培育不少棋界新秀。我經常看見程清江很認真地一對二或三指導少年段位棋士，局後還詳細解盤。他的最大成就當是發掘與培養許家元。許家元很小就展露大將之風，程老師傾囊相授，還與家長商量要送他去日本發展。不過許家家境並非富裕，無力負擔旅日開銷。棋院中有位醫生棋友陳天啟，欣賞許家元，大力贊助，許才得以成行。到日本入段五年後，許就脫穎而出，在 107 年戰勝井山裕太九獲得「碁聖」頭銜。他回國必到棋聖拜望老師，雖然棋力已超越，仍然會擺出最近賽局與老師研究。我幾度躬逢其盛，心裡還真羨慕程清江有高徒如此。中華職協理事長何信仁也到棋聖下棋，經常贊助棋院比賽。許家元成名後，他在海峰棋院舉辦了一個「三英戰呂布」的特別賽，邀請許家元與臺灣新一代棋手許皓鋐、賴均甫、簡靖庭等三人輪番大戰。結果只有擔任劉備一

角的許皓鋐取得一勝。

　　網路時代來臨，影響了傳統棋社的經營，棋聖是少數還能維持的棋社。我想主持人的好人緣，讓來社棋友維持一定數目是主要原因。不過，來社多是老面孔，年輕人不多。另外一家，許饒和經營的中華棋社也是如此，看來傳統棋社難免要消失在時間的洪流裡，這是我極不願意看見的。我曾想棋社如果多角化經營，譬如與餐飲結合，同時引進網路的因素，或許有較多存在的機會。但我沒有經營棋社的經驗，這只是我的遐想罷了。

　　我到棋聖下棋，程清江認為我長久推行圍棋，對棋界有貢獻，待我以貴賓之禮，不收我茶錢。我知他平時愛喝點小酒，手邊若有好酒，也會贈送予他，算是投桃報李。我在學校退休後有棋聖這個休閒好去處，對棋社及主持人是心存感激的。說到對棋界的貢獻，程清江也不落人後，劉儷琳組織臺北市圍棋文化協會時，他出力甚多，協會的理監事也多為棋聖棋友，像陳天啟醫師、劉照雄會計師等。

## 注解

1. 石頭：〈棋友包先生〉，《圍棋》，69 年 9 月號，頁 143。

# 圍棋手記

# 圍棋手記

家圖書館出版品預行編目資料

棋路一甲子：楊泰雄回憶錄／楊泰雄著.
 ──初版. ──臺北市：五南圖書出版股
份有限公司，2022.10
面； 公分
SBN 978-626-343-187-4（平裝）

.CST：楊泰雄　2.CST：回憶錄　3.CST：圍
棋

83.3886　　　　　　　111012517

4Y19

# 棋路一甲子：楊泰雄回憶錄

作　　者 ─ 楊泰雄

責任編輯 ─ 唐　筠

文字校對 ─ 許馨尹、黃志誠

封面設計 ─ 姚孝慈

發 行 人 ─ 楊榮川

總 經 理 ─ 楊士清

總 編 輯 ─ 楊秀麗

副總編輯 ─ 張毓芬

出 版 者 ─ 五南圖書出版股份有限公司

地　　址：106台北市大安區和平東路二段339號4樓

電　　話：(02)2705-5066　　傳　　真：(02)2706-6100

網　　址：https://www.wunan.com.tw

電子郵件：wunan@wunan.com.tw

劃撥帳號：01068953

戶　　名：五南圖書出版股份有限公司

法律顧問　林勝安律師事務所　林勝安律師

出版日期　2022年10月初版一刷

定　　價　新臺幣400元